métro

pour l'Écosse

Vert

Gill Ramage, Claire Bleasdale, Christine Ross

Heinemann

Heinemann Educational Publishers, Halley Court, Jordan Hill, Oxford OX2 8EJ
Part of Harcourt Education

Heinemann is a registered tragemark of Harcourt Education Limited

First published 2002

07 06 05 04 03
10 9 8 7 6 5 4

A catalogue record is available for this book from the British Library on request.

ISBN 0 435 38150 4

Produced by Ken Vail Graphic Design, Cambridge
Original illustrations © Heinemann Educational Publishers 2002

Illustrations by Celia Hart, Sylvie Poggio Artists Agency (James Arnold, Nick Duffy, Belinda Evans, Roger Haigh, Rosalind Hudson, Simon Jacob, Paul McCaffrey), Chris Smedley

Cover design by Miller, Craig and Cocking

Cover photograph by Paul Raferty

Printed and bound in Italy by Printer Trento s.r.l.

Acknowledgements

The authors would like to thank Pete Milwright, Anne-Claire Robert, Ronya Hills, Monique Wilson, Muriel Lawrence, Hillary Plumer, Alex Bartley, Lynn and Alison Ramage, Gaëlle Amiot-Cadey, Nathalie Barrabé and the students of the Association Cours D'Art Dramatique, Rouen, François Casays at Accès Digital and the staff and students of the Collège Roquecoquille, Chateaurenard for their help in the making of this course.

The authors would also like to thank Julie Green for her help in the adaptation of the course for Scotland, Graham Williams at the Speech Recording Studio, Sara McKenna and Odile Pagram.

The author and publishers would also like to thank the following for permission to reproduce copy-right material: Popperfoto/Reuters p. 20 (The Simpsons)

Photographs were provided by **David Kyle** pp. 6–7, **Keith Gibson** p. 10, p. 69 (Alain & Frank), p. 155 (Romain), **Kobal Collection** p. 39, p. 77 (Inspector Gadget), **Michael Lewis/Corbis** p. 72 (French town), **Robert Harding** p. 72 (town centre), p. 100 (beach), p. 140 (Glasgow & Skye), **Popperfoto/Reuters** p. 77 (Madonna), p. 121, **Camera Press** p. 77 (Kate Winslet & Prince William), **Ancient Art & Architecture Collection** p. 94 (standing stones at Carnac), **Bill Varie/Corbis** p. 100 (Danielle), **Action Plus** p. 100 (tennis courts), **Franz-Marc Frei/Corbis** p. 108. All other photos are provided by Martin Soukias and Heinemann Educational Publishers.

Tel: 01865 888058 www.heinemann.co.uk

Table des matières

MODULE 9

MODULE 10

Module 1 Études

Using French in the classroom

a Qu'est-ce que ça veut dire?

b Je ne comprends pas.

c C'est correct?

d Qu'est-ce que c'est?

e Je ne sais pas.

f Pouvez-vous m'aider?

g Je peux t'aider?

h Répétez, s'il vous plaît.

i J'ai un problème.

j Comment est-ce qu'on dit 'computer' en français?

Try to use at least one of these phrases every time you are in your French class!

LIRE 1a **Match the English sentences to the right speech bubbles.**

Example: 1 *j*

1 How do you say 'computer' in French?
2 I don't know.
3 Please repeat.
4 What is it?
5 Can you help me?
6 I have a problem.
7 Can I help you?
8 I don't understand.
9 Is that right?
10 What does that mean?

ÉCOUTER 1b **Listen. Which speech bubbles are used in each conversation?** (1–5)

Example: 1 = *i* , *d*

PARLER 1c **In pairs. Make up short conversations using the speech bubbles.**

Example:
- *J'ai un problème.*
- *Qu'est-ce que c'est?*
- *Je ne comprends pas.*

ÉCRIRE 1d **Create your own cartoons and captions using the speech bubbles.**

Example:

Comment est-ce qu'on dit 'aarggh' en français?

Le détective

Articles

	Masc.	Fem.	Plural
the	le/l'	la/l'	les
a/some	un	une	des
my	mon	ma	mes

Pour en savoir plus ➡ page 167, pt 2

ÉCOUTER 2a **Listen and identify the right picture. (1–7)**

Example: 1 *d*

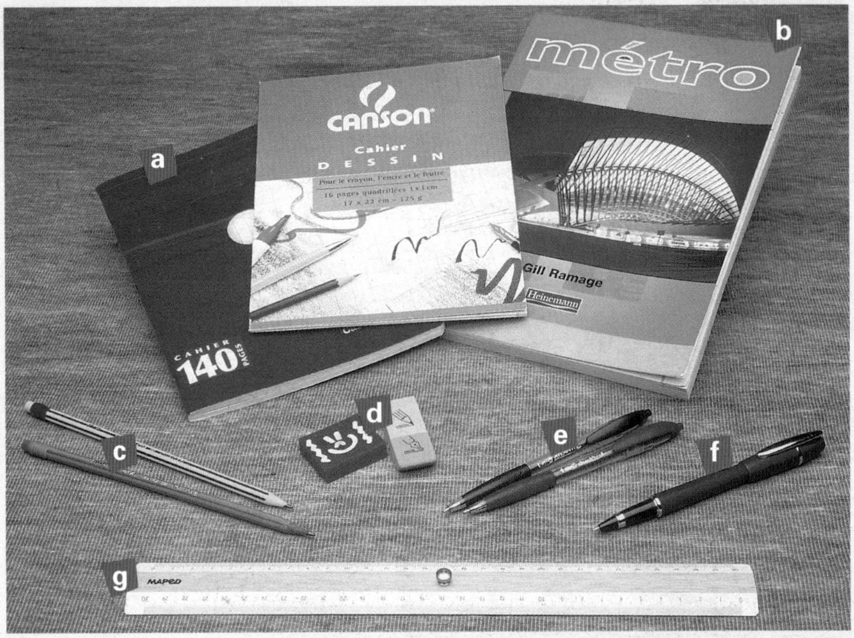

Tu as Tu peux me prêter Je peux avoir	un crayon/livre/ cahier/stylo/bic? une gomme/règle?
J'ai oublié	**ma** règle. **mon** cahier.
Je n'ai pas de	bic/stylo/gomme.

ÉCRIRE 2b **Use the key language box to help you write these sentences in French.**

Example: 1 *Tu as un livre?*

1 Have you got a book?
2 Can you lend me a ruler?
3 Can I have a jotter?
4 I haven't got a pencil.
5 I've forgotten my pen.

Remember that 'I' = ***je*** *or* ***j'*** *in French and 'you' (to a friend) =* ***tu****.*

PARLER 2c **In pairs, practise this conversation in French.**

A

- Ask if you can have 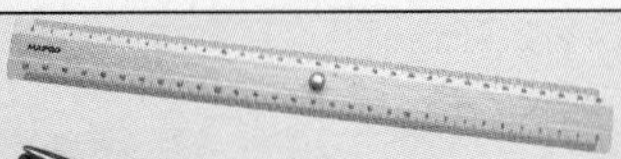
- Say you've forgotten 
- Say you don't have 
- Ask your friend to lend you 

B

- Voilà.
- Ah non!
- Tu es impossible!
- D'accord.

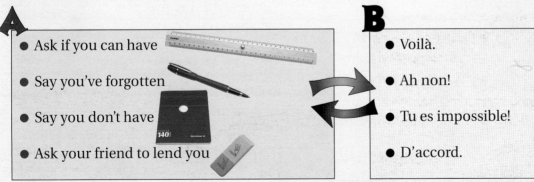

Remember! 'I haven't got a ...' is je n'ai pas **de** ...
Example: Je n'ai pas **de** crayon.

Talking about school subjects and times

LIRE 3a **Identify the subjects shown. Use the key language box to help you.**

Example: a *l'anglais*

J'adore	l'allemand.	le dessin.
J'aime	l'anglais.	le français.
Je n'aime pas	l'histoire.	le sport.
Je déteste	l'informatique.	les maths.
	la géographie.	les sciences.
	la musique.	
	la technologie.	

a

b

c

d

e

f

g

h

i

j

k

l

ECOUTER 3b **Listen. Copy and complete the grid in English. (1–8)**

	1	2	3
☺	English art		
☹	technology		

l'éducation physique *P.E.*

PARLER 3c **In pairs. Take turns to ask a question and give an answer for each symbol in 3a.**

Example:
-  Tu aimes l'anglais?
-  Oui, j'adore l'anglais.

ECRIRE 3d **Write your opinion of each subject.**

Example:  Je n'aime pas l'anglais.

Le détective

***-er* verbs**

Most French verbs end in **-er**. *You have met* adorer *(to love)*, aimer *(to like) and* détester *(to hate). Remember, you must change the endings on the verb before you use it. The endings are:*

- j'aime *(I like)*
- tu aime**s** *(you like)*
- il/elle aime *(he/she likes)*
- nous aim**ons** *(we like)*
- vous aim**ez** *(you like)*
- ils/elles aim**ent** *(they like)*

Make up 5/6 sentences using the verbs mentioned above. Make sure you add the right endings!

Example: Nous aimons le professeur.

Pour en savoir plus ➡ page 168, pt 3.2

Always put **l', le, la,** *or* **les** *in front of the school subject when talking about likes/dislikes.*

4a ÉCOUTER

Listen and write down the times you hear. (1–10)

Example: 1 – *8.00*

2:00	deux heures
12:00	midi/minuit
6:10	six heures dix
7:15	sept heures et quart
9:30	neuf heures et demie
9:40	dix heures moins vingt
10:45	onze heures moins le quart

4b LIRE

Match up the clocks with the right phrase.

Example: 1  = g

a quatre heures
b neuf heures moins le quart
c midi dix
d quatre heures moins vingt-cinq
e huit heures moins cinq
f neuf heures et quart
g cinq heures vingt
h onze heures et demie

1

2

3
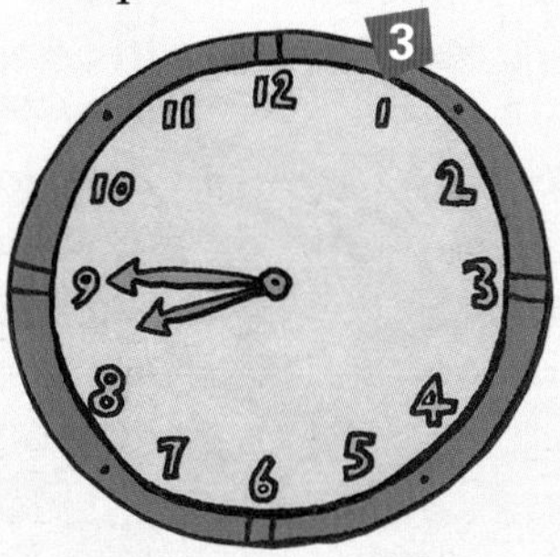

4

5
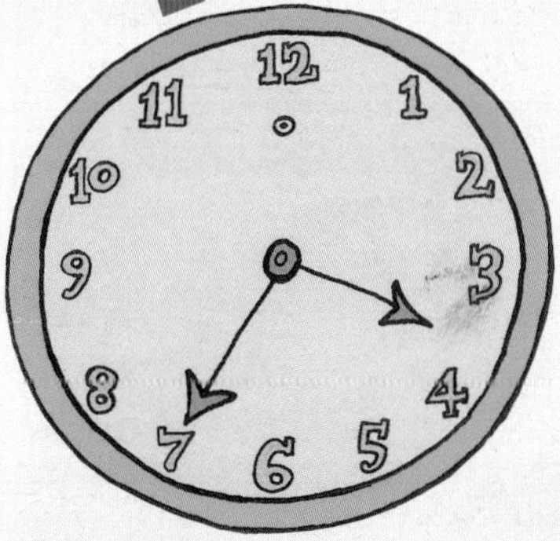

6

7
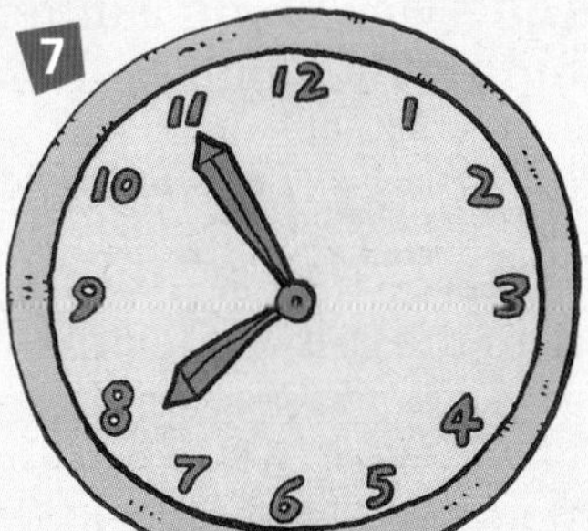

8

4c PARLER

In pairs. Write down 5 times in secret. Take turns to say the times in French to your partner. Your partner writes them down. Compare your results.

Example: A

- 9:10

B

- 9:10

neuf heures dix

1 *Emploi du temps*

Talking about your timetable

LIRE 1a **Copy and complete Flore's answers to questions 1–8.**

EPS *sport*
EMT *technology*
sauf *except*

LYCÉE JULES VERNE						
	lundi	***mardi***	***mercredi***	***jeudi***	***vendredi***	***samedi***
8h	chimie	anglais		français	français	
9h	espagnol	maths		maths	maths	EPS
10h	récréation					
10h15	biologie	français		anglais	anglais	EPS
11h15	biologie	études		histoire-géo	histoire-géo	physique
12h15	pause de midi					
14h	maths	espagnol		physique	espagnol	
15h	français	musique		dessin	EMT	
16h	histoire-géo	chimie		dessin	EMT	

1 Comment s'appelle votre lycée?
Mon lycée s'appelle ______ .
2 Le lycée commence et finit à quelle heure?
Normalement, le lycée commence à ______ et finit à ______ .
3 Il y a une récréation à quelle heure?
Il y a une récréation à ______ .
4 La pause de midi est à quelle heure?
La pause de midi est à ______ .
5 Vous avez combien de cours par jour?
D'habitude, on a ______ cours le matin et ______ cours l'après-midi.
6 Un cours dure combien de temps?
Un cours dure ______ minutes/heure.
7 Quels jours allez-vous au lycée?
On va au lycée tous les jours sauf le ______ et le ______ .
8 Quelles sont vos matières?
Comme matières, j'ai ______, ______, ...

ÉCOUTER 1b **Listen to this interview about a different school in France. Copy and complete the same 8 answers in French.**

Example: *Mon lycée s'appelle le Lycée Hugo.*

ÉCRIRE 1c **Write answers to the same questions about your own school.**

Mon lycée s'appelle (*Queen's Park*).
Le lycée commence à (*9h*) et finit à (*4h*).
Il y a une récréation à (*11h*).
La pause de midi est à (*12h*).
On a (*3*) cours le matin et (*2*) cours l'après-midi.
Un cours dure (*50*) minutes.
Comme matières, j'ai (*maths, anglais, ...*).

PARLER 1d **In pairs. In French, ask and answer these questions about your school. Use 1a and 1c to help you.**

Example: ● *Comment s'appelle votre lycée?*
● *Mon lycée s'appelle Newtown Academy.*

- What is the name of your school?
- What time does school start?
- When is break?
- How long do lessons last?
- How many lessons are there each day?
- What time does school finish?

LIRE 2a **Using the key language box, match reasons for liking and disliking subjects to the pictures.**

Example: a *Le prof est sympa.*

C'est	facile.	Le prof est	sympa.	
	difficile.		trop sévère.	
	ennuyeux.	Je suis	fort(e)	en (*maths*).
	intéressant.		faible	
	utile.			
J'ai trop de devoirs.				

ÉCOUTER 2b **Listen to Flore speaking about her subjects. Copy and complete the grid in English.**

subject	opinion	reasons
art	☺	*teacher is nice, it's interesting*

ÉCRIRE 2c **Write out these sentences in French.**

Example: a *J'aime les maths car le prof est sympa et c'est intéressant.*

a ☺  car  et 

b ☺  car 

c ☹  car  et 

d ☹  car  et 

e ☺  car  et 

f ☹  car 

Le détective

Être: est (is) and sont (are)

Singular:

Ma matière préférée **est** le français. = *My favourite subject* ***is*** *French.*

Plural:

Mes matières préférée**s** **sont** le français et les maths. = *My favourite subjects* ***are*** *French and maths.*

Pour en savoir plus ➡ page 179

Car *and* **parce que** *both mean* **because.** *Give more than one reason if you can.*

PARLER 2d **In pairs, practise this conversation. Then make a new one about your own preferences by changing the details in blue.**

- Quelle est ta matière préférée?
- Ma matière préférée est l'anglais parce que le prof est sympa et c'est facile. Et toi?
- Mes matières préférées sont les maths car c'est utile, et les sciences car je suis fort(e) en sciences.

3 CV **Choose 3 correct statements you have written about your education so far. Combine them in a paragraph under the title École(s) and save the paragraph on disk. Call your document CV.doc: you will be adding data to this document in Modules 2–5.**

2 Mon lycée

Describing your school or college

adresse www.prevert.edu.fr

Bienvenue au Lycée Jacques Prévert

Le lycée Jacques Prévert, c'est un lycée mixte de 607 élèves et 46 professeurs. 304 élèves sont demi-pensionnaires.

Le lycée est sur un site de 3 hectares dont 2 hectares de terrains de sport et cours de récréation. Il y a 27 salles de classes, 4 laboratoires, une bibliothèque et une cantine.

Clubs: Club d'art dramatique, club d'échecs, club de débats, club de devoirs, activités sportives (basket, volley, danse).

Des voyages scolaires en Grande-Bretagne et en Irlande sont régulièrement organisés.

Dates importantes

Rentrée scolaire	2 septembre
1er trimestre	2 septembre – 21 décembre
2ème trimestre	7 janvier – 26 mars
3ème trimestre	14 avril – 30 juin

Règlement

1 Absence de devoirs sera punie par une retenue.
2 Il est interdit de fumer et de prendre de la drogue.
3 Il est interdit de faire des actes de violence, de vandalisme ou de graffiti.

LIRE 1 **Copy the 12 phrases underlined in the text. Find the correct definition below. (The first 6 are in English, the rest are explained in French.)**

Example: *mixte – 9 (il y a des garçons et des filles)*

1 It is forbidden to ...
2 school term
3 playgrounds/school yards
4 detention
5 pupils who have lunch at school
6 start of the new school year
7 ici, on prête des livres
8 des vacances avec des camarades de classe
9 il y a des garçons et des filles
10 on apprend les sciences ici
11 on mange ici
12 on fait du théâtre ici

2a ÉCOUTER

Read and listen to Flore's interview. Put the English questions into the right order.

Example: d, …

- **a** How many classrooms are there?
- **b** What else is there in the school?
- **c** How many pupils and teachers are there?
- **d** What sort of school is it?
- **e** On what date do you go back after the summer holidays?
- **f** What clubs are there?
- **g** What is not permitted?
- **h** Are there any school trips?
- **i** Do you have to wear a uniform?

C'est un lycée mixte.		
Il y a (*600*) élèves et (*50*) professeurs.		
Il y a (*30*) salles de classe.		
Il y a	une bibliothèque.	
	une cantine.	
	des laboratoires.	
Il y a un club	de	judo.
		football.
		débats.
		devoirs.
	d'	art dramatique.
		échecs.

- C'est quelle sorte de lycée?
- C'est un lycée mixte.
- Il y a combien d'élèves et de professeurs?
- Il y a 720 élèves et il y a 42 professeurs.
- Il y a combien de salles de classe?
- Il y a 36 salles de classe.
- Qu'est qu'il y a aussi dans le lycée?
- Il y a aussi une grande bibliothèque et une très belle cantine.
- Quels clubs est-ce qu'il y a?
- Il y a un club de judo, un club de basket et il y a aussi un club de foot.
- Est-ce qu'il y a des voyages scolaires?
- Il y a un échange entre notre lycée et un lycée en Irlande.
- Quelle est la date de la rentrée scolaire?
- C'est le 5 septembre. Quel horreur!
- Qu'est-ce qu'on n'a pas le droit de faire?
- Au lycée on n'a pas le droit de mâcher du chewing-gum.
- Est-ce qu'il faut porter l'uniforme?
- Non, en France il ne faut pas porter d'uniforme. Moi, je trouve l'uniforme pratique mais ridicule!

2b PARLER

In pairs. Practise the interview with Flore, then ask your partner the same questions about your school.

Notice how Flore uses part of the question (shown in red above) to answer in a full sentence. Try this – it will get you a better grade!

3a ÉCOUTER

Listen and note the correct picture. (1–6)

Example: 1 *b*

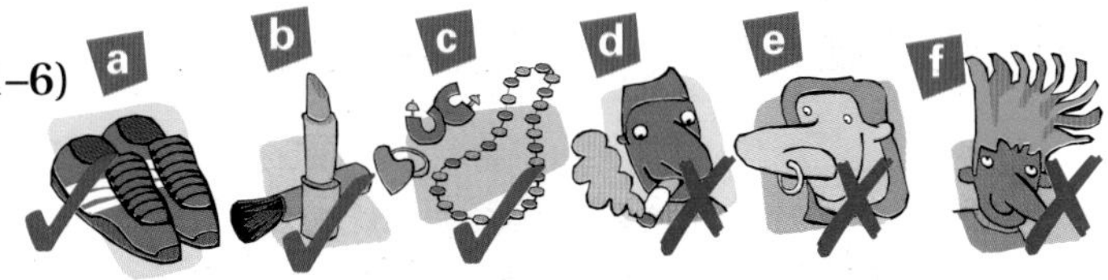

3b ÉCRIRE

Using the key language box, write a sentence about each of the pictures in 3a.

Example: a *On a le droit de porter des baskets.*

On a le droit	de porter	des baskets.
On n'a pas le droit		des bijoux.
		du maquillage.
	d'avoir	des piercings.
		des cheveux bizarres.
	de fumer.	

4 ÉCRIRE

Write at least 3 statements about the rules at your school/college.

3 *Après le collège ...*

Talking about plans for the future

ÉCOUTER 1 **Look at the plan of the school system in France, then listen. What are they going to do once they have left school? (1–5)**

Example: 1 *an apprenticeship*

Le système scolaire en France

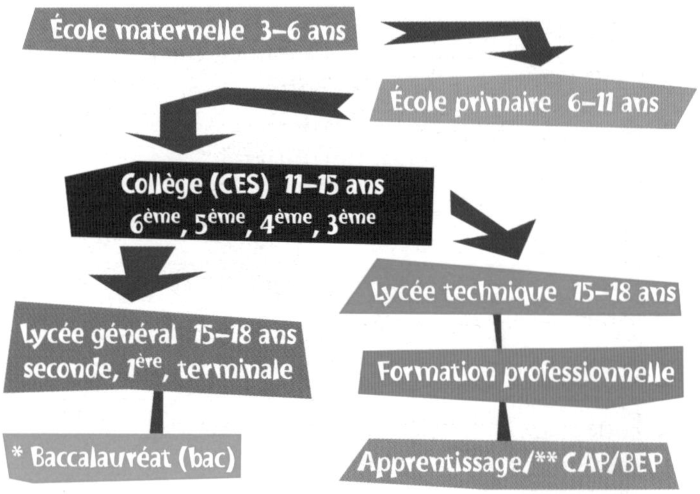

* examen général qui correspond à nos Highers
** examens qui correspondent à nos NQs

Le détective

The near future

To say what is going to happen in the future, use aller + *infinitive.*

Example: Je vais faire un apprentissage.
Elle va aller au lycée technique.
Je vais faire un BEP secrétariat.

je vais	nous allons
tu vas	vous allez
il/elle/on va	ils/elles vont

Pour en savoir plus ➔ page 171, pt 3.5

LIRE 2a **Read the letter. Match the underlined sentences (a–g) with the sentences (1–7) in English.**

> L'année prochaine, **a** je vais passer mes examens en juin. Puis **b** je vais quitter le collège. Après les vacances, **c** je vais continuer mes études au lycée. **d** Je vais étudier six matières. Après trois ans, **e** je vais passer mon bac. Si possible, **f** je vais aller à l'université parce que **g** j'espère être ingénieur.

1 I'm going to study six subjects.
2 I'm going to go to university.
3 I'm going to sit my exams in June.
4 I'm going to do my Highers.
5 I hope to be an engineer.
6 I'm going to continue my studies at college.
7 I'm going to leave school.

ÉCRIRE 2b **Put the words in the right order and write out the sentences.**

1 je le vais collège quitter
2 vais sept étudier je matières
3 passer je examens vais mes
4 vais je faire apprentissage un
5 vais je l'université aller à
6 être je infirmière vais

L'année prochaine ...

je vais	passer mes examens.
	être ingénieur/professeur.
	aller à l'université.
	quitter le collège.
	continuer mes études.
	passer mon bac.
	faire un apprentissage.
	faire une formation.
	étudier six matières.

LIRE 3a **Read these e-mails and note down each person's future plans in French and English.**

Example: *Alice – passer mes examens* (sit my exams)*; partir en vacances …*

1

Fichier Édition Affichage Insertion Format Outils Message

Répondre Répondre à tous Transférer

Salut! En réponse à votre sondage… je vais d'abord passer mes examens. Ensuite, je vais partir en vacances avec ma famille. À la fin des grandes vacances, je vais continuer mes études. Je suis impatiente!

alice.k@caramel.com

2

Fichier Édition Affichage Insertion Format Outils

Répondre Répondre à tous Transférer

Coucou! Voici mes priorités! Je vais d'abord passer mon bac et après je vais gagner un peu d'argent. Je vais travailler dans un magasin en ville – une petite boutique sympa. C'est une sorte de stage. Ensuite, à la rentrée, si possible, je vais continuer mes études à la fac.

elsa.pr@aol.com

à la fac	*at university*

3

Fichier Édition Affichage Insertion Format Outils

Répondre Répondre à tous Transférer

Salut! Voici ma réponse! Je vais d'abord voyager autour du monde. Je veux visiter l'Afrique et le Vietnam. Après, si j'ai assez d'argent, je vais aller en Amérique du Sud. Quelle aventure! Je vais passer six mois à voyager et ensuite, je vais faire un apprentissage de plombier.

alex.genno@worldonline.fr

PARLER 3b **Prepare 3 statements about what you are going to do next year. Join your statements with: *d'abord* (first of all) …, *après* (afterwards) …, *ensuite* (then) …**

si = *if*

Starting your sentence with **Si** *makes it more complex, therefore you get a better grade.*

Example: Si possible, je vais aller à l'université.
Si j'ai de bonnes notes, je vais faire mon bac.
Si mes résultats sont excellents, je vais étudier les langues et les maths.

ÉCRIRE 3c **Use your speaking preparation to help you write about 50 words on your future plans.**

Example: *L'année prochaine, je vais d'abord …*

À L'ÉCRIT

Les études

Fichier Édition Affichage Insertion Format Outils Message

Répondre Répondre à tous Transférer

À: Scott Reidford
De: Thierry Lassalle
Objet: Les études
Date: 11 octobre

Cher Scott,

Salut! Ça va? Moi, ça va très bien aujourd'hui – on a un jour de libre! Merci de ton courrier. Je réponds à toutes tes questions!

D'abord …

Tu fréquentes quelle sorte d'école?

Mon école est un lycée technique. Mon lycée est à Rouen, dans le nord de la France. Il s'appelle L.E.P. Jean Racine. Il est assez grand, avec 1,300 étudiants âgés de 16 à 19 ans – et c'est un lycée mixte.

Ensuite …

Quelles sont tes matières préférées?

Je fais beaucoup de matières, mais mes matières préférées sont les maths et les sciences, et surtout la physique. Je trouve la physique difficile mais super-intéressante. J'aime beaucoup l'histoire-géo aussi, parce que le prof est sympa et je suis assez fort en histoire. J'adore le sport. C'est facile, et j'aime jouer au football.

Après …

Les cours commencent à quelle heure?

D'habitude, les cours commencent à huit heures du matin. Je quitte la maison à sept heures et demie pour aller prendre le bus. Le lycée finit à cinq heures du soir. On a une récréation de 15 minutes le matin et une pause de midi qui dure deux heures. On a quatre cours le matin et trois cours l'après-midi. Un cours dure une heure.

Puis …

Tu vas au lycée tous les jours?

Nous, on a cours tous les jours sauf le dimanche, le jeudi après-midi et le samedi après-midi.

Et finalement …

Est-ce que tu sais déjà ce que tu vas faire après le lycée?

Moi, je vais d'abord gagner un peu d'argent. Je vais travailler pour mon père dans son garage. Ensuite, je vais voyager un peu en Europe. Je voudrais visiter l'Italie et l'Espagne. Après, j'espère faire une formation professionnelle pour devenir ingénieur, ou peut-être que je vais aller à l'université.

J'espère que tu vas trouver ces informations intéressantes. J'attends ton prochain e-mail avec impatience.

À bientôt!

Thierry

quel(le)?	*what/which?*
quelle sorte de?	*what type of?*
à quelle heure?	*at what time?*
combien de?	*how many?*
comment?	*how?*
où?	*where?*
pourquoi?	*why?*

Structure your writing with 'linking' words:

d'abord …	*first of all …*
ensuite …	*then …*
puis …	*then …*
et …	*and …*
en plus …	*additionally …*
finalement …	*finally …*
mais …	*but …*
parce que …	*because …*

1 In Thierry's e-mail, what do the words in blue mean?

Example: aujourd'hui = today

2 How would Thierry answer these questions? Write his answers in French, using full sentences (Thierry's answers are in green in his e-mail).

Example: 1 *Mon école est un lycée technique.*

1 Tu fréquentes quelle sorte de lycée?
2 Où est ton lycée?
3 Il y a combien d'étudiants au lycée?
4 Quelles sont tes matières préférées?
5 Tu aimes l'EPS? Pourquoi (pas)?
6 L'école commence à quelle heure?
7 L'école finit à quelle heure?
8 Tu as combien de cours par jour?
9 Quels jours est-ce que tu n'as pas de cours?
10 Tu vas continuer tes études après le lycée?

3 Now answer the questions with your own information. Adapt Thierry's answers.

Example: 1 *Mon école est un petit lycée mixte.*

4 Write an e-mail to a French student, describing your school. Use the *Au secours!* panel to help you.

Au secours!

- It is very important to write accurate French. To help you achieve this, writing tasks for your exams can be drafted and corrected, then learned. **Keep your French simple**, so you can remember it all under exam conditions!
- You have already written most of the main text of your e-mail in response to question 3. Start your letter with *Cher* … if you are writing to a boy and *Chère* … if you are writing to a girl.
- There are several ways of finishing off a letter:

Écris-moi vite!	Write back soon!
À bientôt!	See you soon!
Grosses bises	Love

- A letter or e-mail always has a clear beginning and end (as above): it's up to you to make sure you have 3 separate paragraphs in between containing the relevant information. In this case, for example, you could include one paragraph on the type of school, one on your favourite subjects, and one on what you intend to do when you leave school.
- You will get better grades for your writing if you use 'linking' words such as those at the bottom of page 16 to make longer sentences:
  – *J'aime beaucoup l'histoire-géo,* ***parce que*** *le prof est sympa* ***et*** *je suis assez fort(e) en histoire.*
  – *Je fais beaucoup de matières,* ***mais*** *mes matières préférées sont les maths et les sciences.*
- Remember to use *le*, *la*, *l'* or *les* in front of things you like or dislike:
  – *J'adore* ***le*** *sport.*
  – *Je trouve* ***la*** *physique difficile.*

Mots

En classe	*In class*
Je ne comprends pas.	*I don't understand.*
Je ne sais pas.	*I don't know.*
J'ai un problème.	*I have a problem.*
C'est correct?	*Is that right?*
Comment est-ce qu'on dit 'computer' en français?	*How do you say 'computer' in French?*
Qu'est-ce que ça veut dire?	*What does that mean?*
Qu'est-ce que c'est?	*What's that?*
Répétez, s'il vous plaît.	*Repeat that, please.*
Pouvez-vous nous aider?	*Can you help us?*
J'ai oublié (mon bic).	*I have forgotten (my biro).*
Tu peux me prêter (un stylo)?	*Can you lend me (a pen)?*
Tu as (une règle)?	*Do you have a ruler?*
Je n'ai pas de (crayon).	*I haven't got (a pencil).*
Je peux avoir (une règle)?	*Can I have (a ruler)?*
un bic	*a biro*
un cahier	*an exercise book*
un crayon	*a pencil*
une gomme	*a rubber*
un livre	*a book*
une règle	*a ruler*
un stylo	*a pen*
les devoirs	*homework*

Les matières	*School subjects*
J'adore (le français).	*I love (French).*
J'aime (l'histoire).	*I like (history).*
Je n'aime pas (le sport).	*I don't like (sport).*
Je déteste (les maths).	*I hate (maths).*
l'allemand (*m*)	*German*
l'anglais (*m*)	*English*
l'histoire (*f*)	*history*
l'informatique (*f*)	*IT*
la géographie	*geography*
la musique	*music*
la technologie	*technology*
le dessin	*art*
le français	*French*
le sport	*sport*
les maths (*mpl*)	*maths*
les sciences (*fpl*)	*science*
Tu aimes (l'anglais)?	*Do you like (English)?*
Oui, j'adore (l'anglais).	*Yes, I love (English).*

L'heure	*The time*
huit heures	*eight o'clock*
huit heures dix	*ten past eight*
huit heures et quart	*quarter past eight*
huit heures vingt	*twenty past eight*
huit heures et demie	*half past eight*
huit heures moins vingt	*twenty to eight*
huit heures moins le quart	*quarter to eight*
huit heures moins cinq	*five to eight*
midi/minuit	*midday/midnight*

L'emploi du temps	*The timetable*
Comment s'appelle votre collège/lycée?	*What's the name of your school?*
Mon collège/lycée s'appelle (Lycée Hugo).	*My school is called (Lycée Hugo).*
Le lycée commence et finit à quelle heure?	*What time does school start and finish?*
Le lycée commence à (8) heures et finit à (4) heures.	*School starts at (8) o'clock and finishes at (4) o'clock.*
Il y a une récréation à quelle heure?	*What time is the break?*
Il y a une récréation à (11) heures.	*There is a break at (11) o'clock.*
La pause de midi est à quelle heure?	*What time is the lunch break?*
La pause de midi est à (12) heures.	*The lunch break is at (12) o'clock.*
Vous avez combien de cours par jour?	*How many lessons do you have each day?*
On a (cinq) cours le matin et (quatre) cours l'après-midi.	*We have (five) lessons in the morning and (four) in the afternoon.*
Un cours dure combien de temps?	*How long does one lesson last?*
Un cours dure (40) minutes.	*A lesson lasts (40) minutes.*
Quels jours allez-vous au lycée?	*Which days do you go to school?*
On va au lycée tous les jours sauf (le mercredi).	*We go to school every day except (Wednesday).*
Quelles sont vos matières?	*What are your subjects?*
Comme matières, j'ai (anglais, ...).	*My subjects are (English, ...).*

Les opinions — *Opinions*

Ma matière préférée est (l'anglais).	*My favourite subject is (English).*
Mes matières préférées sont (le dessin) et (le sport).	*My favourite subjects are (art) and (sport).*
parce que/car c'est …	*because it is …*
facile.	*easy.*
intéressant.	*interesting.*
(très) utile.	*(very) useful.*
difficile.	*difficult.*
ennuyeux.	*boring.*
Je suis fort(e) en (anglais).	*I am good at (English).*
Je suis faible en (musique).	*I am not good at (music).*
Je pense que le prof est …	*I think that the teacher is …*
trop sévère.	*too strict.*
sympa/cool.	*nice/cool.*
J'ai trop de devoirs.	*I have too much homework.*

Au collège — *In school*

C'est quelle sorte de collège/lycée?	*What sort of school is it?*
C'est un lycée mixte.	*It is a mixed school.*
le collège/CES	*secondary school (ages 10–14)*
le lycée	*secondary school (ages 15–18)*
le lycée technique	*further education college*
Il y a combien d'élèves et de professeurs?	*How many pupils and teachers are there?*
Il y a (800) élèves et (50) professeurs.	*There are (800) pupils and (50) teachers.*
Qu'est qu'il y a dans le collège/lycée?	*What is there in the school?*
Il y a …	*There is/are …*
une bibliothèque.	*a library.*
une cantine.	*a canteen.*
des laboratoires.	*laboratories.*
(douze) salles de classe.	*(twelve) classrooms.*
Il y a (un club de judo).	*There is (a judo club).*
un club de football	*a football club*
un club de débats	*a debating club*
un club de devoirs	*a homework club*
un club d'art dramatique	*a theatre club*
un club d'échecs	*a chess club*
On a le droit de …	*We are allowed to …*
On n'a pas le droit de/d'…	*We are not allowed to …*
fumer.	*smoke.*
porter des baskets.	*wear trainers.*
porter du maquillage.	*wear make-up.*
porter des bijoux.	*wear jewellery.*
avoir des piercings.	*have body piercings.*
avoir des cheveux bizarres.	*have crazy hairstyles.*

Projets d'avenir — *Future plans*

D'abord …	*First of all …*
Après …	*Afterwards …*
Ensuite …	*Then …*
L'année prochaine …	*Next year…*
je vais gagner un peu d'argent.	*I'm going to earn some money.*
je vais voyager autour du monde.	*I'm going to travel round the world.*
je vais passer mes examens.	*I'm going to take my exams.*
je vais quitter le collège.	*I'm going to leave school.*
je vais faire un apprentissage.	*I'm going to do an apprenticeship.*
je vais faire une formation de (plombier).	*I'm going to train/do training as a (plumber).*
je vais continuer mes études.	*I'm going to continue my studies.*
je vais passer mon bac.	*I'm going to take my Highers.*
je vais aller à l'université.	*I'm going to go to university.*
je vais être (infirmière).	*I'm going to be a (nurse).*
Si possible, je vais être (professeur).	*If possible, I'm going to be a (teacher).*

MODULE 2

Chez moi

Talking about family and pets

LIRE **1a** **Match the person with the right label.**

- **a** C'est le bébé.
- **b** C'est la mère.
- **c** C'est le frère.
- **d** C'est le père.
- **e** C'est la sœur.
- **f** C'est le chien.
- **g** C'est le chat.

ÉCOUTER **1b** **Listen. Copy and complete the grid. (1–8)**

Example:

1	1	1
2		

Tu as des frères et des sœurs?
Tu as un animal?
J'ai un frère et deux sœurs.
Je n'ai pas de frères/sœurs.
Je suis fils/fille unique.

LIRE **1c** **Read the letter, then copy and complete the form.**

Je m'appelle Adrien Beregi. Dans ma famille, il y a sept personnes. J'ai deux sœurs, qui s'appellent Juliette et Elsa. Mon frère s'appelle Manu. Mon père s'appelle Michel, et ma mère s'appelle Édith. Ma grand-mère habite chez nous aussi, et elle s'appelle Marthe. Je n'ai pas d'animal.

Surname: ....
First name: ....
Parents: ....
Grandparent(s): ....
....
Brother(s): ....
Sister(s): ....
Pet(s): ....
....

Le détective

Possessive adjectives

	Masc.	Fem.	Plural
my	mon	ma	mes
your(tu)	ton	ta	tes
his/her	son	sa	ses

Pour en savoir plus ➡ page 176, pt 6.7

ma famille
mon père
mon grand-père
ma mère
ma grand-mère
mon frère
ma sœur

ÉCOUTER **2a** Listen and put the pictures in the right order. (1–10)

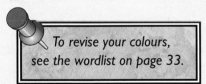

Tu as un animal ?
Je n'ai pas d'animal.
J'ai un chat.
un chien.
un cheval.
un lapin.
un oiseau.
un poisson.
une souris.

Le détective

Plurals

Add ***-s*** *to most words for more than one, just like in English:*

un poisson → deux poissons
un lapin → quatre lapins
une souris → cinq souris

Some words are different:

un cheval → deux chevaux
un oiseau → cinq oiseaux

Pour en savoir plus → page 166, pt 1.2

ÉCRIRE **2b** Write a sentence in French for each picture in **2a** above.

Example: a *J'ai un chien.*

LIRE **2c** Read the adverts. Copy and complete the grid in English. (1–6)

	pet(s)	description
1	cat	black and white
2		

To revise your colours, see the wordlist on page 33.

1 Au secours!
J'ai perdu mon chat,
il est noir et blanc.

2 *Perdu! Oiseau bleu et vert.*

3 **Perdu. Grand chien brun, neuf ans, s'appelle Hercule.**

4 *J'ai perdu mon lapin.*
Il est gris et blanc.

5 **Perdues**. Cinq petites souris blanches.

6 **Perdu.** ***Oiseau jaune, s'appelle Lulu.***

PARLER **3** In pairs, practise this conversation. Make new conversations by changing the details in blue.

A

- Comment t'appelles-tu?
- Il y a combien de personnes dans ta famille?
- Tu as des frères et sœurs?
- Tu as un animal?

B

- Je m'appelle Rachel.
- Deux.
- Oui, j'ai un frère et une sœur.
- Oui, j'ai un lapin.

Talking about dates and spelling words in French

LIRE 4a Match up the dates.

Example: 1 = *4/3*

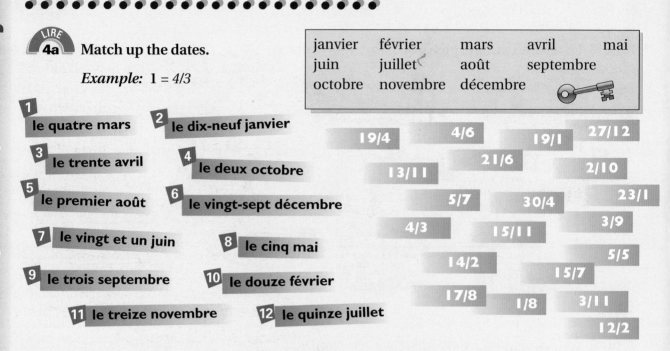

janvier	février	mars	avril	mai
juin	juillet	août	septembre	
octobre	novembre	décembre		

1 le quatre mars
2 le dix-neuf janvier
3 le trente avril
4 le deux octobre
5 le premier août
6 le vingt-sept décembre
7 le vingt et un juin
8 le cinq mai
9 le trois septembre
10 le douze février
11 le treize novembre
12 le quinze juillet

19/4 4/6 19/1 27/12 21/6 13/11 2/10 5/7 30/4 23/1 4/3 15/11 3/9 5/5 14/2 15/7 17/8 1/8 3/11 12/2

ÉCRIRE 4b Write out the 8 remaining dates from **4a** in French.

ÉCOUTER 4c Listen and write down the date of their birthdays. (1–8)

Example: 1 *le 5 janvier.*

PARLER 4d In pairs. Write down 8 dates in secret.
Say the dates to your partner in French.
Your partner notes the dates you say.
Compare your results.

Example:

A
• 5/11

le cinq novembre

B
• 5/11

ÉCOUTER 5a Listen and repeat.

Comment ça se dit?

A	AH	H	ASH	O	OH	V	VAY
B	BAY	I	EE	P	PAY	W	DOOBLEH VAY
C	SAY	J	ZHEE	Q	COO	X	EEKS
D	DAY	K	KAH	R	ERR	Y	EE GREC
E	EUH	L	ELL	S	ESS	Z	ZED
F	EFF	M	EMM	T	TAY		
G	ZHAY	N	ENN	U	OO		

ÉCOUTER 5b Listen and write down the names of the French football teams. (1–10)

Example: 1 *Lens*

PARLER 5c In pairs. Take turns to spell out one of the French football teams. Which team is it?

ÉCOUTER 5d Listen and write down the names of the British football teams. (1–10)

PARLER 6 In pairs, repeat this conversation, replacing the words in blue.

1 *Comment t'appelles-tu?*

2 *Je m'appelle Laura DOUGLAS.*

3 *Comment ça s'écrit?*

4 *L... A... U... R... A... D... O... U... G... L... A...S.*

5 *Où habites-tu?*

6 *J'habite DUNFERMLINE.*

7 *Comment ça s'écrit?*

8 *D... U... N... F... E... R... M... L... I... N... E.*

1 *Je vous présente ma famille*

Talking about your family
Talking about what people look like

Salut!

Je m'appelle Vincent Goubin, et j'ai 14 ans. Je suis assez grand pour mon âge - je mesure 1m67! J'ai les yeux bleus et les cheveux bruns, et je suis très mince.

Voici ma mère. Elle s'appelle Sylvie. Elle est assez petite mais mince comme moi. Elle a 39 ans. Elle a les cheveux blonds et courts et les yeux bleus. Elle porte des lunettes.

Mes parents sont divorcés depuis 5 ans, et mon père habite en Belgique.

Voici mon beau-père, Christian. Il est assez petit (il mesure 1m55) et un peu gros (il pèse 87 kilos!). Il a les cheveux courts et bouclés, et les yeux verts. Il a une barbe.

Ma demi-sœur s'appelle Magali, et elle a 20 ans. Elle est grande et mince. Elle a les cheveux longs et noirs et les yeux verts, comme son père. Elle est l'aînée.

Pierre est né au mois de janvier. C'est le cadet de la famille. On a choisi ce prénom parce que c'est aussi le prénom de mon grand-père. Il est super-mignon ... mais parfois il hurle!

LIRE **1a** **Read the letter and answer the questions in English.**

1 How old is Vincent? *(1)*
2 What colour are his eyes and hair? *(2)*
3 What is his mother called? *(1)*
4 What size and build is she? *(2)*
5 Where does his father live? *(1)*
6 Who is Christian? *(1)*
7 Describe Christian. *(5)*
8 What is his half-sister called? *(1)*
9 Who does she look like? *(1)*
10 Who is the baby called after? *(1)*

Je m'appelle (*Vincent*) Il/Elle s'appelle ...	et	j'ai (*14*) ans. il/elle a ... ans.

J'ai Tu as Il/elle a	les cheveux	courts longs	et	blancs gris bruns noirs blonds roux	et	les yeux	bleus. verts. marron.
						une barbe.	

Je porte Tu portes Il/Elle porte	des lunettes.

Je suis Tu es Il/Elle est	petit(e). grand(e). mince. gros(se).

ÉCOUTER 1b Copy the grid. Listen and complete section A. (1–4)
Listen again and complete section B. (1–4)

A				B			
who?	name	age	birthday	hair	eyes	height	other details
1 sister	Audrey	13	4 June	red	blue	tall	quite fat

PARLER 1c In pairs, choose a famous person. Your partner must guess who it is. They ask you questions. You answer with *oui* or *non* only.

Example: ● *C'est un homme?*
● *Oui.*
● *Il est grand? …*

Le détective

Avoir and être

The verbs **avoir** *(to have) and* **être** *(to be) are the two most useful irregular verbs. Learn them by heart.*

avoir = ***to have***		**être** = ***to be***	
j'ai	nous avons	je suis	nous sommes
tu as	vous avez	tu es	vous êtes
il/elle/on a	ils/elles ont	il/elle/on est	ils/elles sont

Pour en savoir plus ➡ page 179

LIRE 2 Choose the correct answer.

1 C'est la sœur de votre mère. — votre oncle/tante/nièce
2 C'est la fille de votre papa et de votre maman. — votre sœur/frère/cousin
3 C'est le fils de votre belle-mère. — votre demi-sœur/demi-frère/beau-père
4 C'est le mari de votre tante. — votre oncle/neveu/demi-frère
5 C'est le fils de votre oncle. — votre cousin/cousine/papa
6 C'est la femme de votre grand-père. — votre tante/mère/grand-mère

PARLER 3a In pairs, practise this conversation. Make new conversations by changing the details in blue.

A

● Comment s'appelle ton frère?
● Quel âge a-t-il?
● Fais-moi sa description.

● Comment s'appelle ta sœur?
● Quel âge a-t-elle?
● Fais-moi sa description.

B

● Il s'appelle Jean.
● Il a sept ans.
● Il a les cheveux noirs et il est mince.
● Elle s'appelle Michelle.
● Elle a quatorze ans.
● Elle a les cheveux blonds et elle porte des lunettes.

Whenever you are describing somebody, think:
***facts** then **physical**:*
hair** and **eyes
height** and **size
Example:
facts: Mon grand-père s'appelle …. Il a … ans et il habite à …
physical: Il a les cheveux gris et courts et les yeux bleus. Il porte des lunettes, et il est petit et gros.

ÉCRIRE 3b Choose 2 members of your family.
For each, write 3 sentences in French.

2 Comment êtes-vous?

Describing personality

LIRE 1a **Write the adjectives in the key language box below under two headings: *positive* and *negative*.**

Je suis Il/Elle est	aimable.	marrant(e).	travailleur(-euse).
	bête.	idiot(e).	cool.
	casse-pieds.	impatient(e).	sage.
	calme.	poli(e).	méchant(e).
	drôle.	plein(e) de vie.	paresseux(-euse).
	équilibré(e).	sympathique.	sévère.
	gentil(le).	timide.	bavard(e).
		intelligent(e).	amusant(e).

Le détective

Adjective agreement

You need to add endings onto adjectives in French, depending on the gender of who or what you are describing:

masc. singular	il est amusant
fem. singular	elle est amusante
masc. plural	ils sont amusants
fem. plural	elles sont amusantes

Adjectives already ending in ***-e*** *in the masculine form don't add another* ***-e*** *in the feminine form e.g.* bête, calme.
Some adjectives don't change at all e.g. casse-pieds, cool.

Pour en savoir plus ➡ page 174, pt 6.1

ÉCOUTER 1b **Listen and underline the adjectives Nicolas uses to describe himself and members of his family. Use a different colour for each person. (1–5)**

ÉCRIRE 2a **Write 8 sentences.**

Example: 1 *Elle est amusante.*

1  + amusant

2  + timide

3  + bavard

4  + poli

5  + gentil

6  + sévère

7  + cool

8  + travailleur

Make your comments more interesting by using:
- un peu *(a little bit)*
- assez *(quite)*
- très *(very)*
- vraiment/extrêmement *(really)*

PARLER 2b **Play this memory game. Add a new adjective each time.**

Example:
- *Monsieur Manet est bête.*
- *Monsieur Manet est bête et travailleur.*
- *Monsieur Manet est …*

ÉCRIRE 2c **Complete these sentences with suitable adjectives.**

1 Je suis …
2 Mon meilleur(e) ami(e) est …
3 Mon petit ami/Ma petite amie idéal(e) est …
4 Mon professeur préféré est …
5 Mon professeur de français est …

3a *LIRE* **All these statements are false. Correct them by changing the underlined words.**

1 Élise s'entend bien avec son frère.
2 Son père a un bon sens artistique.
3 C'est sa tante qui l'énerve.
4 Élise ne peut pas sortir pendant le week-end.
5 La mère d'Élise adore son petit ami.
6 Élise est trop âgée pour l'amour.
7 Elle voudrait habiter chez son cousin.

Chère Monique

Je t'écris parce que j'ai un problème avec ma famille. En général, je m'entends bien avec mon père, qui a le sens de l'humour. C'est ma mère qui m'énerve. Elle me critique tout le temps, elle refuse de me donner la permission de sortir avec mes copains pendant la semaine, et elle n'aime pas mon petit ami. Pour moi, c'est l'amour, mais elle dit que je suis trop jeune pour ça.

J'ai 15 ans et j'en ai marre de ces disputes. Je voudrais quitter la maison et aller habiter chez mon petit copain. Qu'est-ce que tu en penses?

Élise

je m'entends bien avec	*I get on well with*
j'en ai marre de	*I'm fed up with*

3b *LIRE* **Read these solutions aloud with a partner. Then choose 3 suitable solutions for Élise.**

1 Prépare un sac et vas chez ton petit copain immédiatement.

2 Tu dois parler avec ta mère.

3 Reste à la maison avec tes parents.

4 Dis à ta mère que tu fais tes devoirs, puis sors avec tes amis en secret.

5 Tu es trop jeune pour avoir des rapports avec un garçon.

6 Invite ton petit copain à la maison, et tu peux le présenter à ta mère.

7 Demande à ta mère de te traiter comme une adolescente et pas comme une enfant.

des rapports	*a relationship*
traiter	*to treat*

3c *ÉCOUTER* **Listen and decide if each person is happy ☺ or unhappy ☹. Note the reasons if you can. (1–5)**

Example: 1 ☺, *kind parents*

3d *ÉCRIRE* **Using Élise's letter to help you, translate Mark's letter into French for him.**

Work out which bits of the sentences in Élise's letter you can leave the same, and exactly which bits you need to change.

Dear Arthur,

I'm writing to you because I've got a problem with my brother. In general, I get on well with my sister, who has a sense of humour. It's my brother who gets on my nerves. He criticises me all the time, he refuses to allow me to do my homework, and he doesn't like my friends. For me, school is important, but he says he's too cool for that. I'm 14, and I'm fed up with these arguments. I want to leave home and go to live with my grandparents. What do you think?

Mark

4 CV **Choose 3 correct statements you have written about your family so far. Combine them in a paragraph under the title *Famille*. Insert the data into your CV document.**

3 *Aider à la maison*

Talking about helping at home

SONDAGE POUR LA JEUNESSE: Est-ce que tu aides à la maison?

tous les jours
souvent
parfois
jamais

	tous les jours	souvent	parfois	jamais
faire le lit	66%	22%	4%	8%
passer l'aspirateur	0%	5%	23%	72%
mettre/débarrasser la table	11%	43%	19%	27%
faire les courses	0%	14%	10%	76%
faire la cuisine	10%	23%	26%	41%
faire le ménage	0%	7%	17%	76%
faire la vaisselle	30%	26%	38%	6%
sortir la poubelle	0%	8%	12%	80%
ranger la chambre	12%	12%	50%	26%
faire du jardinage	0%	9%	30%	59%
laver la voiture	0%	43%	26%	31%

LIRE **1a** **Complete these statements according to the results of the survey above.**

a ___ % font la cuisine tous les jours.
b ___ % passent souvent l'aspirateur.
c ___ % font parfois la vaisselle.
d ___ % ne font jamais de jardinage.
e ___ % ne font jamais le ménage.
f ___ % sortent la poubelle tous les jours.
g ___ % font parfois les courses.
h ___ % rangent souvent leur chambre.

Le détective

Another irregular verb to learn!
faire = ***to do or to make***

je fais	nous faisons
tu fais	vous faites
il/elle/on fait	ils/elles font

Pour en savoir plus ➡ page 179

LIRE **1b** **Which of these summaries is correct?**

a La tâche ménagère la plus populaire est faire la vaisselle. Tous les jours, il y en a qui font leur lit ou mettent ou débarrassent la table. Les tâches les moins populaires, ce sont sortir la poubelle, mettre ou débarrasser la table, faire du jardinage, et faire le ménage.

b La tâche ménagère la plus populaire est faire son lit. Tous les jours, il y en a qui rangent leur chambre ou sortent la poubelle. Les tâches les moins populaires, ce sont passer l'aspirateur, faire du jardinage, faire les courses et faire le ménage.

c La tâche ménagère la plus populaire est faire son lit. Tous les jours, il y en a qui rangent leur chambre ou font la vaisselle. Les tâches les moins populaires, ce sont sortir la poubelle, faire le ménage, et passer l'aspirateur.

la tâche ménagère la plus populaire	*the most popular job*
il y en a qui …	*there are some people who …*
les tâches les moins populaires	*the least popular jobs*

2a ÉCOUTER **Listen to Julie, an au pair in France. Choose the correct picture and complete each sentence.**

Example: 1 Je m'occupe d'un *b*
2 Le lundi, je ...
3 Le mardi, je ...
4 Le jeudi, je ...
5 Tous les jours, je ...
6 Le week-end, je ...
7 Je trouve mon travail très ...

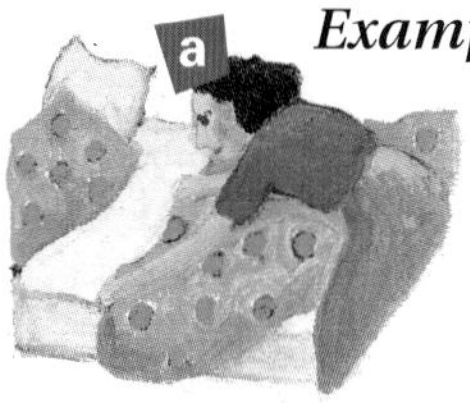

2b ÉCRIRE **Write out the above sentences in full.**

Example: 1 *Je m'occupe d'un petit garçon.*

Je fais	mon lit.	Je passe l'aspirateur.
	les courses.	Je mets la table.
	la cuisine.	Je sors la poubelle.
	le ménage.	Je range ma chambre.
	la vaisselle.	Je lave la voiture.
	du jardinage.	

Le week-end, je vais (*au cinéma*).
Je trouve mon travail (*très fatigant*).

3a ÉCRIRE **Reply to these questions in French. Make your answers as full as possible.**

Example: 1 *Oui, je fais la cuisine tous les jours./Non, je ne fais pas la cuisine.*

1 Est-ce que tu fais la cuisine?
2 Est-ce que tu fais la vaisselle?
3 Est-ce que tu fais les courses?
4 Est-ce que tu fais ton lit?
5 Est-ce que tu fais le ménage?
6 Est-ce que tu travailles dans le jardin?
7 Est-ce que tu laves la voiture?
8 Est-ce que tu sors la poubelle?

3b PARLER **Carry out a survey to find out who does what in your class.**

Example:
- *Tu fais ton lit?*
- *Oui.*
- *Quand?*
- *Tous les jours.*
- *Tu passes l'aspirateur?*
- *Non, jamais.*

3c ÉCRIRE **Using 1a to help you, write a summary of the results.**

Le détective

Negatives

ne ... pas *means* ***not****. It forms a sandwich round the verb.*

Example: Tu fais le ménage?
Non, je **ne** fais **pas** le ménage.

ne ... jamais = *never*
ne ... rien = *nothing*

They work in the same way as ne ... pas.

Example: Tu fais la cuisine?
Non, je **ne** fais **jamais** la cuisine.
Tu aides à la maison? Non, je **ne** fais **rien**.

Pour en savoir plus ➡ pages 173–4, pt 5

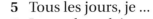

*For your ongoing speaking assessment, you will be asked to do 3 different types of speaking test: **prepared talks, transactional tasks** and **conversations**. In the À l'oral pages, we will practise all of these.*

CONVERSATION **1** **Complete the answers with your own information, then practise the conversation with a partner.**

- Comment s'appelle ton collège/lycée?
- Il y a combien d'élèves?
- Les cours commencent à quelle heure?
- Et finissent à quelle heure?
- Il y a une récréation?

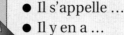

- Il s'appelle …
- Il y en a …
- Ils commencent à …
- Ils finissent à …
- Oui, à … heures.

CONVERSATION **2** **Practise this conversation with a partner. Change the words in blue to make your own conversation.**

- Tu aimes le français?
- Pourquoi?
- Et les maths?
- Pourquoi?
- Et qu'est-ce que tu vas faire l'année prochaine?
- Moi aussi.
- Je vais aller au lycée technique. Et toi?

- Oui, j'adore le français.
- C'est très utile.
- Non, je déteste les maths!
- C'est ennuyeux.
- Je vais continuer mes études. Et toi?

- Qu'est-ce que tu vas faire après l'école?
- Je vais voyager autour du monde!

Prepared talk

Mon lycée

Prepare a talk on your school. Try to include the following information:

- the name of your school: *Mon collège/lycée s'appelle …*
- the size of your school: *Il y a … élèves et … professeurs.*
- details of the school day: *Les cours commencent à … et finissent à …*

– *Make your talk more interesting by adding personal details and opinions:*
- *what subjects you do:* Comme matières, j'ai …
- *what you like:* J'aime …
- *what you don't like:* Je n'aime pas …

– *You will improve your grade by giving extra information. For example, say:*
- *why history is your favourite subject:*
  L'histoire, c'est ma matière préférée car c'est intéressant/le prof est sympa.
- *why you don't like maths:*
  Je n'aime pas les maths parce que c'est ennuyeux/le prof est sévère.

– *When you have prepared your talk, practise saying it aloud. Record your talk, then listen to it.*

1 **Complete the conversation with your own details, then practise it with a partner.**

- Tu as des frères et sœurs?
- Comment s'appelle ton frère/ta sœur?
- Il/Elle a quel âge?
- Comment est ton frère/ta sœur?

- Oui, j'ai .../Non, je n'ai pas de ...
- Mon frère/Ma sœur s'appelle ...
- Il/Elle a ... ans
- Il/Elle a les cheveux (*courts*) et (*bruns*) et les yeux (*marron*). Il/Elle est (*sympa/très calme/...*)

2 **In pairs, talk about what you do to help at home. Change the words in blue to make your own conversation.**

- Est-ce que tu aides à la maison?
- Oui, je fais mon lit, je passe l'aspirateur et je sors la poubelle. Et toi?
- Oui, je range ma chambre et je lave la voiture.

- *Remember, you can make this conversation more interesting and achieve a better grade by adding details; for example,* ***when*** *and* ***how often*** *you do these things and how you* ***feel*** *about them.* ***Example:*** Je fais mon lit **tous les jours**, je sors la poubelle **le mercredi – je déteste ça**!
- *In conversations with a partner or your teacher, try to mean what you say. Listen carefully to the questions and put expression into your answers. If your answer is funny, for example,* ***smile****!*

Prepared talk

Une description

Bring in a photo of someone you admire and talk about them for one minute. Make a cue card to help you remember what to say. You should include:

- facts: *Il/Elle s'appelle … Il/Elle a … ans. Il/Elle habite … Il/Elle est marié(e)/célibataire/divorcé(e)/séparé(e). Il/Elle a … frères/sœurs.*
- physical description: *Il/Elle a les cheveux … et les yeux …*
- personality: *Il/Elle est …*
- likes and dislikes: *Il/Elle aime … Il/Elle n'aime pas …*
- why you admire him/her: *Je l'admire parce que …*

– *Remember to* ***plan*** *your talk and give it a clear structure. It should have an introduction, a main section and a conclusion.*

Mots

Ma famille	***My family***
C'est ..	*This is ...*
ma famille.	*my family.*
mes parents.	*my parents.*
mon père.	*my father.*
mon beau-père.	*my stepfather.*
ma mère.	*my mother.*
ma belle-mère	*my stepmother.*
mon frère.	*my brother.*
mon demi-frère.	*my stepbrother.*
ma sœur.	*my sister.*
ma demi-sœur	*my stepsister.*
mon grand-père.	*my grandfather.*
ma grand-mère.	*my grandmother.*
mon oncle.	*my uncle.*
ma tante.	*my aunt.*
mon cousin.	*my cousin (male).*
ma cousine.	*my cousin (female).*
Il y a combien de personnes dans ta famille?	*How many people are there in your family?*
Il y a (cinq) personnes dans ma famille.	*There are (five) people in my family.*
Tu as des frères et sœurs?	*Do you have brothers and sisters?*
Je n'ai pas de frères/sœurs.	*I don't have any brothers/sisters.*
J'ai (deux) sœurs et (un frère).	*I have (two) sisters and (one) brother.*
Comment s'appelle ton frère/ta sœur?	*What's your brother's/sister's name?*
Mon frère/Ma sœur s'appelle	*My brother's/sister's name is ....*
Quel âge a-t-il/a-t-elle?	*How old is he/she?*

Les mois de l'année	***Months of the year***		
janvier	*January*	septembre	*September*
février	*February*	octobre	*October*
mars	*March*	novembre	*November*
avril	*April*	décembre	*December*
mai	*May*	le premier (mars)	*1st (March)*
juin	*June*	le deux (avril)	*2nd (April)*
juillet	*July*	le trois (octobre)	*3rd (October)*
août	*August*		

Les descriptions	***Descriptions***		
Je m'appelle	*My name is ....*	J'ai les yeux (bleus).	*I have (blue) eyes.*
Il/Elle s'appelle	*His/Her name is ....*	Tu as les yeux (marron).	*You have (brown) eyes.*
J'ai les cheveux (courts).	*I have (short) hair.*	Il a les yeux (noirs).	*He has (black) eyes.*
Tu as les cheveux (longs).	*You have (long) hair.*	Elle a les yeux (verts).	*She has (green) eyes.*
Il/Elle a les cheveux (noirs).	*He/She has (black) hair.*	Il a une barbe.	*He has a beard.*
courts	*short*	Je porte des lunettes.	*I wear glasses.*
longs	*long*	Je suis petit(e)	*I am small.*
blancs	*white*	Tu es grand(e).	*You are tall.*
gris	*grey*	Il est gros.	*He is fat.*
bruns	*brown*	Elle est mince.	*She is slim.*
noirs	*black*		
blonds	*blond*		
roux	*red*		

Les animaux — *Pets*

Tu as un animal?	*Do you have any pets?*	Je n'ai pas d'animal.	*I don't have any pets.*
J'ai (un chien).	*I have (a dog).*	blanc(he)	*white*
un chat	*a cat*	bleu(e)	*blue*
un chien	*a dog*	vert(e)	*green*
un cheval (deux chevaux)	*a horse (two horses)*	brun(e)	*brown*
un lapin	*a rabbit*	gris(e)	*grey*
un oiseau (deux oiseaux)	*a bird (two birds)*	jaune	*yellow*
un poisson	*a fish*	noir(e)	*black*
une souris	*a mouse*		

La personnalité — *Personality*

Il/Elle est ...	*He/She is...*	marrant(e).	*funny.*
Mon meilleur ami est ...	*My best friend is ... (boy)*	méchant(e).	*naughty.*
Ma meilleure amie est ...	*My best friend is ... (girl)*	paresseux(-euse).	*lazy.*
aimable.	*friendly.*	plein(e) de vie.	*full of life.*
amusant(e).	*funny.*	poli(e).	*polite.*
bavard(e).	*chatty.*	sage.	*wise.*
bête.	*stupid.*	sévère.	*stern.*
calme.	*calm.*	sympathique.	*friendly.*
casse-pieds.	*annoying.*	timide.	*shy.*
drôle.	*funny.*	travailleur(-euse).	*hardworking.*
equilibré(e).	*balanced.*	assez	*quite*
gentil(le).	*kind.*	un peu	*a bit*
idiot(e).	*daft.*	très	*very*
impatient(e).	*impatient.*	vraiment	*really*
intelligent(e).	*clever.*		

Les rapports — *Relationships*

Il n'y pas de problème.	*There are no problems.*
Mes parents sont très sympa.	*My parents are very nice.*
Je peux leur parler de mes problèmes.	*I can speak with them about my problems.*
Il a le sens de l'humour.	*He has a sense of humour.*
On discute ensemble.	*We talk about things together.*
C'est (ma mère) qui m'énerve.	*It's my mother who gets on my nerves.*
Il me critique tout le temps.	*He criticises me all the time.*
Elle n'aime pas mon petit ami/ma petite amie.	*She doesn't like my boyfriend/girlfriend.*
Je m'entends bien avec (ma mére).	*I get on well with (my mother).*
Je ne m'entends pas bien avec (mon pére).	*I don't get on with (my father).*

Aider à la maison — *Helping at home*

Je fais les courses.	*I do the shopping.*	Je passe l'aspirateur.	*I hoover.*
Je fais la cuisine.	*I do the cooking.*	Je range ma chambre.	*I tidy my room.*
Je fais du jardinage.	*I do the gardening.*	Tu ranges ta chambre.	*You tidy your room.*
Je fais mon lit.	*I make the bed.*	Je sors la poubelle.	*I take out the bin.*
Je fais le ménage.	*I do the housework.*	Quand?	*When?*
Je fais la vaisselle.	*I do the washing-up.*	souvent	*often*
Je lave la voiture.	*I clean the car.*	parfois	*sometimes*
Je mets la table.	*I set the table.*	tous les jours	*every day*
Je débarrasse la table.	*I clear the table.*	(ne) ... jamais	*never*

MODULE 3

Temps libre

Talking about sports and leisure activites

ÉCOUTER 1a **Listen and write down the right letter(s) for each activity mentioned. (1–7)**

Example: 1 – *d*

a

b

c
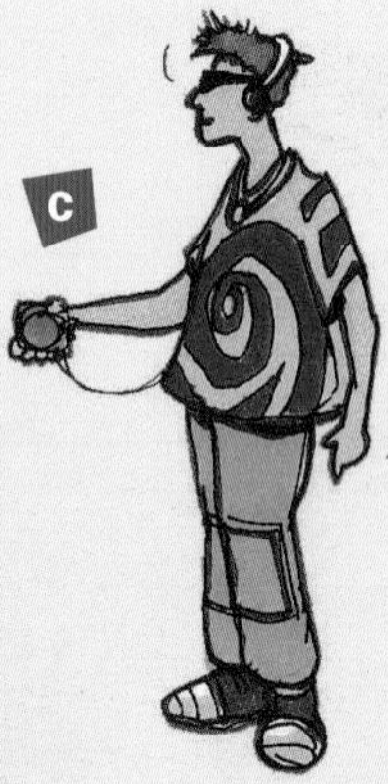

d

e

f

g

h

ÉCRIRE 1b **Write out a sentence for each picture.**

Example: **a** *Je joue avec l'ordinateur.*

Quels sont tes passe-temps?
Je vais au cinéma.
Je lis.
Je nage.
Je joue avec l'ordinateur.
Je vais à la pêche.
J'écoute de la musique.
Je regarde la télé.
Je fais du vélo.

ÉCRIRE 1c **Write down the days of the week (*lundi–vendredi*) in French. In secret, write down one activity per day.**

Example: lundi – je vais à la pêche.

PARLER 1d **In pairs. Ask questions to find your partner's 5 activities.**

Example:
- *Lundi, tu regardes la télé?*
- *Non.*
- *Tu vas à la pêche?*
- *Oui.*

When you are asking the question, all you do is change **Je** *to* **Tu** *and lift the pitch of your voice at the end of the sentence. Remember to use the correct verb ending with* **Tu**.
Example: Je vais à la pêche *becomes* Tu vas à la pêche?

ÉCRIRE 2 **Copy the passage and fill in the blanks with one of the words from the box.**

Normalement, le week-end je _____ la télé et j' _____ de la musique. Le samedi matin, je fais _____ sport. Je _____ au basket et je joue _____ foot. Quelquefois, je fais du _____ avec mes copains ou je _____ au volley. Le dimanche, je fais de la _____ à la piscine, et je _____ des magazines. Souvent, je _____ au cinéma ou je joue avec l' _____.

du regarde joue écoute au natation vélo lis ordinateur vais joue

For sports that you play (i.e. games and matches), use **jouer au**.
Example: Je **joue au** basket.
Je **joue au** foot.
Je **joue au** volley.
For sports that you can do alone, use **faire du/de la/de l'**.
Example: Je **fais du** sport.
Je **fais du** ski.
Je **fais de la** natation.
Je **fais de l'**équitation.

Talking about clubs and giving opinions

ÉCOUTER 3a **Listen. Copy and complete the grid for each person. (1–6)**

Example:

	club?	when?
1	volleyball	Wed. evening

Je vais au club le	lundi mardi mercredi jeudi vendredi samedi dimanche	matin. après-midi. soir.

Tu es membre d'un club?		
Je suis membre d'un club	de	foot. natation. gymnastique. cyclisme. danse. tennis. voile. volley. cinéma.
	d'	équitation. informatique.

PARLER 3b **Use the pictures to make sentences.**

Example:

1

2

3

4

5

6

7

8

ÉCRIRE 3c **Write out the sentences from exercise 3b.**

LIRE 4a **Copy the sentences. Show if you agree ✓ or disagree ✗.**

1 Le tennis, c'est chouette.
2 La natation, c'est super.
3 Le cyclisme, c'est barbant.
4 La gymnastique, c'est pénible.
5 La danse, c'est affreux.
6 Le rugby, c'est pas mal.
7 La pêche, c'est amusant.
8 L'équitation, c'est passionnant.

C'est	amusant. barbant. pénible. super. pas mal. passionnant. affreux. génial. chouette.

ÉCOUTER 4b **Listen and write down the activity in English. Draw a face to show the opinion (☺, 😐 or ☹). (1–8)**

	activity	opinion
1	sport	☹

PARLER 5a **Practise the conversation below with a partner, then make up another conversation giving different answers.**

A

- Tu aimes le foot?
- Oui, le foot c'est pas mal, mais je préfère le tennis. Je suis membre d'un club de tennis. Tu es membre d'un club?
- Le week-end, je regarde la télé.

B

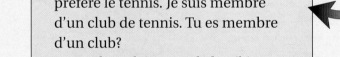

- Oui, j'adore le foot. Je joue au foot le samedi matin. Et toi?
- Oui, je suis membre d'un club de cinéma. Je vais au club le lundi soir. Le week-end, je fais de la natation. Et toi?

Other useful questions might be:
Quel est ton passe-temps préféré? *(Mon passe-temps préféré, c'est …)*
Que fais-tu le week-end? *(Je …)*
Quand? *(Le samedi matin.)*

ÉCRIRE 5b **Copy and complete the following sentences.**

1 Le week-end, je ______.
(Fill in the activities you do.)
2 Comme sports, j'aime ______ mais je n'aime pas ______.
(Write in the sports with le *or* la *in front.)*
3 Je joue ______ le ______ et je fais ______ le ______.
(Write in the sports you do, and when you do them.)
4 Je suis membre d'un club de ______. Je vais au club le ______.
(Write in clubs you go to and when.)

6 CV **Choose 3 correct statements you have written about how you spend your leisure time. Combine them in a paragraph under the title *Loisirs*. Insert the data into your CV document.**

1 *Les prix et les heures*

Finding out about times and prices

1

PISCINE MUNICIPALE

Ouverte tous les jours (sauf le mardi) de 7h30 à 21h.

Prix d'entrée adultes €1,90 enfants (moins de 12 ans) €1,30.

2

CENTRE SPORTIF

6 courts de tennis (dont 2 à l'intérieur), terrain de jeux illuminé, 2 courts de squash, gymnase, piste de ski artificielle, cours de danse, d'aérobique et d'arts martiaux.

Ouvert du lundi au samedi de 6h30 à 22h, dimanche et jours fériés ouvert de 8h30 à 19h. Prix selon l'activité.

3

CINÉMA LE VOX

séances à 13h, 15h30, 18h et 20h30. Prix d'entrée adulte €6,40, enfant €1,90, réductions le lundi après-midi.

4

FESTIVAL DE LA BANDE DESSINÉE

À partir du 2 juillet, grand festival de la bande dessinée, au musée. Heures d'ouverture: 9h à 19h, fermé le dimanche. Gratuit. Animations aussi le soir, place du marché. Jusqu'au 20 juillet.

LIRE 1a Choose 10 of the following. Find the French in the above adverts.

open closed every day
entrance price adults
children from … to …
bank holidays museum
cinema showings
according to gymnasium
free until … except for …

LIRE 1b Answer in English.

1 a On which day are you unable to go to the swimming pool? *(1)*
  b What is the age limit for a child's ticket at the swimming pool? *(1)*
2 a Name 3 activities the sports centre offers. *(3)*
  b On which days is the sports centre open between 8.30am and 7pm? *(2)*
3 Why is it a good idea to go to the cinema on Monday afternoon? *(1)*
4 a What kind of festival is being advertised? *(1)*
  b On what date does it begin? *(1)*
  c How much does it cost? *(1)*
  d On which day is it closed? *(1)*

2a ÉCOUTER

Listen and note how the underlined details change for each conversation. (1–4)

Example: 1 a *swimming pool* b *7.15* c *9.30* d *€3* e *€2,30* f *no*

Allô, ici [a] la piscine municipale.
Bonjour, monsieur. Vous ouvrez à quelle heure, aujourd'hui?
À [b] sept heures et quart.
Et vous fermez à quelle heure?
À [c] neuf heures et demie.
Merci. C'est combien par personne?
C'est [d] €3 pour les adultes, et [e] €2,30 pour les enfants.
Est-ce qu'il y a une réduction pour les étudiants?
[f] Non.
Merci beaucoup. Au revoir, monsieur.

2b PARLER

In pairs, practise the conversation above. Make new conversations using the underlined details in the adverts below.

Museum
Open 9am–5pm.
Free entry.

Vous ouvrez à quelle heure?
Vous fermez à quelle heure?
C'est combien par personne?
Est-ce qu'il y a une réduction pour les étudiants?

Sports Centre
Opening hours: 8.30am to 10pm.
Price: £3 adults
£2.20 children and students

une livre	*£1*

3 LIRE

Answer the questions in English.

1 How long does the film last? *(1)*
2 a Who is King? *(1)*
  b What happens to him? *(1)*
  c Who is Elektra? *(1)*
  d What does she want to do? *(1)*
3 Where does James Bond go in this film? *(1)*
4 What is particularly good about the film? *(1)*
5 How many James Bond films are we told there have been to date? *(1)*

Find a French film review on the web. Make up questions about it for your partner.

LE MONDE NE SUFFIT PAS (2h08)

Séances à 14h, 16h45, 19h30, 22h15
Film d'aventures avec:
Pierce Brosnan, Robert Carlyle, Sophie Marceau

Version française.
James Bond a pour mission de protéger King, un grand industriel. Mais l'homme est assassiné par une mystérieuse tueuse. Sa fille, Elektra King, veut venger son père.

Pour ce 19ème épisode, James Bond fait le tour du monde. Il est toujours entouré des plus belles filles du globe et les effets spéciaux sont formidables.

2 Invitations

Inviting people out and understanding invitations

LIRE **1** **Answer the questions in English.**

1 At what type of person is this article aimed? *(1)*
2 Name 3 of the outings that are suggested as dates. *(3)*
3 Why is the first reaction the best one? *(1)*
4 What 2 things are you told to do if you get the second reaction? *(2)*
5 What excuse is given in the third reaction? *(1)*
6 What 3 things should you remember to arrange if you are successful? *(3)*

Always look at the number of marks available for each question so you know how many parts your answer should have.

ÊTES-VOUS TROP TIMIDE?

Trouvez le courage de demander à quelqu'un de sortir avec vous! Ce n'est pas trop difficile!

1 INVITATIONS
Vous pouvez lui proposer:

? d'aller à un concert ou au théâtre, ou au cinéma …
? d'aller à une boum, ou en boîte …
? d'aller en ville, ou faire une randonnée à la campagne …

2 RÉACTIONS
Quelle est la réaction à votre invitation?

! Ah oui, je veux bien! — Félicitations! Vous avez bien joué!

! Je suis désolé(e) mais je ne peux pas. — Ne soyez pas trop triste. Posez la question 'Pourquoi pas?' Si l'excuse est bonne, essayez une autre date.

! Non merci. Je dois me laver les cheveux. — Tant pis! Un(e) de perdu(e), dix de retrouvé(e)s!

3 DÉTAILS
Si vous avez du succès, n'oubliez pas de fixer: l'heure, la date et le lieu du rendez-vous.

Bonne chance!

ÉCOUTER **2a** **Listen. For each conversation, note the place and whether the reaction is positive ✓ or negative ✗. (1–8)**

Example: 1 *party,* ✗

Don't try to understand every single word when you are listening. Just try to pick out the place mentioned. The tone of voice will then help you to understand if the reaction is positive or negative.

Invitations

(Est-ce que)	tu voudrais tu veux	aller	en boîte à la boum au cirque au concert à la campagne	
		jouer au foot sortir voir un film voir le match de foot faire une excursion à vélo		avec moi?

Réactions

On accepte:	d'accord, bien sûr, je veux bien, bonne idée, avec plaisir
On s'excuse:	je suis désolé(e), je regrette, je m'excuse, c'est dommage
On refuse:	je ne peux pas, ça ne me dit rien, je ne suis pas libre, je dois faire mes devoirs

ÉCRIRE 2b **Put the words in these sentences into the correct order and write them out.**

1 veux aller à la avec moi tu piscine?
2 voudrais un tu voir film?
3 faire vélo du tu veux moi avec?
4 veux jouer tu au squash?
5 tu concert au aller voudrais?
6 veux match tu foot voir le de?
7 voudrais aller tu à boum la?
8 tu sortir moi veux avec?

Le détective

Use of infinitives

Use the infinitive after:

vouloir *to want to*
pouvoir *to be able to*
devoir *to have to*

Example:

Tu voudrais aller en boîte?
= *Would you like to go to a night club?*
Je ne peux pas aller à la boum.
= *I can't go to the party.*
Je dois me laver les cheveux.
= *I have to wash my hair.*

Pour en savoir plus ➡ page 168, pt 3.1

PARLER 2c **In pairs. Imagine that you are someone famous and invite your partner out on a date.**

Example: ● *Je suis le Prince William. Tu veux aller en boîte ce soir?*
● *Ah oui, bonne idée!*

LIRE 3a **Read the messages, then copy and complete the grid in English. (1–5)**

	when?	where?
1	tomorrow	at my house

1 Rendez-vous demain matin chez moi.

2 On se rencontre devant le cinéma demain après-midi à 15h.

3 Rendez-vous chez Anne-Claire jeudi prochain à midi.

4 On se retrouve aujourd'hui à deux heures à la piscine?

5 Rendez-vous chez toi ce soir vers 19h.

ÉCOUTER 3b **Listen. Who is on the phone? Note the name. (1–6)**

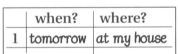

ÉCRIRE 3c **Using exercise 3a as a guide, write these invitations.**

Example: 1 *On se retrouve chez moi vers trois heures.*

1 … at my house at about 03:00
2 … in front of the stadium tomorrow at 02:30
3 … next mer. at your house.
4 … today at about 12:00

On se retrouve	demain (*matin*)	devant le cinéma	à (*six*) heures	et demie.
	jeudi (*après-midi*)	devant le stade	vers midi.	
	aujourd'hui	devant le café		
	mercredi prochain	chez moi/toi		
	ce soir	chez (*Delphine*)		
		à la piscine		

3 Ça s'est bien passé?

Talking about the past

LIRE 1a **Elsa has arranged a date with Emmanuel. Read her e-mail and put the pictures underneath in the correct order.**

Example: e, ...

Fichier Édition Affichage Insertion Format Outils Message

Répondre | Répondre à tous | Transférer

Quel désastre, hier! Mon rendez-vous avec Emmanuel était à 19h devant le cinéma. Je suis arrivée à 18h55 et j'ai attendu ... Finalement, il est arrivé à 20h – j'étais furieuse! Le film a commencé à 19h45, donc j'ai proposé un autre. Il a répondu 'Non, j'ai vu ce film hier soir avec Coralie. C'était nul!' À ce moment-là, j'en ai eu assez. J'ai dit 'Au revoir' et je suis rentrée à la maison, où j'ai regardé la télé en paix. Les garçons? Non, merci.

LIRE 1b **Find the French for the following in the e-mail.**

1 I arrived
2 I waited
3 he arrived
4 I suggested
5 the film began
6 he replied
7 I saw
8 I said
9 I went home
10 I watched

Le détective

Talking about the past: the perfect tense

The ***perfect tense*** *is made up of two parts.*

The first is normally taken from the verb **avoir** *(to have):* j'**ai** regardé *(I watched)*

The second is the ***past participle****:*
j'ai **attendu** *(I waited)*

-er *verbs:* regard~~er~~ → regardé
-ir *verbs:* fini~~r~~ → fini
-re *verbs:* attend~~re~~ → attend**u**

As in English, some verbs have irregular past participles:

j'ai vu *(I saw)* j'ai fait *(I made/did)*
j'ai lu *(I read)* j'ai eu *(I had)*

A small but important number of verbs use **être** *(to be):* je **suis** monté(e) *(I went up)*

Can you find another 2 examples in the text?

Pour en savoir plus ➡ page 169, pt 3.3

J'ai regardé le foot.	
J'ai lu un livre.	
J'ai joué	aux jeux vidéo.
	aux cartes.
	du violon.
	au foot.

J'ai fait	une promenade.
	de la natation.
	du VTT.
Je suis allé(e)	au cinéma.
	à la piscine.
	à une boum.
Je suis resté(e) à la maison.	

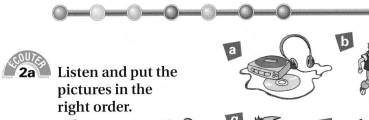

ÉCOUTER 2a **Listen and put the pictures in the right order.**

LIRE 2b **Put the words in these phrases into the correct order and then link them to the correct picture in 2a.**

Example: 1 *j'ai fait du VTT – f*

1 VTT j'ai du fait
2 joué foot j'ai au
3 lu roman un j'ai
4 écouté des j'ai CD
5 allé boum je suis une à
6 j'ai aux jeux vidéo joué
7 la j'ai natation de fait
8 joué dans orchestre un j'ai
9 fait une j'ai promenade
10 cartes j'ai aux joué

ÉCRIRE 3 **Use the grid to make a sentence for each day in the diary.**

Example: *Lundi, j'ai regardé la télé.*

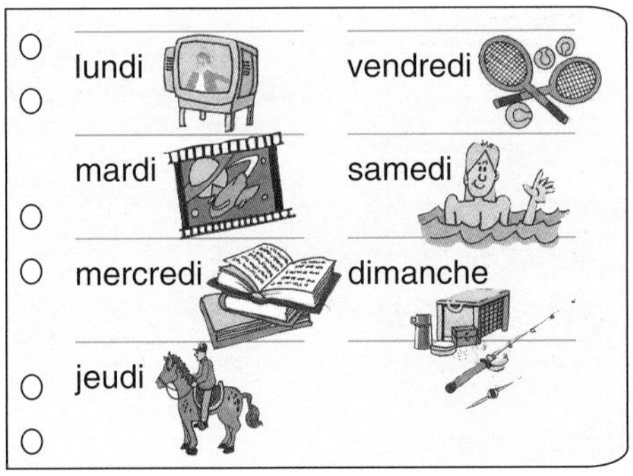

J'ai	regardé la télé. joué au tennis. lu un roman. fait de l'équitation. fait de la natation.
Je suis	allé(e) au cinéma. allé(e) à la pêche.

PARLER 4a **Now play a memory game. Each person says one thing he/she did last weekend; the next person has to repeat it and add another. Which group can keep going the longest?**

Example: ● *Le week-end dernier, j'ai lu un livre.*
● *Le week-end dernier, j'ai lu un livre et j'ai fait du vélo.*

*Remember to **listen** as well as **speak**!*

ÉCRIRE 4b **Write 8 sentences about what you did last weekend, including some unlikely activities. Show your list to your partner, who marks each one true (T) or false (F).**

Example: *Je suis allé(e) à la piscine* – **T**
J'ai promené mon éléphant à la campagne – **F**

Le détective

Past participles

The past participles of **être** *verbs agree (like adjectives) with their subjects (the person or thing doing the action):*

il est allé	elle est allée
ils sont allés	elles sont allées

Pour en savoir plus ➡ page 170, pt 3.3

À L'ÉCRIT

Les copains et les loisirs

Salut!

Vendredi dernier, je suis allée à une boum. C'était l'anniversaire de ma copine, Vivienne. C'était génial! Tous mes copains sont venus. Je suis arrivée vers 8 heures du soir et j'ai parlé à un très beau garçon, qui s'appelait Martin. C'était incroyable! Vivienne a eu beaucoup de cadeaux: des posters, des CD, du parfum. Moi, j'ai acheté un CD de son groupe préféré. Elle était très contente de mon cadeau!

J'adore sortir avec mes copains. Je vais souvent au cinéma. C'est amusant. J'adore regarder les films comiques. Après, je vais normalement dans un café avec mes copains et on boit un Coca. Mes copains sont tous très marrants et pleins de vie. Je m'entends très bien avec ma copine Vivienne. Elle est grande et mince, elle a les cheveux longs et blonds et elle est calme et gentille. On va souvent en ville ensemble. J'adore faire les courses, faire du lèche-vitrines et aller manger au McDo avec elle. Aussi, je fais beaucoup de sport. Je joue au volley pour l'équipe scolaire, et je fais souvent de la natation. C'est fantastique!

Mon anniversaire, c'est en février. Je voudrais sortir avec mes copains. Ce serait bien. Je voudrais aller manger dans un restaurant et ensuite, aller en boîte. Ce serait fantastique, mais mes parents devront me donner la permission. Je vais devoir aider beaucoup à la maison avant février: je vais faire le ménage et la vaisselle tous les jours!

Grosses bises,

Sophie

un cadeau (des cadeaux)	*present(s)*
faire du lèche-vitrines	*to go window shopping*
l'équipe scolaire	*the school team*
ce serait …	*that would be …*

1a **Find the French for …**

1 last Friday
2 it was my friend's birthday
3 a really nice-looking boy
4 a lot of presents
5 some perfume
6 her favourite group
7 funny and lively
8 I love going shopping
9 the school team
10 I would like to go out
11 to go to a nightclub
12 I'm going to have to help out

1b **Write out the verb phrases highlighted in blue in the text opposite in the correct column of the table, then write what they mean in English. (In paragraph 1 they are all in the past tense, in paragraph 2 they are all present tense and in paragraph 3 they use either 'would' or 'going to'.)**

past tense	English	present tense	English	would/going to	English
je suis allée	I went	j'adore	I love	je voudrais sortir	I would like to go out

1c **Work out what the comments (in red) mean.**

Example: c'était génial – it was great.

2 **Write a letter to your pen-friend about your friends and what you do together. Use the *Au secours!* section to help you.**

Au secours!

- Re-read the letter on page 44 to give you ideas about what to write. Notice how the three sections are written in different tenses: arranging paragraphs in this way gives a good structure to your writing.

  Try to write one section in the past, one section giving your opinions in the present, and one section about things you would like to do or are going to do in the future. Remember to use the verbs you have written out in exercise **1b**.

- Don't forget to describe your friends and say what sort of people they are. When describing people, remember to include: **1** facts (name, where he/she lives, etc.) **2** a physical description, and **3** a character description. For example:

  Mon copain s'appelle Paul. Il habite à Stirling, près de chez moi. Il est grand et il a les cheveux courts et bruns. Il est très calme et aimable.

- Try to follow this pattern for building longer sentences in the past tenses: **when**, **what**, **where/who with**, **comment**:

when	what	where/who with	comment
Hier	j'ai joué au foot	dans le parc avec mon frère –	c'était bien!
La semaine dernière,	j'ai fait de la natation	avec mes copains –	c'était fantastique!

- Get into the habit of adding at least one comment every time you make a statement. An easy way of doing this is to use *c'est* (it is), *c'était* (it was), or *ce serait* (it would be) + adjective:

	negative	positive
c'est c'était ce serait	nul affreux ennuyeux difficile	amusant incroyable génial fantastique

Mots

Les passe-temps — *Hobbies*

Je fais une promenade.	*I go for a walk.*	Je vais au cinéma.	*I go to the cinema.*
Je joue aux cartes.	*I play cards.*	J'écoute de la musique.	*I listen to music.*
Je joue aux jeux vidéo.	*I play video games.*	Je lis des romans.	*I read novels.*
Je joue avec l'ordinateur.	*I play on the computer.*	Je regarde la télé.	*I watch TV.*

Les sports — *Sports*

Je fais du cyclisme.	*I go cycling.*	Je fais du VTT.	*I go mountain biking.*
Je fais de la danse.	*I go dancing.*	Je joue au basket.	*I play basketball.*
Je fais de l'équitation.	*I go horse-riding.*	Je joue au foot.	*I play football.*
Je fais de la gymnastique.	*I do gymnastics.*	Je joue au rugby.	*I play rugby.*
Je fais de la natation.	*I go swimming.*	Je joue au tennis.	*I play tennis.*
Je fais du ski.	*I go skiing.*	Je joue au volley.	*I play volleyball.*
Je fais du sport.	*I do sport.*	Je vais à la pêche.	*I go fishing.*
Je fais de la voile.	*I go sailing.*	Je nage.	*I swim.*
Je fais du vélo.	*I go cycling.*		

Les clubs — *Clubs*

Je suis membre d'un club de ...	*I belong to a ... club.*	voile.	*sailing*
		cinéma.	*cinema*
tennis.	*tennis*	équitation.	*horse-riding*
foot.	*football*	informatique.	*computer*
natation.	*swimming*	Je vais au club ...	*I go the club ...*
gymnastique.	*gymnastics*	le lundi soir.	*on Monday evenings.*
cyclisme.	*cycling*	le jeudi après-midi.	*on Thursday afternoons.*
danse.	*dance*	le samedi matin.	*on Saturday mornings.*

Les opinions — *Opinions*

Tu aimes (le foot)?	*Do you like (football)?*	Mais je préfère (le tennis).	*But I prefer (tennis).*
Oui, c'est ...	*Yes, it's ...*	Non, c'est ...	*No, it's ...*
génial.	*wonderful.*	barbant.	*boring.*
super.	*super.*	affreux.	*awful.*
passionnant.	*exciting.*	pénible.	*dreadful.*
chouette.	*great.*		
amusant.	*funny.*		
pas mal.	*not bad.*		

Acheter des billets — *Buying tickets*

Vous (ouvrez/fermez) à quelle heure?	*At what time do you (open/close)?*
C'est combien par personne?	*How much is it per person?*
C'est (2 euros) pour (les adultes/les enfants).	*It is (2 euros) for (adults/children).*
Est-ce qu'il y a une réduction pour les étudiants ?	*Is there a reduction for students?*

Les invitations — *Invitations*

Tu voudrais (faire un pique-nique)?	*Would you like to (have a picnic)?*
aller en boîte	*go to a nightclub*
aller à la boum	*go to a party*
aller à la campagne	*go to the country*
aller au cirque	*go to the circus*
aller au concert	*go to a concert*
faire un pique-nique	*have a picnic*
faire une excursion à vélo	*go on a cycle ride*
jouer au foot	*play football*
sortir avec moi	*go out with me*
voir un film	*see a film*
voir un match de foot	*see a football match*

Les réactions	***Reactions***		
D'accord.	*Okay.*	Je regrette./Je m'excuse.	*I'm sorry.*
Bonne idée.	*Good idea.*	Je ne peux pas.	*I cannot.*
Je veux bien.	*I would like to.*	Je ne suis pas libre.	*I'm not free.*
Je suis désolé(e).	*I'm sorry.*		

Les rendez-vous	***Meeting up***
On se retrouve …	*Let's meet …*
à/vers six heures.	*at/around six o'clock.*
demain (matin).	*tomorrow (morning).*
aujourd'hui.	*today.*
ce soir.	*this evening.*
cet après-midi.	*this afternoon.*
(lundi) après-midi.	*on (Monday) afternoon.*
(dimanche) prochain.	*next (Sunday).*
devant (le cinéma).	*in front of (the cinema).*
chez moi.	*at my house.*
chez toi.	*at your house.*
chez Delphine.	*at Delphine's house.*
à la piscine.	*at the swimming pool.*

Qu'est-ce que tu as fait?	***What did you do?***
Qu'est ce que tu as fait (hier)?	*What did you do (yesterday)?*
le week-end dernier	*last weekend*
le matin	*in the morning*
l'après-midi	*in the afternoon*
le soir	*in the evening*
J'ai regardé la télé.	*I watched TV.*
J'ai lu un livre/un roman.	*I read a book/a novel.*
J'ai fait de l'équitation.	*I went horse-riding.*
J'ai fait de la natation.	*I went swimming.*
J'ai fait une promenade	*I went for a walk*
J'ai fait du VTT.	*I went mountain biking.*
J'ai joué aux cartes	*I played cards.*
J'ai joué aux jeux vidéo.	*I played video games.*
J'ai joué au foot.	*I played football.*
J'ai joué au tennis.	*I played tennis.*
J'ai joué dans l'orchestre.	*I played in the orchestra.*
J'ai écouté des CD.	*I listened to some CDs.*
Je suis allé(e) (au cinéma).	*I went (to the cinema).*
à une boum	*to a party*
à la piscine	*to the swimming pool*

Module 4 Au boulot

Talking about different jobs; saying phone numbers

LIRE 1a **Match the jobs in the key language box with the pictures.**

agent de police	dentiste	chauffeur
coiffeur(-euse)	infirmier(-ière)	médecin
fermier(-ière)	professeur	secrétaire
boulanger(-ère)	serveur(-euse)	vendeur(-euse)
boucher(-ère)	caissier (-ière)	
au chômage		

ÉCRIRE 1b **Copy and complete the grid with words from the pinboard.**

masculine	feminine	English
coiffeur	coiffeuse	hairdresser

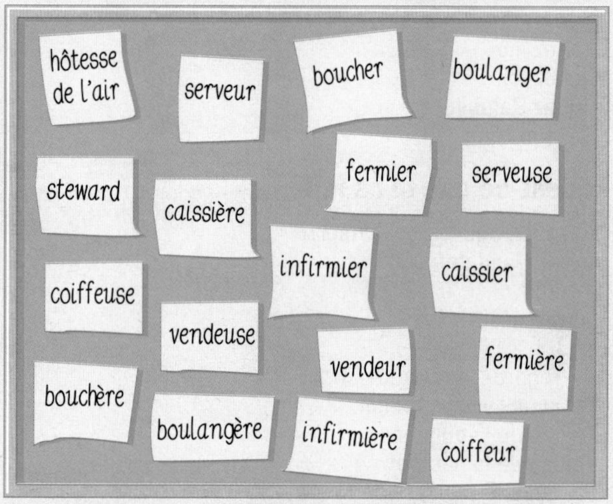

ÉCOUTER 1c **Listen and write down the jobs you hear. (1–10)**

Example: 1 *hairdresser*

ÉCRIRE 2a **Write sentences in French.**

Example: 1 *Ma sœur est secrétaire.*

1 ma sœur

2 mon père

3 ma belle-mère

4 mon grand-père

5 mon copain

6 ma mère

Le détective

Agreement

Mon père est serv**eur**.
Ma mère est serv**euse**.
Mon frère est boulang**er**.
Ma sœur est boulang**ère**.

Some jobs stay the same. These do not have an alternative ending in the key language box above.

Mon frère est médecin.
Ma sœur est médecin.

Pour en savoir plus ➡ page 166, pt 1

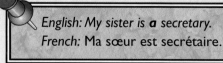

English: *My sister is* ***a*** *secretary.*
French: Ma sœur est secrétaire.

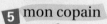

PARLER 2b **In pairs. Your partner says a member of the family. Throw a die; using the same numbers as the pictures in 2a, complete the sentence.**

A ● *Sœur!*

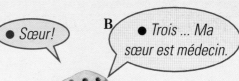

B ● *Trois ... Ma sœur est médecin.*

ÉCRIRE 3a **Complete the numbers.**

Example: **a** *cinquante-neuf*

a 59 = c∗nq∗ant∗-n∗∗f
b 25 = vi∗g∗-c∗nq
c 60 = s∗∗xant∗
d 43 = qu∗r∗nte-t∗oi∗
e 36 = tr∗nte-s∗x
f 47 = q∗ara∗t∗-se∗t
g 21 = v∗n∗t et ∗n
h 64 = ∗o∗x∗n∗e-qu∗t∗e
i 58 = ∗inquant∗-h∗∗t
j 32 = t∗∗nt∗-d∗∗x.

20 = vingt
30 = trente
40 = quarante
50 = cinquante
60 = soixante
70 = soixante-dix
75 = soixante-quinze
80 = quatre-vingts
90 = quatre-vingt-dix
95 = quatre-vingt-quinze

LIRE 3b **Match up the written numbers to the correct figures.**

72 86 94 70 99 75 90 71

soixante-douze
quatre-vingt-dix
soixante et onze
quatre-vingt-quatorze
soixante-dix
soixante-quinze
quatre-vingt-six
quatre-vingt-dix-neuf

ÉCOUTER 3c **Listen. Which number do you hear? Write a, b or c. (1–8)**

1	**a** 65	**b** 75	**c** 85
2	**a** 80	**b** 88	**c** 90
3	**a** 62	**b** 72	**c** 82
4	**a** 69	**b** 70	**c** 71
5	**a** 97	**b** 98	**c** 99
6	**a** 63	**b** 83	**c** 93
7	**a** 90	**b** 91	**c** 92
8	**a** 68	**b** 78	**c** 98

French phone numbers are usually 10 figures.
Example: 03-56-42-89-70
You say 'zero three, fifty-six, forty-two, eighty-nine, seventy':
zéro trois, cinquante-six, quarante-deux, quatre-vingt-neuf, soixante-dix
You don't say 'zero, three, five, six, four, two, eight, nine, seven, zero'

ÉCOUTER 4a **Listen, and write down the telephone numbers. (1–8)**

PARLER 4b **Write down 5 telephone numbers. Don't show them to your partner. Then say the 5 numbers to your partner. Your partner writes them down. Compare your results.**

Example: ● 01-12-34-56-78

● *zéro un, douze, trente-quatre, cinquante-six, soixante dix-huit*

1 *Avez-vous un job?*

Talking about part-time jobs and work experience

LIRE 1a Copy the grid and fill in the details for Valérie.

	Valérie	Coralie
Job		
Start time	8.30am	
Finishing time		1.15pm
Transport used		
How long journey lasts		
Pay	/hr	/hr
Opinion(s) about job	varied	gets reductions

Je travaille dans	un supermarché. un bureau.		
Je commence à (*8h*). Je finis à (*5h*).	Je vais au travail	en	bus. voiture.
		à	vélo. pied.
Le trajet dure (*20 minutes*).	Je gagne (*€6*) de l' heure.		
J'aime mon job parce que c'est	bien payé. varié.		
Je n'aime pas mon job parce que c'est	mal payé. ennuyeux.		

LIRE 1b Find these question words in the interview.

1 where?
2 at what time?
3 how?
4 how much time/how long?
5 how much?
6 why?

ÉCOUTER 1c Listen to Coralie answering the same questions. Fill in the details in the grid you copied for **1a** above.

Write 5 or 6 statements about your own job (invent the details if you don't have a job!).

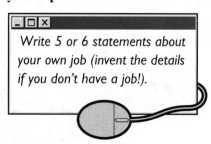

Avez-vous un *job?*

Les petits jobs d'été

Est-ce que c'est une bonne idée de faire un petit job le soir, le week-end ou pendant les vacances? Valérie, 15 ans, répond à nos questions:

Bonjour, Valérie. Tu travailles où?
Je travaille dans un grand hypermarché.
Tu commences à quelle heure?
Je commence à huit heures et demie.
Tu finis à quelle heure?
Je finis à dix-sept heures.
Comment vas-tu au travail?
Je vais au supermarché en bus.
Et le trajet dure combien de temps?
Le trajet dure vingt minutes.
Combien est-ce que tu gagnes?
Je gagne cinq euros de l'heure.
Tu aimes ton job? Et pourquoi?
Oui, j'aime mon job parce que c'est bien payé et assez varié.

Le détective

Asking questions

The easiest way to ask questions in French is to put the question word(s) at the end, and raise the pitch of your voice

Example: Tu travailles **où?**
Tu commences **à quelle heur**

Combien? = *How much/How many?*
Comment? = *How?*
Qui? = *Who?*
Où? = *Where?*
Quand? = *When?*
Pourquoi? = *Why?*
Quel(le)(s) = *What/Which?*

Pour en savoir plus ➡ page 172 pt 4.

1d PARLER **In pairs. Ask the questions in red from the interview on page 50. Reply using these details. Use the key language box on page 50 to help you.**

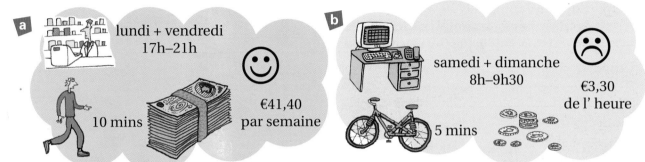

a

lundi + vendredi
17h–21h

10 mins

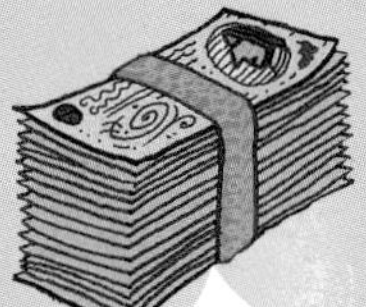

€41,40
par semaine

b

samedi + dimanche
8h–9h30

€3,30
de l' heure

5 mins

2a LIRE **Read about Elsa's work experience and answer the questions below.**

1 What were her 3 duties?
2 What does she say about her working day?
3 Identify 7 verbs in the perfect tense in Elsa's letter.

J'ai travaillé dans un bureau chez France Télécom. C'était vraiment chouette. J'ai tapé des lettres sur l'ordinateur, j'ai distribué le courrier et j'ai répondu au téléphone. J'ai commencé chaque jour à 8 heures et j'ai terminé le travail à 6 heures du soir. C'était une journée très longue. J'y ai passé deux semaines. C'était intéressant et mon patron était très sympa.

2b ÉCRIRE **What would Valérie (1a) say about her job if she was no longer doing it? Use the key language box to help you.**

Example: *J'ai travaillé dans un grand hypermarché. J'ai commencé …*

J'ai travaillé (*dans un supermarché*).
J'ai commencé à (*9 heures*).
J'ai fini à (*4 heures*).
J'ai aimé (*le travail*).
J'ai gagné (*€4 de l'heure*).
Je suis allé(e) en (*bus*).
Le trajet a duré (*20 minutes*).
C'était bien/intéressant/affreux/dur.

2c PARLER **Prepare a talk of 1 minute about your own work experience. Make up details if you haven't been on work experience!**

Mention:

- where you worked
- what time you started and finished
- how you travelled to work
- what your duties were
- what you thought of the job

3 CV **Choose 3 correct statements you have written about work experience. Combine them in a paragraph under the title *Expérience*. Insert the data into your CV document.**

2 *Le monde du travail*

Applying for a job in France

LIRE **1a** **Copy and complete the letter of application to the hotel in the advertisement, using the words below it.**

Blackpool,
le 3 octobre

Madame,

J'ai vu votre annonce dans le ____ aujourd'hui, et je vous écris pour vous demander un ____ dans votre hôtel. Je voudrais un poste comme serveuse, parce que j'aime travailler avec les ____.

J'ai ____ dans un restaurant pendant mon ____ en industrie, et j'ai un ____ dans un café local pendant le week-end. Je suis travailleuse et ____, mais j'ai aussi un bon sens de l'____.

J'habite en Grande-Bretagne, mais je ____ bien français.

Veuillez trouver ci-joint mon ____.

Je vous prie d'agréer, Madame, l'expression de mes sentiments distingués.

Alice Smith

Hôtel Formule 444

nouvel hôtel ✻✻
à Surgères, en France.

Nous recherchons le personnel suivant pour notre équipe:

chefs de cuisine **serveurs**
réceptionnistes
femmes/hommes de chambre

Veuillez écrire (avec CV) à Adeline Giraud, Hôtel Formule 444, 17700 Surgères, FRANCE.

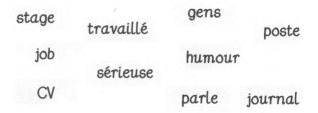

stage — travaillé — gens — poste — job — humour — sérieuse — CV — parle — journal

LIRE **1b** **Find these phrases in your completed letter.**

1 I saw your advert
2 I am writing to you
3 I worked in a restaurant
4 during my work experience in industry
5 at the weekend
6 please find enclosed

French business letters are very formal! The entire last sentence in the letter on the left is the equivalent of 'Yours sincerely'.

LIRE **1c** **In pairs. Dictate a paragraph of the letter in 1a to your partner, then swap roles. Afterwards, compare what you have written with the original letter!**

LIRE **2a** **Read Alice's CV. Are these statements true or false?**

1 Alice lives in Aberdeen.
2 Her birthday is on 21 June.
3 She was born in France.
4 She is doing 8 subjects.
5 She likes swimming.
6 She has had work experience in a hospital.

CURRICULUM VITAE

Nom: Reid **Prénom(s):** Alice
Adresse: 34 Tay View
DUNDEE DD4 7TB
Date de naissance: 21 juin 1986
Lieu de naissance: Aberdeen
Nationalité: britannique
Famille: J'ai 2 frères. Ils s'appellent Paul et Richard. J'habite avec mon père.
Domicile: J'habite à Dundee. C'est une grande ville dans l'est de l'Écosse. Il y a beaucoup de choses à faire à Dundee.
École(s): Je fréquente Harris Academy. Je fais anglais, mathématiques, français, sciences, allemand, histoire, musique et informatique. Ma matière préférée est la musique.
Loisirs: J'aime la natation. Je joue au tennis. Je fais du ski en hiver.
Expérience: J'ai fait un stage dans un hôtel. J'ai aussi un petit emploi dans un café. Je suis serveuse.

ÉCOUTER **2b** **Listen. Copy and complete Luc's CV. Write at least one thing for each heading, and write down all 7 of his subjects.**

CURRICULUM VITAE

Nom:
Prénom(s):
Adresse:

Date de naissance:
Lieu de naissance:
Nationalité:
Famille:

Domicile:

École(s):

Loisirs:

Expérience:

2c CV **Write your own CV using Alice's CV (2a) as a model. Use the work you have already done in Modules 1–4 (CV.doc) to help you.**

Surf the internet to find an advert for a job you could do in your summer holidays. Focus your search as much as you can:

- *choose a French search engine (e.g. www.google.fr)*
- *make a list of appropriate keywords (type of job, preferred venue, etc.)*

The search engine you use will probably require details to be entered like this:

offre d'emploi + restaurant, *etc.*

Print out the advert you find. Write down in English:

1 *the key features of the advert*
2 *any specific requirements (age, qualifications, etc.)*
3 *what you would have to do to apply*

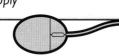

3 *Au téléphone*

Using the telephone

Matthew fait son stage en entreprise chez *Eau Naturelle*, une compagnie française qui a un bureau en Angleterre. Il travaille à la réception.

ÉCOUTER **1a** **In pairs. Listen to this conversation then practise it with a partner.**

- Good morning, Eau Naturelle, can I help you?
- Bonjour, monsieur, parlez-vous français?
- Ah oui, bonjour madame. C'est Matthew à l'appareil. Je peux vous aider?
- Je voudrais parler à Monsieur Foley, s'il vous plaît.
- C'est de la part de qui?
- Je suis Fabienne Alalain.
- Merci. Ne quittez pas ... Ah, je regrette, mais il n'est pas là.
- Est-ce que je peux laisser un message?
- Bien sûr. Votre nom, comment ça s'écrit?
- Ça s'écrit A ... L ... A ... L ... A ... I ... N.
- Et quel est votre message?
- Dites-lui que je ne peux pas venir à la réunion demain.
- Merci beaucoup, c'est noté. Quel est votre numéro de téléphone, s'il vous plaît?
- C'est le 02-45-75-89-23.
- Et Monsieur Foley peut vous rappeler à quelle heure?
- À partir de dix heures et demie.
- Merci, madame. Au revoir!

C'est (*Matthew*) à l'appareil.
Je voudrais parler à (*Monsieur Foley*).
Est-ce que je peux laisser un message?
Quel est votre numéro de téléphone?
C'est le (*02-45-75-89-23*).

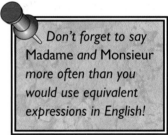

Don't forget to say Madame *and* Monsieur *more often than you would use equivalent expressions in English!*

LIRE **1b** **In the conversation, find the French for the following:**

1 It's Matthew here.
2 I'd like to speak to ...
3 Who's calling?
4 Hold on.
5 He's not here.
6 Can I leave a message?
7 How do you spell your surname?
8 From 10.30 onwards.
9 What is your phone number?
10 What time can Mr Foley call you back?

PARLER **1c** **In pairs, repeat the conversation on page 54 but use your own name instead of 'Matthew' and change the remaining underlined details according to the notes below.**

1
Mme David
Louis Roeder
02 98 86 05 60
from 11.00

2
M. Ducasse
Sophie Vincent
03 51 42 71 38
from 12.30

3
Mme Lavergne
Marc Rugani
04 75 06 43 58
from 4.00

4
Mme Issautier
Roland Chabasse
05 76 23 01 48
from 10.15

ÉCRIRE **2** **Choose one of the jobs in the advertisement and prepare answers to these questions in French. Make up details if you like.**

Q Quel poste voulez-vous?
R Je voudrais un poste comme ...

Q Avez-vous de l'expérience?
R Pendant mon stage à l'entreprise j'ai travaillé ...
J'ai aussi un job. Je travaille ...

Q Quelles sont vos qualités personnelles?
R Je suis ...

Q À quelle date pouvez-vous commencer?
R Je peux commencer le ...
et continuer jusqu'au ...

❖ HÔTEL de la PAIX ❖

Nous recherchons pour l'été:

- ❖ plongeurs
- ❖ hommes / femmes de chambre
- ❖ serveurs
- ❖ aide-cuisine

Veuillez vous adresser à Danièle Nabotin, Hôtel de la Paix, 34306 Castries, France. Tél: 04 59 43 62 39

plongeurs *dishwashers*

Le détective

Talking about the past and the present

past	***present***
j'ai travaillé comme serveur	**je travaille** comme serveur
j'ai fait un stage	**je fais** un stage

Pour en savoir plus ➡ pages 168–170, pt 3.2, 3.3

PARLER **3** **In pairs, practise this conversation. Use 1a and the answers you prepared for 2 to help you.**

Je vous téléphone à propos de l'annonce.

A

- Hôtel de la Paix, bonjour!
- C'est de la part de qui?
- C'est Mme Nabotin à l'appareil Est-ce que je peux vous aider?
- Quel poste vous intéresse?
- Avez-vous de l'expérience?
- Quelles sont vos qualités personnelles?
- À partir de quelle date pouvez-vous commencer?

B

- Say good morning and ask to speak to Mme Nabotin.
- Give your name.
- Say you are ringing about the advert.
- Say which job.
- Give details.
- Give details.
- Give dates.

4 *Qu'est-ce que vous voulez faire dans la vie?*

Talking about your future career

LIRE 1a **Fill in the gaps with a word from the box.**

1 *J'ai beaucoup de patience avec les petits enfants. Je voudrais être ______.*

2 *Je suis travailleur et j'aime les animaux. Je voudrais être ______.*

3 *Moi, j'aime les sciences, je voudrais être ______.*

4 *J'adore le sport, je voudrais être ______.*

entraîneur   vétérinaire
jeune fille au pair
prof de sciences

Je voudrais être	professeur.
	médecin.
	coiffeur/coiffeuse.
	maçon.
	entraîneur/entraîneuse.
	vétérinaire.
	serveur/serveuse.
Je ne sais pas encore.	

ÉCOUTER 1b **Listen. What jobs do these young people want to do? What reason does each one give? (1–5)**

Example: 1 *hairdresser, interesting*

To say what you **would like to do** *in the future, use:* je voudrais + *infinitive.*
Example: Je voudrais être vétérinaire.
= *I would like to be a vet.*
Je voudrais tavailler avec le enfants.
= *I would like to work with children.*

C'est un travail	intéressant.
	ennuyeux.
	varié.
	monotone.
	difficile.
	facile.
	dur.
	agréable.
	bien payé.
Je suis	sociable.
	travailleur/travailleuse.
	pratique.

PARLER 1c **In pairs. Your partner suggests a job. Give your opinion.**

A
● Professeur?

B
● C'est un travail très difficile.

Make your opinions more precise by adding one of these words:
trop (*too*) extrêmement (*extremely*)
vraiment (*really*) très (*very*)
assez (*quite*) un peu (*a bit*)

serveur(-euse)
infirmier(-ière)
vendeur(-euse)
technicien(ne) de laboratoire
jeune garçon/fille au pair
jardinier(-ière)
vétérinaire
opérateur(-trice) d'ordinateur
agent de police

LIRE 2a **Choose a job for each person using the words in the box.**

Je voudrais travailler dans un magasin, avec des gens, parce que j'aime le contact avec d'autres personnes.

Philippe, 16 ans

Adrien, 14 ans

Moi, je veux travailler avec les animaux. Je trouve les animaux plus gentils que les gens!

Je voudrais travailler dans un bureau, ou dans le commerce, mais surtout dans l'informatique.

Sophie, 15 ans

Stéphanie, 15 ans

Je voudrais travailler dans une usine, ou peut-être dans une école, mais je dois absolument faire un métier scientifique, parce que j'adore les sciences.

ÉCOUTER 2b **Listen and choose a job for each person using the words in the box above. (1–5)**

PARLER 2c **In pairs, practise these 2 conversations. Then ask and answer questions about what job you would like to do, giving your own answers.**

A
- Où voudrais-tu travailler?
- Avec qui voudrais-tu travailler?
- Qu'est-ce que tu voudrais être?
- C'est un travail intéressant?

B
- *in a school*
- *in an office*
- *children*
- *people*
- *a teacher*
- *a secretary*
- *quite difficult*
- *very easy*

Je (ne) voudrais (pas) travailler	dehors en plein air à l'intérieur		avec	les enfants. les personnes âgées. les gens. les malades. les animaux. les ordinateurs. les touristes.
	dans	un bureau un magasin une banque une usine une école le commerce le marketing le tourisme l'informatique		

ÉCRIRE 2d **Write about a job you'd like to do. Use Hassiba's text to help you: change the underlined phrases.**

J'aime travailler en plein air et avec des gens. Je voudrais être gardienne dans un camping. C'est un travail très agréable mais c'est dur.

À L'ORAL

CONVERSATION **1** **Complete the conversation with your own details, then practise it with a partner.**

- Quels sont tes passe-temps?
- Tu fais du sport?
- Tu es membre d'un club?
- C'est comment?

- Je fais (*du vélo/ …*) et je joue (*au basket/ …*).
- Oui, je fais (*du/de la/de l' …*)/Non, je n'aime pas le sport.
- Oui, je suis membre d'un club de (*gymnastique/ …*)/Non, je ne suis pas membre d'un club.
- C'est (*super/formidable/ …*).

CONVERSATION **2** **Practise this conversation with a partner. Change the words in blue to make a new conversation.**

- Tu veux sortir avec moi?
- Oui, je veux bien!
- Tu voudrais aller au cinéma?
- Oui, d'accord. On se retrouve où?
- On se retrouve à sept heures devant le cinéma?
- OK. À ce soir!

TRANSACTION **3** **In pairs, practise this transaction on the telephone. Change the words in blue to make a new dialogue.**

- Allô, ici la piscine municipale.
- Bonjour, madame/monsieur. Vous ouvrez à quelle heure?
- À neuf heures trente.
- Et vous fermez à quelle heure?
- À vingt heures.
- C'est combien par personne?
- €5 pour les adultes, et €2,50 pour les enfants et les étudiants.
- Merci. Au revoir, monsieur/madame.
- Au revoir, monsieur/madame.

Prepared talk

Le week-end dernier

Prepare a talk of approximately one minute on what you did last weekend.

Try to include the following information:

- where you went: *Je suis allé(e) à Édimbourg/au cinéma/à la piscine.*
- what you did: *J'ai fait mes devoirs/J'ai regardé la télé/J'ai joué au foot.*
- with whom: *Avec mes copains/mes parents/mon frère/ma sœur.*
- when, exactly: *Vendredi soir/Samedi matin.*

– *Remember, the more* ***accurate*** *your French, the better your grade will be. Use* **Métro pour l'Écosse** *to help you make notes and check them carefully.*

– *Try also to include 4 or 5 opinions in your talk. An easy way to give opinions in the past is to use* C'était + *adjective:* c'était genial/ennuyeux/nul, *etc.*

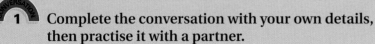

1 CONVERSATION **Practise this conversation with a partner. Change the words in blue to make a new conversation.**

- Qu'est-ce que tu veux faire dans la vie?
- Pourquoi?

- Je voudrais être infirmière.
- Je voudrais travailler avec les malades.

2 CONVERSATION **Complete the conversation with your own details, then practise it with a partner.**

- Tu as un job?
- Où travailles-tu?
- Tu commences à quelle heure?
- Tu finis à quelle heure?
- Tu aimes ton job?
- Pourquoi?

- Oui.
- Dans … (*un magasin/chez Tesco/ …*)
- Je commence à …
- Je finis à …
- Oui/Non.
- Parce que …

3 TRANSACTION **In pairs. You have telephoned a friend in France but he/she is out. You must leave details of your name and number: invent a name and a number and then check with your partner afterwards. Did they get it right?**

- C'est de la part de qui?
- Quel est votre numéro de téléphone?
- Voulez-vous laisser un message?

- C'est (*spell out your name*).
- (*Give your number.*)
- Non, je vais rappeler ce soir.

Prepared talk

Mon stage

Prepare a talk of approximately one minute on work experience. (Your talk will be in the perfect tense because you are talking about work experience you have completed. Use the underlined expressions to help you.) Try to include the following information:

- where you worked: *J'ai travaillé (dans un bureau).*
- how you got there: *Je suis allé(e) au travail (en bus).*
- the hours you worked: *J'ai commencé à (neuf heures moins le quart) et j'ai fini à (quatre heures et demie).*
- if you earned anything: *J'ai gagné (25 livres).*
- what you did exactly: *J'ai (ouvert le courrier), j'ai (tapé des lettres), j'ai (préparé le café).*
- how long it lasted: *Le stage a duré (une semaine).*
- what you thought of it: *C'était (excellent) et le patron était (sympa)!*

– Prepare notes to help you, but try not to read them out – just glance at them if you can't remember what you want to say.

– Always think about what you can do to improve your grade. You could:

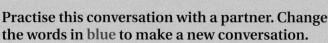

- *add more details*
- *add more opinions*
- *add more comments*
- *use different tenses*

Mots

Les métiers — *Jobs*

Je suis …	*I am a/an …*
Je voudrais être …	*I would like to be a/an …*
Il/Elle est …	*He/She is a/an …*
acteur/actrice.	*actor/actress.*
agent de police.	*police officer.*
fille/garçon au pair.	*au pair.*
boucher(-ère).	*butcher.*
boulanger(-ère).	*baker.*
caissier(-ière).	*cashier.*
chauffeur.	*driver.*
coiffeur(-euse).	*hairdresser.*
dentiste.	*dentist.*
entraîneur.	*(sports) trainer.*
fermier(-ière).	*farmer.*
hôtesse de l'air.	*air hostess.*
steward.	*air steward.*
jardinier(-ière).	*gardener.*
infirmier(-ière).	*nurse.*
maçon.	*bricklayer.*
médecin.	*doctor.*
professeur.	*teacher.*
secrétaire.	*secretary.*
serveur(-euse).	*waiter/waitress.*
technicien(ne).	*technician.*
vendeur(-euse).	*sales assistant.*
vétérinaire.	*vet.*
au chômage.	*unemployed.*

C'est comment? — *How is it?*

C'est un travail …	*It's a/an … job.*
intéressant.	*interesting*
bien payé.	*well-paid*
varié.	*varied*
facile.	*easy*
agréable.	*pleasant*
ennuyeux.	*boring*
monotone.	*dull*
difficile.	*difficult*
dur.	*hard*
Je suis …	*I am …*
sociable.	*sociable.*
travailleur(-euse).	*hard-working.*
pratique.	*practical.*

L'avenir — *The future*

Je voudrais travailler …	*I would like to work …*
Je ne voudrais pas travailler …	*I wouldn't like to work …*
dehors/en plein air.	*outside.*
à l'intérieur.	*inside.*
dans une banque.	*in a bank.*
dans un bureau.	*in an office.*
dans une école.	*in a school.*
dans un garage.	*in a garage.*
dans un magasin.	*in a shop.*
dans une usine.	*in a factory.*
dans le commerce.	*in business.*
dans le marketing.	*in marketing.*
dans le tourisme.	*in tourism.*
dans l'informatique.	*in computing.*
Je voudrais travailler avec …	*I would like to work with …*
les enfants.	*children.*
les gens.	*people.*
les personnes âgées.	*old people.*
les malades.	*ill people.*
les touristes.	*tourists.*
les animaux.	*animals.*
les ordinateurs.	*computers.*
Je ne sais pas encore.	*I don't know yet.*

Les petits jobs — *Part-time jobs*

Je travaille (dans un grand hypermarché).	*I work (in a large hypermarket).*
Je travaille (chez Boots/Tesco).	*I work (in Boots/Tesco's).*
Je commence à (9) heures.	*I start at (9) o'clock.*
Je finis à (16) heures.	*I finish at (4) o'clock.*
Je vais au travail (en bus).	*I go there (by bus).*
en voiture	*by car*
à pied	*on foot*
à vélo	*by bike*
Le trajet dure (20 minutes).	*The journey lasts (20 minutes).*
Je gagne (5 euros) de l'heure.	*I earn (5 euros) an hour.*
J'aime mon job parce que (c'est bien payé).	*I like my job because (it's well paid).*
Je n'aime pas mon job parce que (c'est ennuyeux).	*I don't like my job because (it's boring).*
bien payé	*well paid*
varié	*varied*
intéressant	*interesting*
mal payé	*badly paid*
ennuyeux	*boring*
affreux	*dreadful*
dur	*hard work*
J'ai travaillé (dans un supermarché).	*I worked in a (supermarket).*
J'ai commencé à (9h).	*I started at (9 am).*
J'ai fini à (4h).	*I finished at (4 pm).*
J'ai aimé (le travail).	*I liked (the work).*
J'ai gagné (€4 de l'heure).	*I earned (€4/hr).*
Je suis allé(e) (en bus).	*I went (by bus).*
Le trajet a duré (20 minutes).	*The journey lasted (20 minutes).*
C'était (intéressant).	*It was (interesting).*

Au téléphone — *On the phone*

Allô.	*Hello.*
C'est (Anne) à l'appareil.	*It is (Anne) speaking.*
Je peux vous aider?	*Can I help you?*
Je voudrais parler à (Madame Dubois).	*I would like to speak to (Madame Dubois).*
C'est de la part de qui?	*Who is calling?*
Ne quittez pas.	*Hold on.*
Je regrette, il/elle n'est pas là.	*I'm sorry, he/she isn't there.*
Est-ce que je peux laisser un message?	*Can I leave a message?*
Votre nom, comment ça s'écrit?	*How is your name spelt?*
Quel est votre message?	*What is your message?*
Quel est votre numéro de téléphone?	*What is your phone number?*
C'est le (03-56-42-89-70).	*It's (03-56-42-89-70).*
À quelle heure est-ce que je peux rappeler?	*What time can I call back?*
Je voudrais un poste comme (serveuse).	*I would like a job as a (waitress).*
Pendant mon stage à l'entreprise …	*During my work experience …*
j'ai travaillé comme (secrétaire).	*I worked as a (secretary).*
J'ai un job. Je travaille comme (caissier).	*I have a job. I work as a (shop assistant).*
Je peux commencer le (neuf janvier).	*I can start on (9th January).*
Je peux continuer jusqu'au (douze août).	*I can continue until (12th August).*

Les numéros — *Numbers*

vingt	*twenty*	soixante-dix	*seventy*
trente	*thirty*	soixante-quinze	*seventy-five*
quarante	*forty*	quatre-vingts	*eighty*
cinquante	*fifty*	quatre-vingt-dix	*ninety*
soixante	*sixty*	quatre-vingt-quinze	*ninety-five*

MODULE 5

Ma ville

Talking about where places are

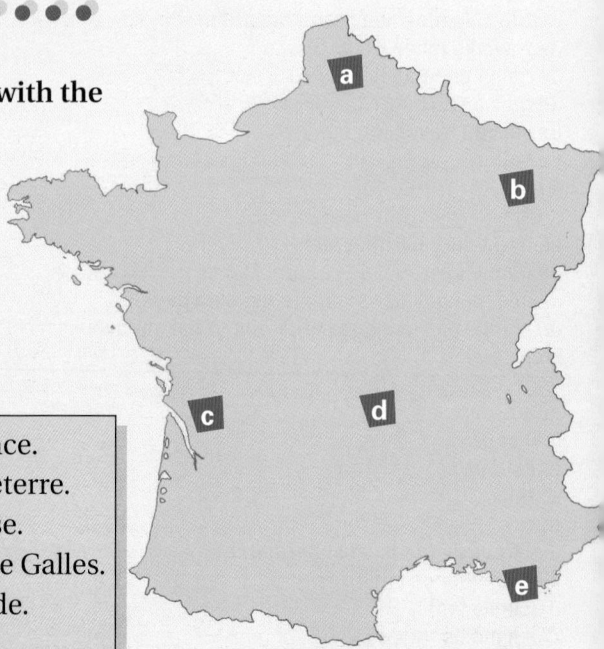

ÉCOUTER 1a **Listen and match the names of the towns with the letters on the map.**

Example: *Toulon* = **e**

Toulon Cognac Nancy
Arras Clermont-Ferrand

Mon village est situé	dans le nord	de la France.
Ma ville est située	dans le sud	de l'Angleterre.
	dans l'est	de l'Écosse.
	dans le nord-est	du pays de Galles.
	dans le sud-ouest	de l'Irlande.
	dans l'ouest	
	au centre	

LIRE 1b **Note if each sentence is true ✓ or false ✗. Correct the false sentences.**

Example: 1 ✗ – *Inverness est dans le nord de l'Écosse.*

1 Inverness est dans le nord de l'Angleterre.
2 Cardiff est dans le sud du pays de Galles.
3 Norwich est dans l'est de l'Angleterre.
4 Édimbourg est au centre du pays de Galles.
5 Dublin est dans le nord de l'Irlande.
6 Newcastle est dans le nord-est de l'Angleterre.
7 Londres est dans le sud-est de l'Écosse.
8 Aberdeen est dans le sud de la France.

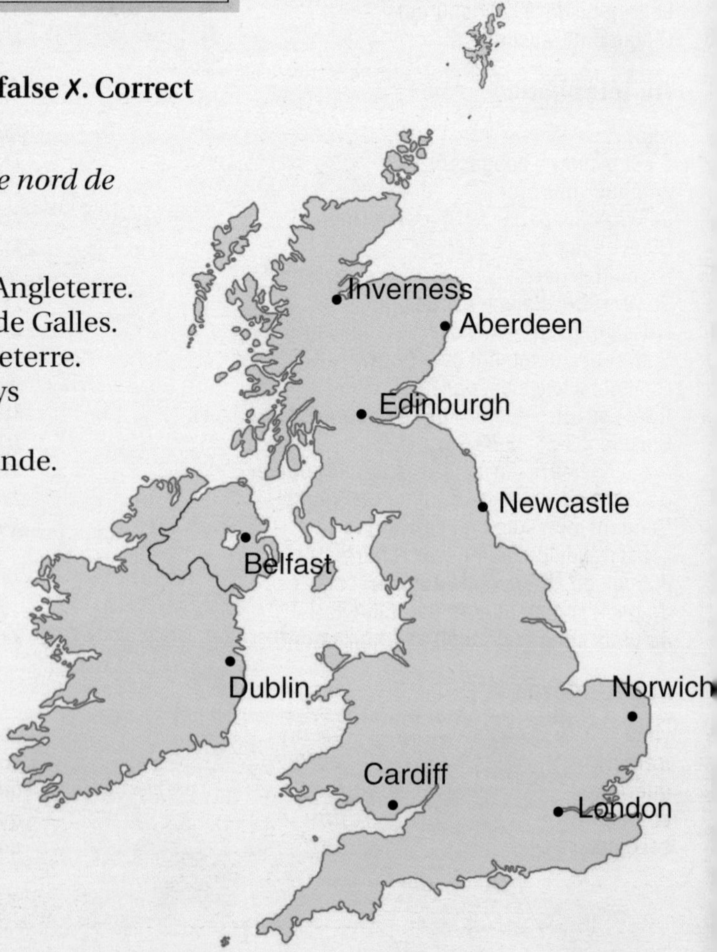

PARLER 1c **In pairs. Copy the compass and add these names. Don't show your partner. He/She asks questions to find out where each person lives.**

Example:

- *Juliette habite dans l'ouest?*
- *Non!*
- *Elle habite dans le nord?*
- *Oui!*

ÉCRIRE 1d **Look at the map. Copy and complete the sentences correctly.**

Example: 1 *Les Alpes sont dans le sud-est.*

1 Les Alpes sont dans le _____.
2 La Bretagne est dans l'_____.
3 Le Midi est dans le _____.
4 Strasbourg est dans l'_____.
5 Les Pyrénées sont dans le _____.
6 La Manche est dans le _____.
7 Le Havre est dans le _____.
8 Marseille est dans le _____.

Talking about what there is where you live

ÉCRIRE 1e **Look at the pictures and write the sentences in French. Use the key language box on page 62 to help you.**

***Example:* 1**

Mon village est situé dans le nord de l'Angleterre.

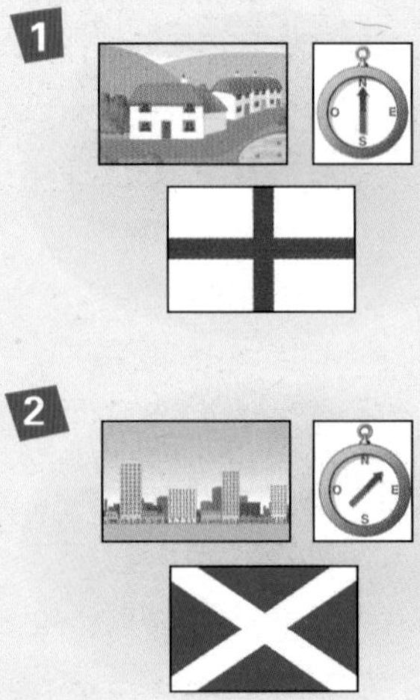

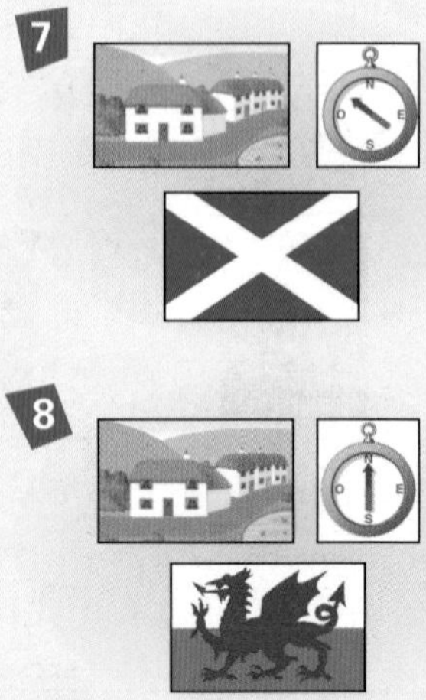

du pays de Galles
de la France
de l' Angleterre
Écosse
Irlande

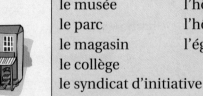

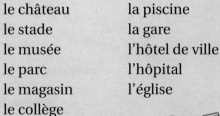

LIRE 2a **Match the pictures with the words in the key language box.**

***Example:* a** *le château*

le château	la piscine
le stade	la gare
le musée	l'hôtel de ville
le parc	l'hôpital
le magasin	l'église
le collège	
le syndicat d'initiative	

ÉCOUTER 2b **Listen and put the pictures from 2a into the order you hear them mentioned.**

Example: *k, d, …*

LIRE 2c **Make a list of what there is ✓ and what there isn't ✗ in these cities/towns.**

Example: **a** = ✓ *swimming pool,* ✗ *castle ...*

Dans ma ville	il y a	un stade. une gare. des magasins.
	il n'y a pas de	stade. gare. magasins.

a J'habite à Albertville. Il y a une très belle piscine, des magasins et un hôpital. Il y a une gare et des églises, mais il n'y a pas de château.

b J'habite dans un très petit village dans les Alpes. Il n'y a pas d'école, et il y a un seul magasin, c'est tout. Je n'aime pas y habiter!

c Dans ma ville, il y a un grand hôpital, un stade de foot et un musée. Il y a aussi une magnifique cathédrale!

d Il n'y a pas de piscine dans mon village, mais il y a un grand parc et neuf ou dix magasins. Il y a aussi une église et une école. J'aime y habiter!

e J'habite Blois. L'hôtel de ville est très joli. Il y a un syndicat d'initiative pour les touristes, et un grand château. Il y a aussi beaucoup de magasins, bien sûr.

Ne ... pas de/d'
means **not any** *or* **no**:
Il n'y a pas de cinéma. =
There aren't any cinemas/
There are no cinemas.

PARLER 3 **In pairs, practise these conversations. Then ask and answer the same questions about your own town or village.**

A

- Où habites-tu?
- C'est une ville ou un village?
- Où se trouve ta ville/ton village?
- Qu'est-ce qu'il y a dans ta ville/ton village?
- Tu aimes habiter dans ta ville/ton village?

B

- J'habite **VILLENEUVE** • **LILLE**
- C'est  • 
- C'est dans le  • 
- Il y a  • 
- Je (n')aime (pas) ☹ • ☺

ECRIRE 4 **Write 2 paragraphs about your town or village.**

1 Dans ma ville/mon village, il y a (+ *liste*).
2 Mais il n'y a pas de (+ *liste*).

When writing a list, stick to the rule of three: 3 items and then a new sentence.
Example: Dans ma ville il y a un stade, une piscine et des magasins. Il y a aussi un grand parc.

1 *Voici ma ville*

Describing a town

Toulouse

Alicia habite à Toulouse, la quatrième ville de France, et la capitale de la région Midi-Pyrénées. Toulouse se trouve dans le sud-ouest de la France, à 730 kilomètres de Paris, et il y a environ 700 000 habitants. Alicia n'habite pas en ville, mais dans la banlieue, dans un quartier **calme** et **moderne**. Toulouse est une grande ville qui est **industrielle**, mais très **agréable** aussi, et très **historique**.

Le Morne-Rouge

Pierre habite dans un petit village qui s'appelle Le Morne-Rouge. Le Morne-Rouge se trouve dans le nord de la Martinique, une île des Caraïbes qui est officiellement une région de la France. Le Morne-Rouge est situé sur la côte, près de Fort-de-France, la capitale de la Martinique. C'est un **joli** village **touristique**.

Florennes

Sébastien est belge. Il habite à Florennes, une ville **moyenne** de 10 000 habitants qui est située dans le sud-est du pays. Florennes est à la campagne dans une région rurale, mais très **animée**.

LIRE 1a **Copy and complete the grid.**

	place	type of place	N/S/E/W?	where?
Alicia		city		730km from Paris
Pierre			N Martinique	
Sébastien	Florennes			countryside

LIRE 1b **Match the words in bold type in the text with their English meanings below.**

Example: *calme – d*

- **a** historical
- **b** modern
- **c** lively
- **d** quiet
- **e** pretty
- **f** pleasant
- **g** industrial
- **h** popular with tourists
- **i** of average size

(*Toulouse*)	est une	grande petite jolie belle	ville	importante. industrielle. agréable. moderne. historique. magnifique.
(*Morne-Rouge*)	est un	petit joli beau vieux	village	calme. touristique. typique. ancien.

2 Listen. Where do they live? (1–5)

a

b

c

d

e

à la montagne
au bord de la mer
à la campagne
dans les Alpes
au bord d'un lac

Le détective

Position of adjectives

Most adjectives come after the noun.

Example: une ville **industrielle**/un village **historique**

But a few short, common adjectives come before the noun.

Example: un **petit** village/une **jolie** ville

Pour en savoir plus ➡ page 175, pt 6.4

3a **Identify the type of housing.**

a une maison individuelle
b une maison jumelée
c un HLM

1

2

3

3b **In pairs. Your partner says a type of housing. You say how much of that type of housing there is where you live.**

Example: ● *Une maison individuelle.*
● *Dans mon quartier, il y a beaucoup de maisons individuelles.*

Dans	mon village	il y a	beaucoup de/d'	maisons individuelles.
	ma ville		plein de/d'	maisons jumelées.
	mon quartier		pas mal de/d'	HLM.
	ma région	il n'y a pas de/d'		

*When describing a town or an area, always mention **where** it is and **what** it is like.*
Example: Ayr se trouve dans le sud de l'Écosse. C'est une ville agréable et historique.

4a **Write a short e-mail describing where you live and its tourist attractions.**

- Say where it is situated. (*dans le nord/sud/ …*)
- Say what kind of place it is. (*une petite ville/agréable/…*)
- Say what kind of houses there are.

4b CV **Save a copy of your e-mail (4a) to update your CV from Module 4 (CV.doc).**

Insert the data under the heading *Domicile*. Your CV is now complete, but make sure you keep it up to date!

2 Qu'est-ce qu'il y a à faire ici?

Saying what there is (and isn't)to do in your town

> *Notice that to say 'there is **a station**' you say* il y a **une gare**, *and to say 'there are **some shops**' you say* il y a **des magasins**. *But '**the station** is here' is* **la gare** est ici *and '**the shops** are here' is* **les magasins** sont ici.

LIRE

1a Match the words in the key language box to the photos.

Example: a = *une gare routière*

a

b

c

d

e

f

g

h

i

j

k

l

m

ÉCOUTER

1b Listen. What is there in these towns? (1–6)

Example:
1 *theatre, ...*

un camping	un commissariat	une mairie
un monument historique	un théâtre	une place
	un centre sportif	une gare routière
un pont	un centre commercial	une patinoire
un port	un centre de recyclage	

PARLER

2 Prepare a short talk about your town/village, and two others in the area. Change the sections in red.

Example:

Castelnau est une ville qui se trouve dans le sud-ouest de la France, près de Toulouse. C'est assez joli, mais c'est ennuyeux. Il y a une place, un château et une petite église. Dans ma ville, il y a beaucoup de maisons individuelles mais il n'y a pas d'HLM.

> *When saying a list, make sure you get your intonation right, i.e. you get the right **tune**! Your voice should go up with each item on the list, and down on the last item.*
> ***Example:*** Il y a une place, un château et une petite église.

Il n'y a rien à faire ici!

Alain

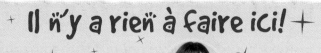

Moi, j'habite une ferme à la campagne. C'est assez isolé ici, et je n'aime pas ça. Tous les jours c'est la même chose. On ne peut pas se déplacer facilement, il n'y a pas de bus. Mes copains ne viennent jamais chez moi. De toute façon, il n'y a rien à faire ici.

Danielle

Moi, j'habite une grande ville industrielle dans le nord-est de la France. Je ne suis pas heureuse ici. Je ne me sens jamais en sécurité. Il y a trop de bruit, trop de voitures, trop de pollution de l'air. On ne peut jamais oublier le bruit ou sortir toute seule la nuit.

Frank

Ce que je n'aime pas, c'est qu'il n'y a rien ici pour les jeunes. Il n'y a pas de centre sportif, il n'y a pas de maison des jeunes. Il n'y a même pas de lieu public où on pourrait s'asseoir, boire un Coca et causer, quoi. On ne peut pas aller au cinéma ou en boîte. C'est assez nul!

LIRE 3a **Read the texts above. Who says what?**

Example: a – *Frank*

- **a** There's nothing here for young people.
- **b** You can't get about easily.
- **c** There is too much noise.
- **d** There isn't a youth club.
- **e** You can never go out on your own at night.
- **f** There's nothing to do.
- **g** There is too much traffic.
- **h** I never feel safe.
- **i** There's no sports centre.
- **j** You can't go to night clubs.

ÉCOUTER 3b **Listen to these young people making the same complaints (a–j) about where they live. Which points from 3a do they mention? (1–5)**

Example: 1 *f, b, …*

ÉCRIRE 3c **What can't you do where you live? What is missing from your town/village? Write 5 or 6 statements. Be inventive!**

Example: On ne peut pas chasser les éléphants! J'habite à la montagne. Il n'y a pas de plage!

C'est isolé.	Il n'y a pas de	bus. cinéma. centre sportif. maison des jeunes.	
On ne peut pas se déplacer facilement.			
Il n'y a rien à faire.			
Il n'y a rien ici pour les jeunes.			
Il y a trop de	bruit. voitures. pollution de l'air.	On ne peut pas	sortir seul(e). aller en boîte.

On is a very useful word meaning **you** or **we** or **one** or **people**.
It is easy to use: the verb follows the same pattern as for il/elle.

Le détective

Negatives

*To say **not**, **never**, and **nothing** you have to 'sandwich' the negative words around the verb:*

ne ... pas = *not*
ne ... jamais = *never*
ne ... rien = *nothing*

Examples: Il **n'**y a **pas** de cinéma.
On **ne** peut **jamais** aller en boîte.
Il **n'**y a **rien** à faire ici.

Pour en savoir plus ➡ pages 173–4, pt 5

3 *La ville et la campagne*

Comparing the town and the country; talking about the environment

J'habite en ville. Je pense que la ville est plus animée que la campagne. Bien sûr, la campagne est moins sale que la ville, et plus calme, mais je préfère la ville, parce c'est plus dynamique.

J'habite à la campagne. À mon avis, la campagne est plus tranquille que la ville. Les maisons sont plus jolies et c'est moins sale.

Le détective

Comparisons

plus … que = *more … than*

Example: la campagne est **plus** tranquille **que** la ville = *the countryside is **more** peaceful **than** the town*

moins … que = *less … than*

Example: la campagne est **moins** sale **que** la ville = *the countryside is **less** dirty **than** the town*

Pour en savoir plus ➡ page 175, pt 6.5

LIRE **1a** **Read the texts above and write out all the comparisons (*plus/moins … que*) in French and in English.**

Example: *plus tranquille que = quieter than*

LIRE **1b** **Are these descriptions of the town or the country? Make two lists in French.**

1 elle est plus tranquille
2 elle est plus bruyante
3 elle est plus sale
4 il y a moins à faire
5 elle est moins polluée

La ville est	plus moins	tranquille/intéressante/ animée/polluée/sale/ ennuyeuse/industrielle/ bruyante	que la campagne.

ÉCOUTER **1c** **Listen. Do these people prefer the town or the country? Why? (1–6)**

Example:

town/country	why?
1 country	more peaceful

LIRE **2** **Are these opinions for ✓ or against ✗ life in the country?**

a *Notre maison est entourée de champs et de bois. C'est très agréable.*

b *Il y a moins de bruit.*

c *Mes copains habitent loin de chez moi.*

d *L'environnement est plus propre. Il y a trop de pollution en ville.*

e *Les transports en commun ne sont pas assez fréquents.*

f *Il n'y a pas de cinéma, aucune discothèque, seulement le bar local.*

g *En ville, tout le monde jette ses déchets par terre, et les rues sont souvent sales.*

h *Il n'y a pas assez de magasins: on n'a pas de choix.*

un champ	*a field*
un bois	*a wood*
les transports en commun	*public transport*
jeter des déchets par terre	*to drop litter*

ÉCRIRE 3 **What do you like and dislike about where you live? Include at least 3 advantages and 3 disadvantages!**

Example: *J'habite à Perth. L'avantage, c'est qu'il y a beaucoup de ... L'inconvénient, c'est ...*

Il y a beaucoup de (*cinémas*).
Il n'y a pas assez de (*magasins/bus*).
Il y a moins de (*bruit*).
Il n'y a pas de (*maison des jeunes*).
Il y a trop (*de pollution*).
L'environnement (*est plus propre*).
C'est très agréable.
Mes copains habitent loin/près de chez moi.

Giving pros and cons:
il n'y a pas assez de ...
= *there's not enough ...*
il y a trop de ...
= *there's too much/too many ...*
l'avantage, c'est que ...
= *one advantage is that ...*
l'inconvénient, c'est que ...
= *one disadvantage is that ...*
d'un côté ..., d'un autre côté ...
= *on the one hand ...,*
on the other, ...
mais = *but*
pourtant = *however*
par contre = *on the other hand*

LIRE 4a **What ideas do these people have to help the environment? What will the prize be for?**

Example: 1 *saving water*

Compétition - Es-tu écolo?

Fais-tu assez pour protéger ta ville ... et donc la planète ... ?
As-tu des idées ou des projets pour nous aider à protéger notre petit monde?

Voilà quelques idées:

1 *Moi, j'essaie toujours d'économiser l'eau.*

2 *À mon avis, il faut faire le tri des déchets domestiques.*

Dans ce bac, uniquement les emballages à recycler et les journaux/magazines
Bouteilles en plastique
Boîtes métalliques
Briques alimentaires
Cartonnettes, journaux, magazines
LESSIVE

3 *Je pense qu'il faut utiliser l'essence sans plomb, ou mieux, utiliser le vélo!*

4 *Il ne faut pas jeter les papiers ou le chewing-gum par terre.*

5 *Il est stupide de gaspiller l'électricité.*

Écrivez-nous avec vos nouvelles idées fantastiques pour aider l'environnement!
Il y aura une bourse de €40 pour la meilleure idée!

ÉCRIRE 4b **Write down the suggestions made for helping the environment. Add one or two of your own.**

Example:

il faut ... (+)	il ne faut pas ... (-)
utiliser l'essence sans plomb	gaspiller l'eau

À L'ÉCRIT

Ma ville

Quelle ville intéressante!

Il y a beaucoup de choses à faire ici!

Villeneuve: ville fascinante!

Une journée fantastique!

Les gens sont super-sympa!

Bienvenue à Villeneuve!

Notre ville est située au centre de la France, tout près de Clermont-Ferrand. C'est une petite ville de 2,800 habitants, à la campagne. Nous aimons habiter à Villeneuve: voilà pourquoi ...

Pour les touristes

Il y a beaucoup de choses à faire et à voir pour les touristes. Il y a une église, un cinéma et un parc, et il y a aussi un vieux château avec de beaux jardins. En été, on peut voir des spectacles dans les jardins. Une visite au château, ça vaut le coup! Il y a aussi le musée de la poste, avec une exposition fascinante.

Villeneuve a beaucoup à offrir aux touristes. Il y a un centre commercial avec des magasins de mode et de souvenirs. Le soir, il y a beaucoup de petits restaurants et cafés, et à seulement 5 km il y a une boîte de nuit qui a un restaurant et même une piscine!

Il y a aussi beaucoup d'activités sportives: tennis, squash, badminton et volley. Puis au lac, il y a du ski nautique et de la voile.

Pour les jeunes

Villeneuve est une ville agréable: pour visiter, pour habiter et pour travailler. Pour les jeunes, il y a beaucoup de choses à faire et il y a aussi une maison des jeunes. Il y a aussi de petits emplois: on peut travailler comme serveur de restaurant ou de café, on peut travailler comme guide au château, et on peut trouver du travail dans les magasins.

Venez nous visiter! Ça vaut le coup!

1 Villeneuve has all of the places shown in the pictures. Find the French word for each in the text, then copy and complete the grid.

un spectacle	*a show*
tout près de	*very close to*
ça vaut le coup!	*it's worth it!*
une exposition	*an exhibition*
un centre commercial	*shopping centre*

a

b

c

d

e

f

g

h

i

j

masculine (un)	feminine (une)
château	église

2 **Choose *a, b* or *c* to complete these sentences about Villeneuve.**

1 Villeneuve se trouve
  a dans le nord de la France
  b au centre de la France
  c dans le sud de la France
2 C'est une petite ville
  a à la campagne
  b au bord de la mer
  c à la montagne
3 On peut voir des spectacles
  a en hiver
  b en automne
  c en été
4 Il y a des magasins de mode dans
  a le centre de la France
  b le centre sportif
  c le centre commercial
5 Il y a un restaurant et une piscine
  a au centre sportif
  b à la discothèque
  c au centre-ville
6 Au lac, on peut faire
  a de la voile
  b de la planche à voile
  c de la plongée sous-marine
7 Pour les jeunes, il y a
  a peu de choses à faire
  b beaucoup de choses à faire
  c de nombreuses choses à faire

3 **Prepare a brochure for your own town, area or region, to persuade young French people to visit. Use the questions below and the *Au secours!* section to help you.**

1 Où se trouve la ville? Dans le nord/Au centre/Dans le sud-ouest de l'Écosse?
2 C'est une petite ville ou une grande ville?
3 C'est à la campagne/sur la côte/à la montagne/près de l'autoroute?
4 C'est près d'une autre grande ville?
5 Qu'est-ce qu'il y a dans la ville/dans la région
  a pour les touristes?
  b pour les jeunes?
6 Il y a quelles sortes d'activités sportives?

Au secours!

- The easiest thing to do is to use the brochure for Villeneuve as a template. Simply change the details in blue for your own town and region. If you can get tourist brochures about your region or town in French, use language from these, too.
- Remember how important it is to write accurate French! Make sure you choose correctly between ***un/une***:

  *Il y a **un** château.* ✓ *Il y a **une** château.* ✗
- Make sure you put an ***-s*** on all the relevant words if there is more than one thing:

  *il y a **des** monument**s** historique**s**.*
- Your brochure will look more impressive if you include some positive exclamations, as well as some speech bubbles showing what tourists might say about your town:

  Une visite au château, ça vaut le coup!

  Une journée à Perth, c'est une journée fantastique!
- Try to find photos of some of the places you have written about to make your brochure look even more professional. See if there are any on the internet you can download and use, or perhaps a department in your school or college already has digital pictures of local places of interest.

Mots

C'est où? — *Where is it?*

Mon village est situé …	*My village is situated …*	de l'Angleterre	*of England*
Ma ville est située (dans le nord de la France).	*My town is situated (in the north of France).*	de l'Écosse	*of Scotland*
le nord	*the north*	de l'Irlande (du Nord)	*of (Northern) Ireland*
le sud	*the south*	du pays du Galles	*of Wales*
l'est	*the east*	J'habite …	*I live …*
l'ouest	*the west*	à la montagne.	*in the mountains.*
le nord-est	*the north-east*	au bord de la mer.	*by the sea.*
le sud-ouest	*the south-west*	à la campagne.	*in the country.*
au centre	*in the centre*	dans les Alpes.	*in the Alps.*
de la France	*of France*	au bord d'un lac.	*by a lake.*

C'est comment? — *What's it like?*

(Toulouse) est une (grande) ville.	*(Toulouse) is an (big) city.*
(Morne-Rouge) est un (petit) village.	*(Morne-Rouge) is a (small) village.*
(Colmar) est une ville (moyenne).	*(Colmar) is a (medium-sized) town.*
C'est à (100) kilomètres de (Paris).	*It is (100) km from (Paris).*
joli(e)	*pretty*
beau (belle)	*beautiful*
vieux (vieille)	*old*
important(e)	*important*
industriel(le)	*industrial*
agréable	*pleasant*
moderne	*modern*
historique	*historic*
magnifique	*magnificent*
calme	*calm*
touristique	*touristic*
typique	*typical*
moyen(ne)	*medium-sized*
ancien(ne)	*ancient*
Dans mon village …	*In my village …*
Dans ma ville …	*In my town …*
Dans mon quartier …	*In my part of town …*
il y a beaucoup de maisons individuelles.	*there are a lot of detached houses.*
il y a beaucoup de maisons jumelées.	*there are a lot of semi-detached houses.*
il n'y a pas d'HLM.	*There aren't any (council-owned) blocks of flats.*

En ville — *In town*

Il y a …	*There is a/an …*	un magasin.	*shop.*
une boîte.	*night club.*	une maison des jeunes.	*youth club.*
un camping.	*campsite.*	un monument historique.	*historical monument.*
un centre commercial.	*shopping centre.*	un musée.	*museum.*
un centre de recyclage.	*recycling centre.*	un parc.	*park.*
un centre sportif.	*sports complex.*	une patinoire.	*skating rink.*
un château.	*castle.*	une piscine.	*swimming pool.*
un collège.	*school.*	une place.	*square.*
un commissariat.	*police station.*	un pont.	*bridge.*
une église.	*church.*	un port.	*port.*
une gare.	*station.*	un stade.	*stadium.*
une gare routière.	*bus station.*	un syndicat d'initiative.	*tourist information office.*
un hôpital.	*hospital.*	un théâtre.	*theatre.*
un hôtel de ville.	*town hall.*		

Qu'est-ce qu'il y à faire? / *What is there do do?*

Dans ma ville, il y a (un stade).	*In my town there is (a stadium).*
Il y a beaucoup de choses à faire ici.	*There are lots of things to do here.*
Il n'y a rien à faire ici.	*There is nothing to do here.*
Il n'y a rien ici pour les jeunes.	*There is nothing here for young people.*
Il n'y a pas de (centre sportif).	*There isn't a (sports centre).*
Il y a trop de (voitures).	*There are too many (cars).*
trop de bruit	*too much noise*
trop de pollution de l'air	*too much air pollution*
C'est isolé.	*It's isolated.*
On peut aller au centre sportif.	*You can go to the sports centre.*
On peut jouer au tennis.	*You can play tennis.*
On ne peut pas sortir seul.	*You can't go out on your own.*
On ne peut pas aller en boîte.	*You can't go to a disco/club.*
On ne peut pas se déplacer facilement.	*You can't get about easily.*

La ville et la campagne / *The town and the country*

plus … que	*more … than*
moins … que	*less … than*
La ville est plus (animée) que la campagne.	*The town is more (lively) than the country.*
La campagne est moins (polluée) que la ville.	*The country is less (polluted) than the town.*
animé(e)	*lively*
dynamique	*dynamic*
moderne	*modern*
tranquille	*calm*
joli(e)	*pretty*
calme	*quiet*
bruyant(e)	*noisy*
intéressant(e)	*interesting*
ennuyeux(-euse)	*boring*
propre	*clean*
sale	*dirty*
pollué(e)	*polluted*
industriel(le)	*industrial*
L'avantage, c'est que/qu' …	*One advantage is that …*
il y a beaucoup de (cinémas).	*there are a lot of (cinemas).*
il y a moins de (bruit).	*there is less (noise).*
l'environnement est (plus propre).	*the environment is (cleaner).*
c'est très agréable.	*it's very pleasant.*
mes copains habitent près de chez moi.	*my friends live near me.*
L'inconvénient, c'est que/qu' …	*One disadvantage is that …*
il n'y a pas assez de (magasins).	*there are not enough (shops).*
il y a trop de (pollution).	*there is too much (pollution).*

L'environnement / *The environment*

Il faut …	*We/You have to …*
utiliser l'essence sans plomb.	*use lead-free petrol.*
économiser l'eau.	*save water.*
faire le tri des déchets domestiques.	*separate rubbish.*
Il ne faut pas …	*You mustn't …*
polluer l'environnement.	*pollute the environment.*
jeter les papiers par terre.	*throw litter on the ground.*
gaspiller l'électricité.	*waste electricity.*
gaspiller l'eau.	*waste water.*

Module 6 Aux magasins

Talking about shops, prices and clothes

Écouter 1 **Listen and identify the price in each announcement. (1–8)**

- **a** €15,20
- **b** €0,80
- **c** €45,70
- **d** €0,50
- **e** €76
- **f** €4,60
- **g** €22,90
- **h** €1,60
- **i** €1,90
- **j** €0,15
- **k** €4,60
- **l** €0,90
- **m** €7,60
- **n** €4,90

> C'est combien?
> 100 cents = un euro (€1)
> 100 pence = une livre sterling (£1)

Parler 2a **In pairs. How quickly can you name the shops? Use the key language box to help you.**

Example ***a*** *C'est la parfumerie.*

> C'est …
>
> | | |
> |---|---|
> | la pharmacie. | le supermarché. |
> | la boulangerie. | la confiserie. |
> | la pâtisserie. | l'épicerie. |
> | le tabac. | la parfumerie. |
> | la charcuterie. | la poste. |

Écouter 2b **Listen and write down the shop in French. (1–10)**

Écrire 2c **Find an example of each type of shop in your nearest town.**

Example: *Boots est une pharmacie.*

> *Remember, when you want to say 'a' and not 'the', make the following changes:*
> **le → un**
> **la → une**
> **les → des**

3a Écrire

Look at the photos. Make a list of each person's clothes. Start with *Il/Elle porte …*

un anorak
des bottes
un chapeau
des chaussettes
des chaussures
une chemise
un complet
une cravate
un imperméable
une jupe
un nœud papillon
un pantalon
un pull
une robe
une veste
un manteau

3b Écouter

Listen. What do they want to buy? Note the item of clothing, the colour, and if they have it in stock ✔ or not ✘. (1–6)

Example: 1 *skirt / blue /* ✔

blanc	orange
bleu	rose
gris	rouge
jaune	vert
marron	
noir	

Je voudrais …
Avez-vous …?
Je cherche …
Il n'y a plus de …

3c Parler

In pairs, practise this conversation. Make new conversations by changing the words in blue. Take turns to ask the questions.

A

- Bonjour. Je peux vous aider?
- De quelle couleur?
- En quelle taille?

B

- Je voudrais une jupe.
- Bleue.
- Trente-huit.

Remember, you can also change Je voudrais *to* Je cherche *or* Avez-vous …?

3d Écrire

Make a list of four items of clothing (+ colour) for each occasion.

Example: *un match de foot – une écharpe verte*

1 un match de foot
2 des vacances à la mer
3 une randonnée à la montagne
4 un mariage
5 le collège
6 une boîte

Rappel

Remember, you need to add the following agreements when you write about colours:

(m. sing)	un pull bleu
(m. plural)	deux pulls bleu**s**
(f. sing.)	une robe bleu**e**
(f. plural)	des chaussettes bleu**es**

1 *On fait des achats*

Buying quantities of food

CHEZ SUPER M

eau minérale
€2,30
les 3 bouteilles

Coca **€0,65**
la boîte

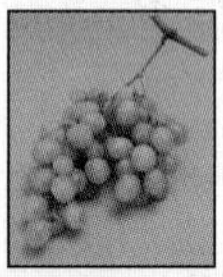

raisin blanc
€1,40 le kilo

lait 2 litres pour
€1,30

chips grand paquet
€0,85

yaourt nature
€1,60
les six pots

fromage Camembert
€1,80

baguettes
€0,50
la pièce

After quantities and containers, use **de**.
Example: *a box of chocolates* = **une boîte de chocolats**
lots of shops = **beaucoup de magasins**

ÉCOUTER 1 **Listen and note what each person buys. Then use the advert to work out how much they pay. (1–8)**

Example: 1 *crisps – €0,85*

ÉCRIRE 2a **Complete these phrases with a quantity.**

1 un ▬▬ de chips
2 un ▬▬ de yaourt
3 un ▬▬ de lait
4 200 ▬▬ de fromage
5 une ▬▬ de Coca
6 un ▬▬ de raisin
7 une ▬▬ d'eau minérale

ÉCRIRE 2b **Write a phrase for each picture using the key language box.**

Example: 1 *une bouteille de vin*

une boîte		soupe/Coca
une bouteille		jus d'orange/eau minérale/Coca/vin
une douzaine		œufs
un kilo		pommes de terre/bananes/pommes/tomates/carottes/pêches/ raisin
200 grammes	de d'	fromage/jambon/pâté/Camembert
un litre		lait/jus d'orange
un paquet		chips/biscuits
un pot		confiture/yaourt
un sac		pommes de terre
une tablette		chocolat

3a ÉCOUTER **Listen and note the underlined details (a–d) for each conversation. (1–4)**

Example: 1 a *bananes* b *2 kilos* c *une bouteille de vin rouge* d *€4,90*

Vendeuse: Bonjour, monsieur. Vous désirez?
Client: Avez-vous des **a** <u>bananes</u>?
Vendeuse: Oui, combien en voulez-vous?
Client: Donnez-moi **b** <u>2 kilos</u>, s'il vous plaît.
Vendeuse: Voilà. Et avec ça?
Client: Je voudrais **c** <u>une bouteille</u> de <u>vin rouge</u>, s'il vous plaît.
Vendeuse: **c** <u>Une bouteille</u> de <u>vin rouge</u>, voilà. Voulez-vous autre chose?
Client: Non, c'est tout. Ça fait combien?
Vendeuse: Ça fait **d** <u>€4,90</u>.

- des carottes
- un pot de yaourt
- du lait
- des œufs
- une bouteille de vin
- des bananes
- des tomates
- un paquet de biscuits
- une demi-douzaine

3b PARLER **In pairs, repeat the conversation in 3a using the details below.**

4a LIRE **Match the picnic baskets with the correct lists. Then spot the mistake in each list.**

1
- 6 bananes
- 1 bouteille d'eau minérale
- 2 paquets de chips
- 2 croissants
- 1 Camembert

2
- 1 bouteille d'Orangina
- 2 croissants
- 3 pêches
- 2 paquets de biscuits
- 200g de pâté

3
- 1 bouteille de Coca
- 1 paquet de chips
- 2 pommes
- 200g de pâté
- 1 pain de campagne

4
- 1 kilo de raisin
- 250g de jambon
- 1 baguette
- 1 litre de jus d'orange
- 3 tablettes de chocolat

4b ÉCRIRE **In a group, prepare a shopping list in French for a buffet for a year group disco.**

Example: 6 baguettes, 2 kilos de pâté ...

2 *Les fringues*

Buying clothes

LIRE 1a Read this conversation. What does she buy? (item, colour and size)

Bonjour, mademoiselle. Je peux vous aider?
Je cherche <u>un jean</u>.
Quelle taille?
<u>Taille 42</u>.
Et quelle couleur?
<u>Vert foncé</u>, s'il vous plaît.
D'accord ... un moment ... voilà.
Est-ce que je peux l'essayer?
Bien sûr.
(5 minutes plus tard)
Malheureusement, <u>il</u> est <u>trop grand</u>. Avez-vous quelque chose de plus <u>petit</u>?
Oui, <u>ce jean</u> est en <u>taille 40</u>.
Merci, je <u>le</u> prends.
Très bien, vous payez à la caisse.

Le détective

Foncé and clair

vert foncé = *dark green*
vert clair = *light green*
When you use foncé/clair *with a colour, no endings are added to the colour word.*
Example: des chaussettes vertes/ des chaussettes vert clair

Pour en savoir plus ➡ page 174, pt 6.2

If you want to check shoe size, ask: C'est quelle pointure?

ÉCOUTER 1b Listen and choose the correct letters for each conversation in Naf Naf. (1–5)

Example: 1 *d, d, b, d*

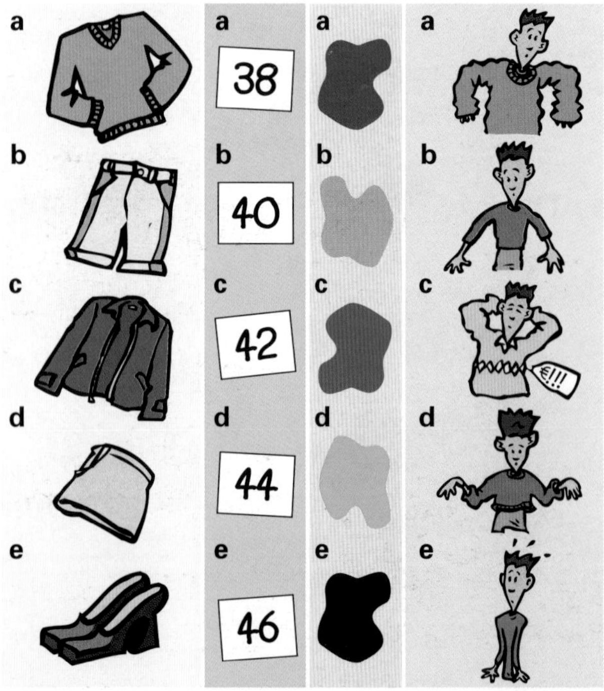

PARLER 1c In pairs, practise the conversation in **1a**. Make new conversations by changing the underlined details to match the pictures.

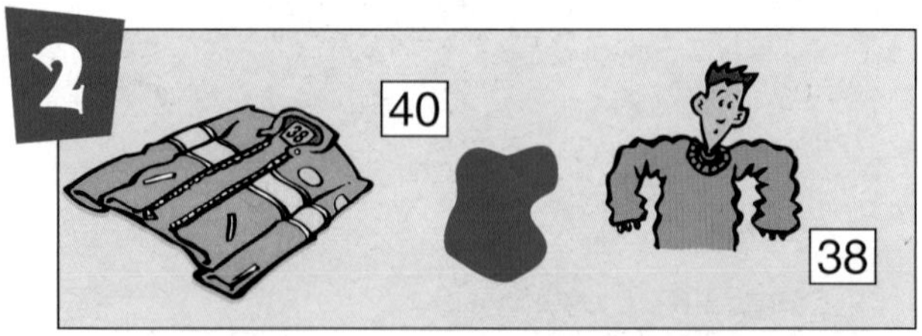

C'est	trop très	court/long/petit/grand/ étroit/large/cher.

LIRE 2 Read the sentences and match them to the right pictures.

a

b

c

d

e

f

Le détective

This and these

masc.	**ce** jean = *this pair of jeans*
	cet imperméable = *this raincoat*
fem.	**cette** veste = *this jacket*
plural	**ces** chaussures = *these shoes*

Pour en savoir plus ➡ page 176, pt 6.6

1 Cette jupe est trop courte.
2 La couleur de cet anorak ne me plaît pas.
3 Il n'y a plus de ces chaussures.
4 Je préfère cette veste, mais il n'y en a pas en rouge.
5 Ce pyjama est beaucoup trop cher.
6 Ces baskets sont trop étroites.

LIRE 3 Read the advertisement and answer the questions.

1 What colours of jumper are available? *(3)*
2 What are the trainers made of? *(1)*
3 I want a large swimsuit. How much will it cost? *(1)*
4 How do I work out what size trainers I need? *(1)*
5 What is the jumper made of? *(1)*
6 What colour baseball caps can I get? *(4)*
7 Describe the tracksuit. *(4)*
8 Are the trainers suitable for inside and outside use? *(1)*

BOUTIQUE SPORT

Le survêtement adulte bicolore
SANTORINI
Blouson: 2 poches zippées
Jogging: 2 poches côtés
100% polyester
€67,70

Le maillot de bain St Tropez
Un prix unique pour toutes les tailles
€18,30

Le sweat capuche adulte essentiel NPF
Poche kangourou.
100% coton
€43,50

La casquette N.E.W.J.O.Y
Blanc, beige, gris ou noir
€14,50

Les baskets voucher
Pour joueurs sérieux ou occasionnels, sur tous terrains. Dessus cuir. Coussin d'air visible.
Commandez 1 pointure de plus que votre pointure normale.
€83

Le pull COL V
En vert clair, bleu clair ou bleu foncé
100% laine pure
€64,80

3 *L'argent de poche*

Shopping in a department store
Talking about pocket money

PARLER 1a **In pairs, look at the advertisement. Which floor is it? Take turns to ask the questions.**

Example: *1 ● Je cherche une robe. C'est à quel étage?*
● C'est au premier étage.

1 Je cherche une robe.
2 Où est le rayon des CD?
3 Je voudrais acheter une carte d'anniversaire française.
4 Où sont les parapluies, s'il vous plaît?
5 Vous vendez des magnétoscopes?
6 Je voudrais changer des chèques de voyage.
7 Où est-ce qu'on peut acheter des provisions pour un pique-nique?
8 Je cherche un appareil photo.

C'est	au sous-sol.
	au rez-de-chaussée.
	au premier étage.
	au deuxième étage.
	au troisième étage.

ÉCOUTER 1b **Which department does each person need? Listen and write the names in French and English. (1–8)**

Example: 1 *vêtements pour enfants/ children's wear*

GALERIES LAFAYETTE

Au sous-sol
alimentation

Au rez-de-chaussée
accessoires parfumerie
papeterie librairie
souvenirs

Au premier étage
vêtements pour femme
tout pour la maison
maison des cadeaux

Au deuxième étage
vêtements pour enfants
vêtements pour homme

Au troisième étage
jouets/jeux
musique
électroménager/photo
bureau de change

Design your own department store, using a computer if you can. Decide where each department is. In pairs, practise telling your partner where to find the departments in your store.

Example: Le rayon vêtements pour homme se trouve au premier étage.

Galeries Lafayette is one of the biggest department stores in France. Find out if they have a website.
- *Are there any products that are different from things you would find in Scotland?*
- *Did you see anything you would like to buy?*
- *Can you order things by e-mail?*
- *Find out the names of other French department stores.*

Sondage aux Galeries Lafayette: qu'est-ce que tu fais de ton argent de poche?

Je reçois €5 par semaine de mes parents. J'achète des bonbons, des cadeaux et des magazines. Aussi, je fais des économies parce que je voudrais m'acheter un téléphone portable. Je trouve que j'ai assez d'argent de poche.

Olivier, 16 ans.

Moi, je reçois €6 par semaine. J'achète des magazines et des vêtements. La semaine dernière, je suis allée au cinéma et j'ai acheté aussi un jeu vidéo. Je fais des économies aussi – c'est pour les cadeaux de Noël.
Audrey, 16 ans.

Je reçois €30 par mois. J'achète des vêtements. Ma mère m'achète des chaussures pour l'école et c'est tout. J'achète aussi des bijoux et du maquillage. Le week-end dernier, j'ai acheté une jupe. Je fais des économies pour un appareil photo.
Angélique, 15 ans.

Mon père me donne €23 par mois. Ça ne me suffit pas. Je dois acheter tous mes vêtements. Je voudrais faire des économies mais je n'ai pas assez d'argent – ce n'est pas juste!
Yann, 15 ans.

LIRE 2a Who…

1 bought a skirt last week?
2 buys make-up?
3 wants a mobile phone?
4 saves for Christmas?
5 bought a video game?
6 went to the cinema last week?
7 buys jewellery?
8 has to buy all their own clothes?
9 says they do not get enough pocket money?

ÉCOUTER 2b **Listen. Copy and complete the grid.** (1–5)

	how much?	from whom?	spent on?
1	€6,85	parents	electronic games, …

J'achète un appareil photo/ un téléphone portable/de la bijouterie.

Le week-end dernier, j'ai acheté	des jeux électroniques/ des billets de cinéma/ des vêtements/ des affaires pour le collège/du chewing-gum/ des magazines/ des bijoux/des cadeaux/ du maquillage.

ÉCRIRE 2c **Using the texts above, write a short paragraph about your pocket money (real or imaginary).**

Je reçois … par semaine.
J'achète …
Je fais des économies.
Je voudrais m'acheter …
J'ai acheté …

PARLER 2d **Prepare a short presentation to your class about how much pocket money you get and how you spend it. Say how you spent your money last week.**

4 *À la poste et à la banque*

Sending letters and parcels, and exchanging currency

Je voudrais envoyer …	
une lettre une carte postale un paquet	en (*Écosse*.)

Je voudrais (*deux timbres*) à (*€0,40*).
Où est la boîte aux lettres?
Il y a une cabine téléphonique près d'ici?

ÉCOUTER **1** **Listen. Who's speaking? (1–6)**

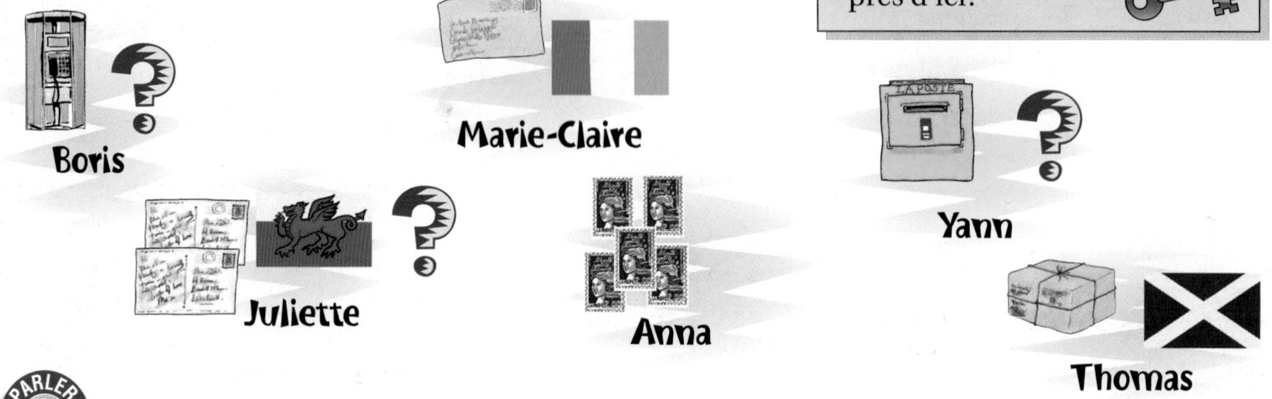

Boris
Marie-Claire
Yann
Juliette
Anna
Thomas

PARLER **2** **In pairs, practise these conversations.**

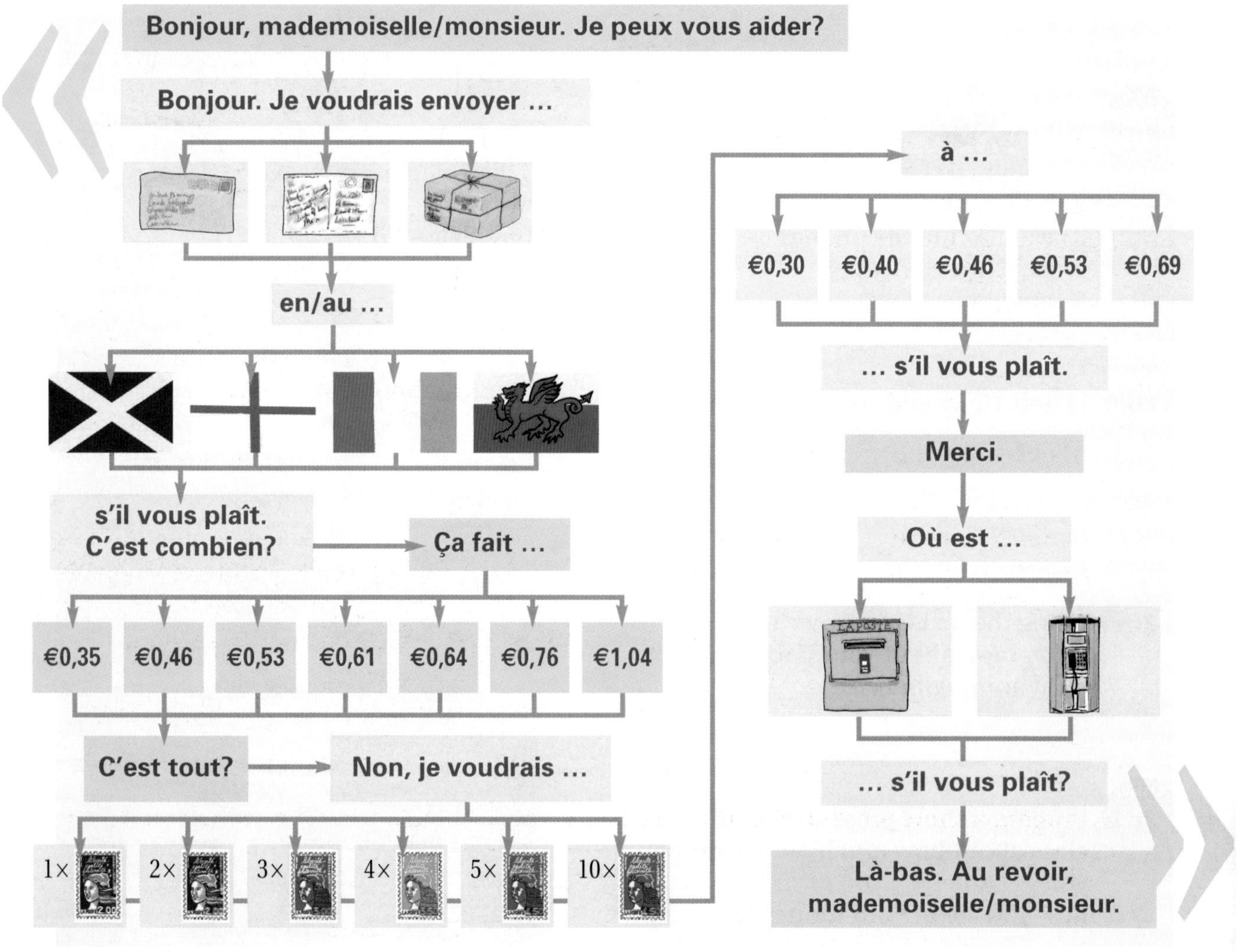

Bonjour, mademoiselle/monsieur. Je peux vous aider?
Bonjour. Je voudrais envoyer …
en/au …
s'il vous plaît.
C'est combien?
Ça fait …
€0,35
€0,46
€0,53
€0,61
€0,64
€0,76
€1,04
C'est tout?
Non, je voudrais …
1×
2×
3×
4×
5×
10×
à …
€0,30
€0,40
€0,46
€0,53
€0,69
… s'il vous plaît.
Merci.
Où est …
… s'il vous plaît?
Là-bas. Au revoir, mademoiselle/monsieur.

LIRE 3 **Write out these telephone box instructions in the right order. Then listen and check your answers.**

- a attendez la tonalité
- b décrochez
- c parlez à votre correspondant(e)
- d introduisez votre télécarte ou votre pièce
- e retirez la télécarte
- f raccrochez
- g composez le numéro

All the verbs in these instructions end with the same letters. What are they? How would these verbs be spelled in the dictionary? Find them and write their English meaning.

ÉCOUTER 4 **Listen and match each person with the correct amount of money. (1–5)**

a
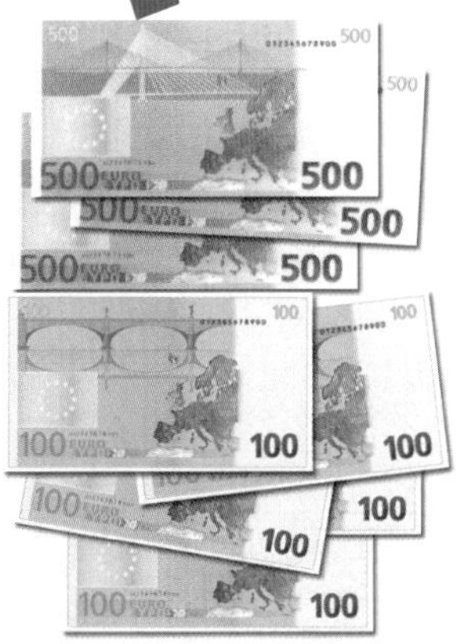

b

c

d

e

PARLER 5 **In pairs, practise this conversation. Try to learn it!**

A	B
• Je peux vous aider?	• Je voudrais changer des chèques. de voyage, s'il vous plaît.
• Avez-vous une pièce d'identité?	• Oui, voici mon passeport.
• Quelles sortes de billets voulez-vous?	• Donnez-moi des billets de €50, s'il vous plaît.

ÉCOUTER 6 **Listen and note what each of these people wants to do and what the problem is. (1–6)**

wants to …?	problem?
1 change traveller's cheques	left passport at home

À L'ORAL

CONVERSATION 1 **Complete the conversation with your own details, then practise it with a partner.**

- Où habites-tu?
- C'est où exactement?
- Qu'est-ce qu'il y a dans ta ville/ton village?
- Qu'est-ce qu'il n'y a pas?
- C'est comment?

- J'habite à …
- C'est dans …
- Il y a (*un cinéma/un château/ …*)
- Il n'y a pas de (*piscine/ …*)
- C'est une ville (*historique/ industrielle/ …*)

CONVERSATION 2 **Practise this conversation with a partner. Change the words in blue to make a new conversation. (To help you, see page 70.)**

- Tu préfères la campagne ou la ville?
- La campagne.
- Pourquoi?
- Il y a moins de bruit. Et toi?
- Je préfère la ville.
- Pourquoi?
- C'est plus dynamique.

TRANSACTION 3 **You are working in your local tourist information office. A French visitor wants to know what there is to do and see in the area. Complete the answers, giving as much information as you can.**

- Qu'est-ce qu'il y a à faire ici?
- Vous pouvez faire (*de l'équitation/des randonnées/du shopping/ …*)
- Et à voir?
- Il y a (*le château/le musée/ …*)

Prepared talk

Là où j'habite

Prepare a talk on the advantages and disadvantages of where you live. (To help you, see page 70.) Try to include the following information:

where you live:	*J'habite à …, près de …, en Écosse.*
what there is to see:	*Il y a un château, un musée, …*
what there isn't:	*Il n'y a pas de …*
what there is to do:	*On peut faire de l'équitation.* *On peut visiter la cathédrale, …*
the advantages:	*Il n'y a pas beaucoup de pollution.* *Il y a des parcs.*
the disadvantages:	*Il n'y a rien pour les jeunes. C'est ennuyeux.*

CONVERSATION 1 **Practise this conversation with a partner. Change the words in blue to make a new conversation.**

- Tu reçois de l'argent de poche? De qui?
- Qu'est-ce que tu en fais?
- Tu fais des économies?
- Qu'est-ce que tu as acheté la semaine dernière?

- Je reçois dix livres par semaine de mon père.
- J'achète des magazines et des CD.
- Oui, je fais des économies pour acheter un vélo./Non, je ne fais pas d'économies parce que je n'ai pas assez d'argent.
- J'ai acheté des chaussures et des bonbons.

TRANSACTION 2 **In pairs, practise this transaction in a shoe shop. Change the words in blue to make a new transaction.**

- Bonjour monsieur/mademoiselle. Je peux vous aider?
- Oui, bien sûr, c'est quelle pointure?
- Voilà. Ça va?
- Oui. Ça va mieux?
- €50.
- Merci. Au revoir, monsieur/mademoiselle.

- Je voudrais essayer les chaussures rouges dans la vitrine.
- 40.
- Non, elles sont trop petites. Je peux les essayer en 42?
- Oui. C'est combien?
- Je les prends.
- Au revoir, monsieur/madame.

TRANSACTION 3 **In pairs, practise these transactions at the post office using a different picture each time.**

- Bonjour, madame/monsieur. Je peux vous aider?
- C'est (€2,20/€3/€50/ ...). C'est tout?
- Ça fait ...
- Merci. Au revoir, madame/monsieur.

- Je voudrais envoyer 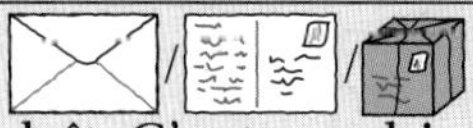 en Écosse, s'il vous plaît. C'est combien?
- Non. Je voudrais , s'il vous plaît.
- Voilà.
- Au revoir, madame/monsieur.

Notice how the same language crops up in most transactions. It's easy once you have learned the pattern! The following are useful phrases to learn.

– Bonjour, monsieur/madame, je peux vous aider?
– Oui, je voudrais ...
– Voilà.
– C'est combien?
– Merci, au revoir!

Mots

Les magasins — *Shops*

la boulangerie	*baker's*	la pâtisserie	*cake shop*
le centre-ville	*town centre*	la pharmacie	*chemist's*
la charcuterie	*delicatessen*	la poste	*post office*
la confiserie	*sweet shop*	le supermarché	*supermarket*
l'épicerie (*f*)	*grocer's*	le tabac	*newsagent's*
la parfumerie	*perfume shop*		

La nourriture — *Food*

Je voudrais …	*I would like …*	du jus d'orange.	*some orange juice.*
une baguette.	*a French loaf.*	du lait.	*some milk.*
des bananes.	*some bananas.*	des œufs. (*mpl*)	*some eggs.*
des biscuits.	*some biscuits.*	du pain.	*some bread.*
des carottes. (*fpl*)	*some carrots.*	du pâté.	*some pâté.*
des chips. (*fpl*)	*some crisps.*	des pêches. (*fpl*)	*some peaches.*
du chocolat.	*some chocolate.*	des pommes. (*fpl*)	*some apples.*
du Coca.	*some Coke.*	des pommes de terre. (*fpl*)	*some potatoes.*
de la confiture.	*some jam.*	du raisin.	*some grapes.*
des croissants. (*mpl*)	*some croissants.*	des tomates. (*fpl*)	*some tomatoes.*
de l'eau minérale.	*some mineral water.*	du vin.	*some wine.*
du fromage.	*some cheese.*	du yaourt.	*some yoghurt.*
du jambon.	*some ham.*		

Les quantités — *Quantities*

une boîte de (soupe)	*a tin/can of (soup)*	une tablette de (chocolat)	*a bar of (chocolate)*
une bouteille de (vin)	*a bottle of (wine)*	Vous désirez ?	*What would you like?*
une douzaine d'(œufs)	*a dozen (eggs)*	Avez-vous (des pommes)?	*Have you got (any apples)?*
200 grammes de (fromage)	*200 grams of (cheese)*	Combien en voulez-vous?	*How many do you want?*
2 kilos de (pommes)	*2 kilos of (apples)*	Donnez-moi (2 kilos) s'il vous plaît.	*Give me (2 kilos) please.*
un litre de (lait)	*a litre of (milk)*		
un paquet de (chips)	*a packet of (crisps)*	Et avec ça?	*Anything else ?*
un pot de (yaourt)	*a pot of (yoghurt)*	Non, c'est tout.	*No, that is all.*
un sac de (bonbons)	*a bag of (sweets)*	Ça fait combien?	*How much is that ?*

Les vêtements — *Clothes*

Je porte …	*I am wearing …*	un complet.	*a suit.*
Il/Elle porte …	*He/She is wearing …*	un imperméable.	*a raincoat.*
un anorak.	*an anorak.*	une jupe.	*a skirt.*
des bottes. (*fpl*)	*boots.*	un nœud papillon.	*a bow tie.*
un chapeau.	*a hat.*	un pantalon.	*trousers.*
des chaussettes. (*fpl*)	*socks.*	un pull(over).	*a jumper.*
des chaussures. (*fpl*)	*shoes.*	une robe.	*a dress.*
une chemise.	*a shirt.*	une veste.	*a jacket.*
une cravate.	*a tie.*	un manteau.	*coat.*

Les couleurs — *Colours*

De quelle couleur?	*In what colour?*	orange	*orange*
blanc(he)	*white*	rose	*pink*
bleu(e)	*blue*	rouge	*red*
gris(e)	*grey*	vert(e)	*green*
jaune	*yellow*	C'est combien?	*How much is this?*
marron	*brown*	C'est tout?	*Is that all?*
noir(e)	*black*		

Acheter des vêtements — *Buying clothes*

Je peux vous aider?	*Can I help you?*
Avez-vous (des chaussettes)?	*Have you any (socks)?*
Quelle taille?	*What size?*
Quelle pointure?	*What size? (for shoes)*
Taille (42).	*Size (42).*
(vert) foncé	*dark (green)*
(bleu) clair	*light (blue)*
Est-ce que je peux l'essayer?	*May I try it on?*
Il/Elle est trop grand(e)/petit(e).	*It is too big/small.*
court(e)	*short*
long(ue)	*long*
étroit(e)	*narrow*
large	*big*
cher(-ère)	*expensive*
Avez-vous quelque chose de plus (petit)?	*Have you got anything (smaller)?*
Avez-vous quelque chose de moins cher?	*Have you got anything less expensive?*
Je le/la prends.	*I will take it.*

Dans un grand magasin — *In a department store*

Je cherche (une robe).	*I'm looking for (a dress).*
Je voudrais acheter (un chapeau).	*I would like to buy (a hat).*
Où est (l'alimentation)?	*Where is (the food)?*
Où sont (les chaussures)?	*Where are the shoes?*
C'est à quel étage?	*Which floor is it on?*
au sous-sol	*in the basement*
au rez-de-chaussée	*on the ground floor*
au (premier/deuxième/troisième) étage	*on the (first/second/third) floor*

L'argent de poche — *Pocket money*

Je reçois (€5) par semaine.	*I get (€5) per week.*
J'achète (des CD).	*I buy (CDs).*
Le week-end dernier, j'ai acheté (du maquillage).	*Last weekend, I bought (some make-up).*
Je fais des économies.	*I am saving up.*
Je voudrais m'acheter (des bottes).	*I would like to buy myself (some boots).*
un appareil photo	*a camera*
un portable	*a mobile phone*
des jeux électroniques (*mpl*)	*electronic games*
des billets de cinéma (*mpl*)	*cinema tickets*
des vêtements (*mpl*)	*clothes*
des affaires pour le collège (*fpl*)	*things for school*
du chewing-gum	*chewing gum*
des magazines (*mpl*)	*magazines*
de la bijouterie	*jewellery*
des bijoux (*mpl*)	*jewellery*
des cadeaux (*mpl*)	*presents*
du maquillage	*make-up*

À la poste — *At the post office*

Je voudrais envoyer (cette lettre en Irlande).	*I would like to send (this letter to Ireland).*
cette carte postale	*this postcard*
ce paquet	*this packet*
en Angleterre	*to England*
en Irlande	*to Ireland*
en Écosse	*to Scotland*
au pays de Galles	*to Wales*
Je voudrais (quatre) timbres à (€0,40).	*I would like (four) stamps at (€0.40).*
Où est la boîte aux lettres?	*Where is the letter box?*
Il y a une cabine téléphonique près d'ici?	*Is there a phone box near here?*

À la banque — *At the bank*

Je voudrais changer des chèques de voyage.	*I would like to change some traveller's cheques.*
Voici mon passeport.	*Here is my passport.*
Donnez-moi des billets de (€50).	*Give me (€50) notes.*

MODULE 7

En vacances

Talking about different countries and nationalities

ÉCRIRE **1** **Complete each sentence with the right country. Then match the sentences with the letters on the map.**

Example: 1 *Rome est la capitale de l'Italie = i.*

1 Rome est la capitale de l' ___.
2 Lisbonne est la capitale du ___.
3 Berne est la capitale de la ___.
4 Londres est la capitale de l' ___.
5 Athènes est la capitale de la ___.
6 Paris est la capitale de la ___.
7 Berlin est la capitale de l' ___.
8 Madrid est la capitale de l' ___.
9 Édimbourg est la capitale de l' ___.
10 Bruxelles est la capitale de la ___.

l'Europe
la Grande-Bretagne
l'Angleterre
l'Allemagne
l'Espagne
l'Écosse
la France
la Grèce
l'Italie
la Belgique
la Hollande
l'Irlande
le pays de Galles
la Suisse
le Portugal
les États-Unis

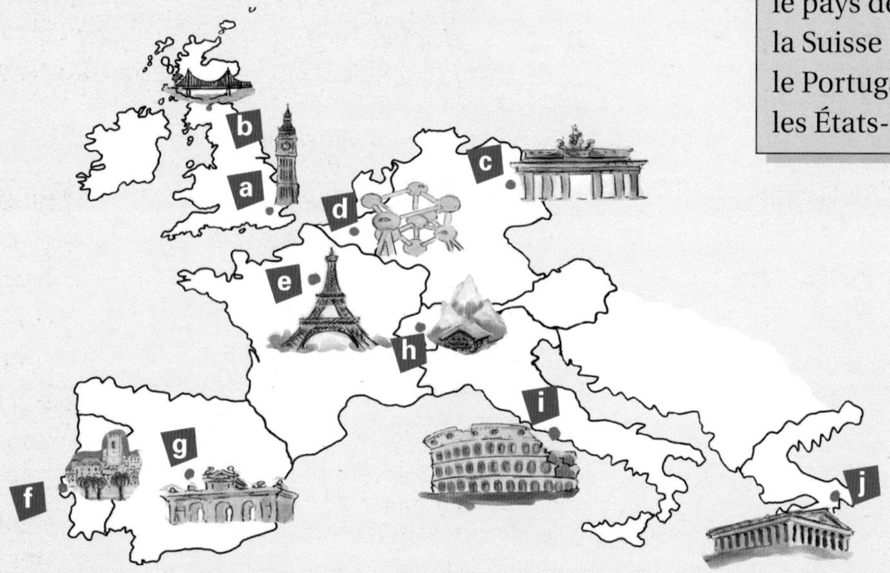

PARLER **2a** **In pairs. Ask where your partner would like to spend his/her holidays. Use the t-shirts on page 91 as prompts.**

Example:

- *Où est-ce que tu voudrais passer tes vacances?*
- *Je voudrais passer mes vacances aux États-Unis.*

Le détective

Countries
in + name of country = en
Example: en France
Exceptions: au Portugal, au Canada, au pays de Galles, aux États-Unis

Pour en savoir plus ➡ page 178, pt 8.3

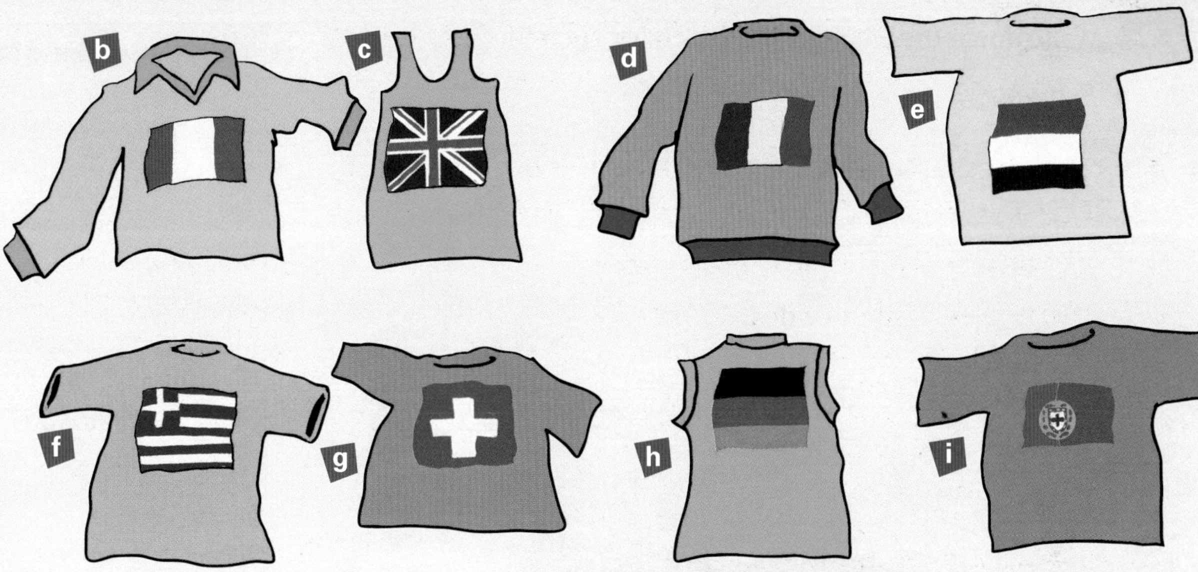

Où est-ce que tu voudrais passer tes vacances?

Je voudrais passer mes vacances en (*Espagne*).
au (*Portugal*).
aux États-Unis.

ÉCOUTER 2b **Listen and write down the country these people prefer.** (1–8)

Example: 1 *Germany*

LIRE 3a **Which country is each person talking about? What are they saying?**

Example: 1 *Italy/likes food*

1 J'aime beaucoup la cuisine italienne.

2 Le chocolat suisse est vraiment délicieux!

3 La campagne française est très jolie.

4 Les voitures américaines sont énormes, tu sais!

5 Ce que j'aime bien, c'est les garçons allemands ...

6 Les restaurants grecs sont sympa.

7 Le temps britannique est plutôt pénible.

8 On fait du vélo tous les jours: les routes hollandaises sont très plates, heureusement!

allemand(e)
américain(e)
belge
britannique
espagnol(e)
français(e)
grec(que)
hollandais(e)
italien(ne)
portugais(e)
suisse

ÉCRIRE 3b **Use 3a to help you write 2 sentences about Scotland. Don't forget to make your adjectives (nationalities, descriptions) agree!**

Example: *La campagne écossaise est très pittoresque.*

Talking about the weather

LIRE 4a **Write down the weather in French for each picture.**

Example: a *il pleut*

Quel temps fait-il?
il fait beau
il fait mauvais
il fait chaud
il fait froid
il fait du soleil
il fait du vent
il pleut
il neige
il y a du brouillard
il y a de l'orage

Le détective

Towns

***in** + name of the town* = **à**

Example: J'habite à Perth.

Pour en savoir plus ➡ page 178, pt 8.3

ECOUTER 4b **Listen. Write down the country and the weather. (1–8)**

Example: 1 *France – fog*

PARLER 4c **In pairs. In secret, write down what the weather is like for each town. Your partner asks questions to find out what you've written for each town. Take turns.**

Example:

- *À Calais, il pleut?*
- *Non.*
- *Il fait froid?*
- *Oui!*

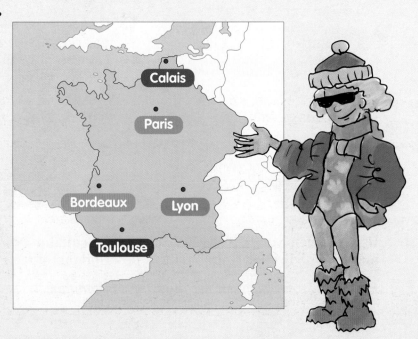

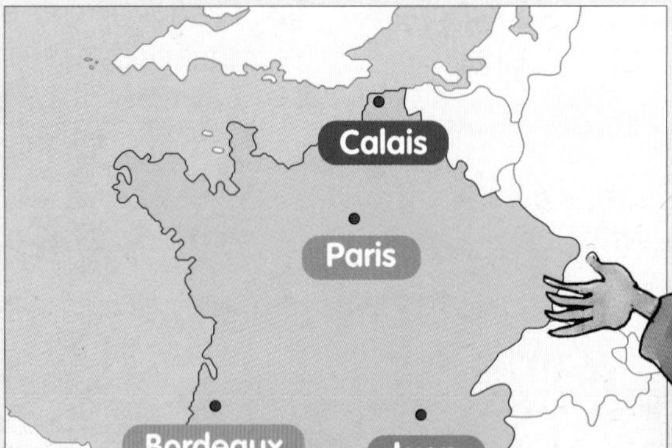

ÉCRIRE 5 **Write down 2 or 3 kinds of weather for each season.**

Example: *En été, il fait beau, ...*

en été	en hiver
en automne	au printemps

ÉCOUTER 6 **Listen to the weather forecast and write down the weather for each region.**

Example: *north (Brittany and Normandy): fine ...*

PARLER 7 **In pairs. Take turns to present the weather forecast using the map.**

Example: *Dans le nord-est, il y aura de l'orage.*

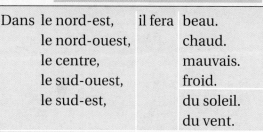

Dans	le nord-est,	il fera	beau.
	le nord-ouest,		chaud.
	le centre,		mauvais.
	le sud-ouest,		froid.
	le sud-est,		du soleil.
			du vent.
		il y a aura de l'orage.	
		il y aura du brouillard.	
		il neigera.	
		il pleuvra.	

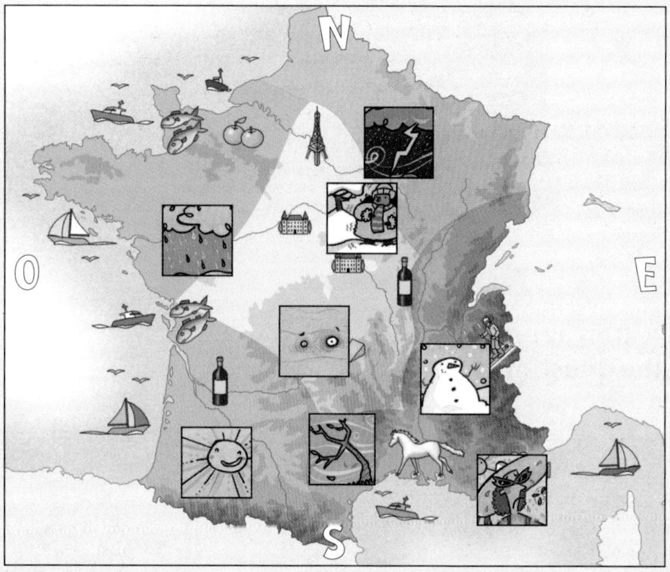

Le détective

Future tense

We have seen how to talk about the future using aller + *infinitive. Another way is to use the future tense.*

Examples: Il fera chaud. = *It will be hot.*
Il neigera. = *It will snow.*
Je voyagerai dans le monde. = *I will travel the world.*

You need to be able to recognise and understand the future tense. Look out for an 'r' followed by the endings below.

je voyager**ai**	nous voyager**ons**
tu voyager**as**	vous voyager**ez**
il/elle/on voyager**a**	ils/elles voyager**ont**

j'irai = *I will go* je ferai = *I will do*
je serai = *I will be*

Pour en savoir plus ➜ page 171, pt 3.6

1 *L'année dernière ...*

Saying what you did on holiday last year

L'année dernière, au mois d'août, j'ai passé mes vacances au bord de la mer. On est allé à Carnac, en Bretagne, où on a loué un gîte (c'est une maison à la campagne). On y est resté pendant 15 jours. Il y avait un grand jardin.

J'y suis allé avec ma famille: mon père, ma mère et mes deux sœurs. Pendant la deuxième semaine, des amis de mes parents sont venus nous voir avec leur chien, Rococo. On a joué au foot ensemble.

On a fait plein d'activités. On est allé à la plage tous les jours pour se baigner, car il faisait du soleil et très chaud: 25 degrés. Un jour, j'ai appris à faire de la planche à voile, mais c'était très difficile.

On est allé au marché à Carnac où j'ai acheté des souvenirs, et on a vu les pierres levées. C'était impressionnant de voir ça.

J'aimerais retourner à Carnac l'année prochaine, mais cette fois-ci, avec des copains, pas avec ma famille. Passer les vacances avec sa famille, c'est ennuyeux.

LIRE **1** **Read what Luc has written about his holiday and answer the questions in English.**

1 When did Luc go on holiday? *(2)*
2 Where did he go? *(3)*
3 Where did he stay? *(2)*
4 How long did he stay? *(1)*
5 Who did he go on holiday with? *(3)*
6 Who came to join them on holiday? *(2)*
7 What did they do together? *(4)*
8 What was the weather like? *(2)*
9 Who would he like to go on holiday with? *(1)*
10 What is his opinion of his holiday? *(1)*

● Try not to jump to conclusions because you spot one familiar word. Read the words round about and try to work out what the whole sentence means.
● Remember to look for all the information: if there are 2 points, there must be 2 answers!

ÉCOUTER **2** **Listen. Copy and complete the grid. Complete the first 3 columns the first time you listen, then listen again to complete the last 3 columns. (1–6)**

	where?	who with?	stayed in?	for how long?	weather?	opinion?
1	Belgium	friends	gîte/country house	1 week	very nice	brilliant
2						

PARLER 3a **In pairs, practise this conversation about last year's holiday. Take turns to ask the questions. Then answer the questions with your own information.**

A

- Où est-ce que tu as passé tes vacances l'année dernière?
- Avec qui?
- Tu as logé où?
- Pendant combien de temps?
- Qu'est-ce que tu as fait?

B

- J'ai passé mes vacances  ; 
- J'ai passé mes vacances  ; 
- J'ai logé dans un  ; 
- J'ai passé 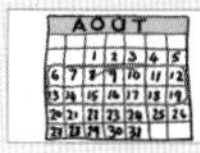

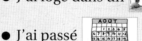

 ; 

 là-bas
- J'ai joué  et j'ai fait 

Rappel

Two key holiday verbs take **être** in the perfect tense:

*je suis allé** = I went

*je suis resté** = I stayed

*If you are a girl, add an **-e**: *je suis allé**e**, je suis resté**e***

Le détective

Imperfect tense

The imperfect tense is used to describe what things were like in the past.

Example:

Il y avait un grand jardin.
= *There was a big garden.*

Il faisait beau. = *The weather was sunny.*
C'était très difficile. = *It was very difficult.*

Learn these expressions off by heart:

c'était = *it was*
il y avait = *there was/were*
il faisait *(+ weather)* = *the weather was …*

Pour en savoir plus ➡ page 170, pt 3.4

L'année dernière, …	
J'ai passé mes vacances Je suis allé(e) en vacances	en Espagne. avec ma famille/ mes copains. au bord de la mer. à la campagne.
J'ai joué au tennis/volley. J'ai fait de la voile/du vélo.	
Je suis resté(e)	chez moi. à la maison. en Écosse.
J'ai passé	une semaine/ deux semaines. dix jours. un mois.
J'ai passé mes vacances	dans un gîte/ hôtel/camping/ appartement/ chez mon correspondant.

Describing things in the past

C'était	fantastique. ennuyeux. super. extra.	Il faisait très beau. Il y avait beaucoup d'activités.

ÉCRIRE 3b **Write a paragraph about your holidays last year (make it up if you like!). Change the details in blue.**

L'année dernière, je suis allé(e) en vacances à Oban, en Écosse, avec ma famille. J'ai passé 2 semaines au bord de la mer. C'était vraiment bien, mais il faisait assez froid. Il y avait beaucoup de choses à faire. J'ai visité un château et j'ai joué au volley-ball avec des copains. J'aimerais retourner à Oban l'année prochaine.

2 *Au syndicat d'initiative*

Asking for information at the tourist office

a 
b 
c 
d 
e 
f 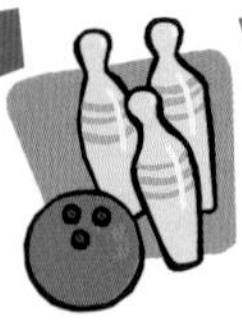
g 
h 
i 
j 
k 
l 
m 

n 
o 

On peut	jouer	au volley. au baby-foot. au ping-pong.
	aller	à la plage. au théâtre. au bowling.
	faire	une promenade en bateau. du ski nautique. du camping.
	visiter	la cathédrale. le château. le musée.
	louer	des pédalos. des kayaks. des vélos.

ÉCOUTER **1a** **Listen. What is there to do here? Write down the correct letters for each town. (1–5)**

Example: 1 = *j, m*

ÉCRIRE **1b** **Write sentences for 10 of the pictures in 1a.**

Example: a *On peut jouer au volley.*

ÉCOUTER **2a** **Listen to this conversation at the tourist office. Fill in the blanks using the key language box.**

Je voudrais …
- une carte.
- une liste de restaurants.
- un plan de la ville.
- une liste des distractions.
- un dépliant.
- une liste d'hôtels.

Touriste: Bonjour, madame. Je voudrais **a**, s'il vous plaît.
Employée: Oui, voilà. C'est gratuit. Je vous donne aussi **b** sur notre ville, et **c** de la région.
Touriste: Avez-vous **d**, madame?
Employée: Oui, voilà. Il y a **e** là-dedans aussi.
Touriste: Merci beaucoup, madame. Qu'est-ce qu'on peut faire ici?
Employée: Il y a **f** dans cette brochure.
Touriste: Est-ce qu'on peut jouer au golf?
Employée: Oui, il y a un terrain de golf à 5 kilomètres. Bonnes vacances!

PARLER 2b In pairs, practise the conversation in **2a**, then try changing some of the things the tourist asks about. Ask about the following:

1 
2 
3 
4 
5 
6 

LIRE 3a Read the tourist guide to Royan and answer the questions.

1 When is the museum open? *(2)*
2 When is the Centre Marin closed? *(2)*
3 When can you visit the zoo? *(2)*
4 Which sports are available? *(9)*
5 What can you hire equipment for? *(1)*

Bienvenue à Royan: La Perle de l'Océan

Visitez Royan en Charente-Maritime, station balnéaire sur la côte Atlantique qui attire chaque été des milliers de vacanciers.

À voir, à visiter…

Musée de Royan – Hôtel de Ville.
Visites: *mardi–vendredi de 14h à 18h*
Centre Marin – Place Foch. Ouverture:
toute l'année sauf dimanche et jours fériés
Le zoo de la Palmyre – 6 avenue de Royan, La Palmyre. *Ouvert du 1/4 au 30/9 de 9h à 19h.*

Sports et Loisirs

Il existe beaucoup de possibilités sportives pour ceux qui passent leurs vacances à Royan, y compris tennis, squash, piscines, golf, équitation, plongée, parachutisme et aviation, et planche à voile (location d'équipement sur place).

ÉCOUTER 3b Listen to these tourists in Royan. Answer *oui* or *non* to their questions. (1–8)

Example: 1 *non*

faire du cheval	*go horse riding*

Use the internet to research your area's tourist attractions and sports facilities.

ÉCRIRE 4 Write a tourist guide to your own town or to the nearest big town. Change the words in blue to record the new information.

Royan se trouve au bord de la mer dans l'ouest de la France. C'est un port de pêche. À voir et à visiter sont: le musée de Royan, le Centre Marin et le zoo de la Palmyre. Il y a aussi un grand centre sportif et on peut jouer au tennis, au squash et au golf. On peut louer des planches à voile et on peut faire de l'équitation.

3 À l'hôtel

Booking in at a hôtel

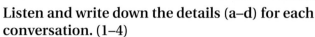

ÉCOUTER **1** **Listen and write down the details (a–d) for each conversation. (1–4)**

Example: **1 a** *2,* **b** *2,* **c** *3,* **d** *1*

a La sorte de chambre

1. une chambre pour une personne
2. une chambre double
3. une chambre pour deux personnes avec deux petits lits
4. une chambre de famille

b Ce qu'il y a dans la chambre

1. une salle de bains
2. une douche
3. des W-C
4. un balcon
5. une vue sur la mer

c La durée du séjour

1. ☽ une nuit
2. ☽☽ deux nuits
3. ☽☽☽ trois nuits
4. ☽ ×7 une semaine

d Ce qu'ils veulent à l'hôtel

1. un restaurant
2. un parking
3. un ascenseur
4. une piscine

LIRE **2a** **Read Janet's letter. Which picture matches what she wants to book?**

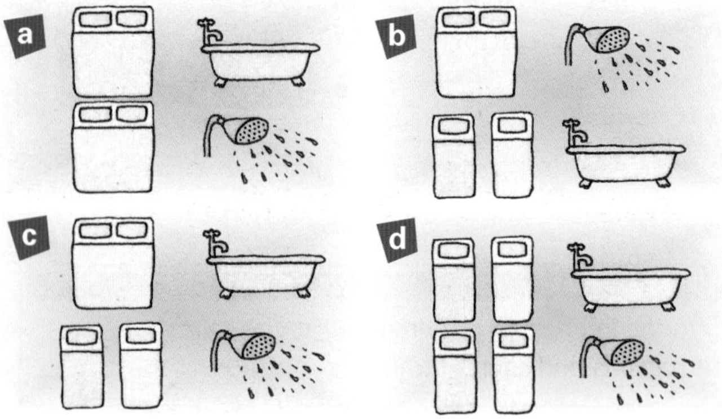

Monsieur,

Je vous écris pour réserver des chambres dans votre hôtel.

Je voudrais réserver deux chambres: une chambre double pour deux personnes avec un grand lit et salle de bains, et une chambre avec deux petits lits et une douche. Nous voudrions rester pour deux nuits, du 29 au 31 juillet.

Est-ce qu'il y a un restaurant à l'hôtel?

Voudriez-vous bien confirmer ma réservation, s'il vous plaît? Nous espérons arriver à l'hôtel vers 20h, le 29 juillet.

Je vous prie d'agréer, monsieur, l'expression de mes sentiments distingués.

Janet McPherson

ÉCRIRE **2b** **Write another two letters, using Janet's letter to help you. Change the words in red.**

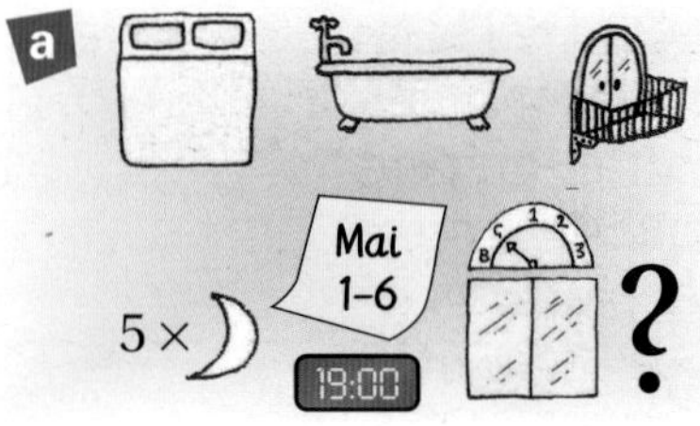

PARLER 3 In pairs, practise these conversations.

> *Think ahead! Decide in advance what you are going to ask for: how many people, how many nights, etc. How will you react if what you want is not available? Can you ask all the questions you will need?*

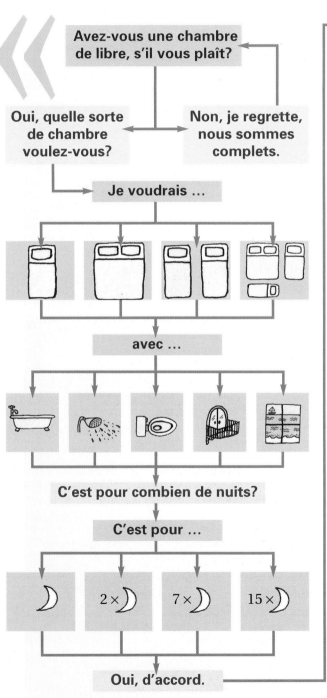

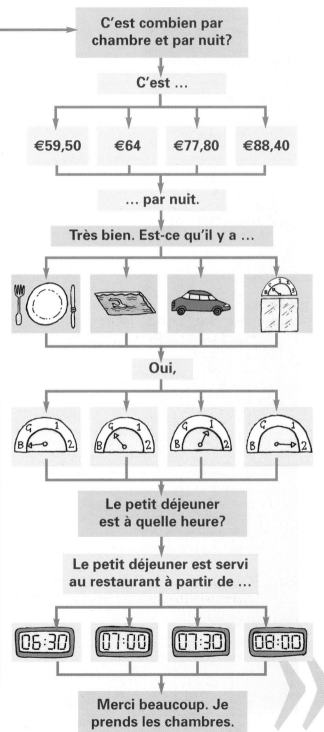

Avez-vous une chambre de libre, s'il vous plaît?

Oui, quelle sorte de chambre voulez-vous? / **Non, je regrette, nous sommes complets.**

Je voudrais …

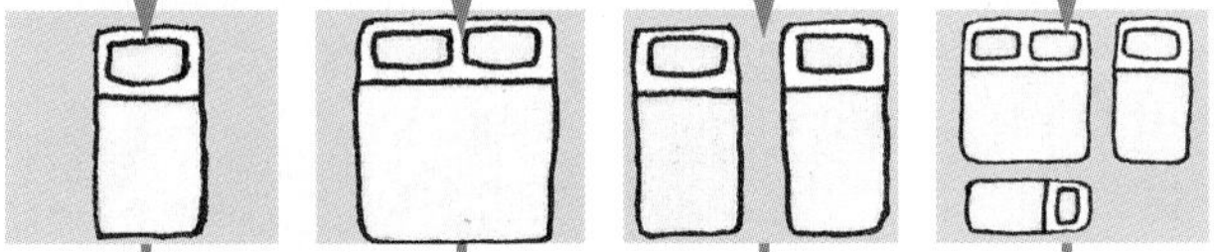

avec …

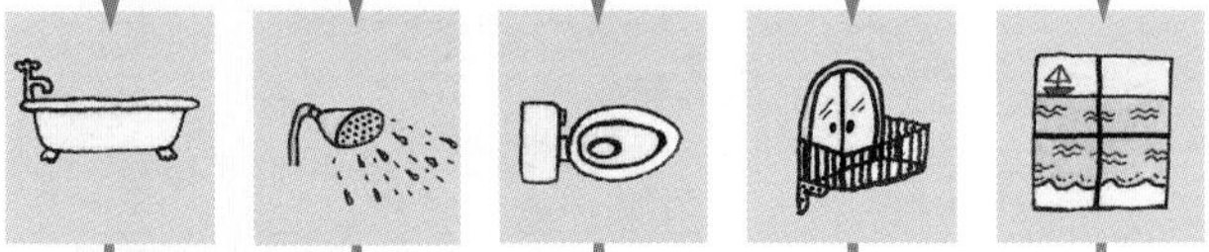

C'est pour combien de nuits?

C'est pour …

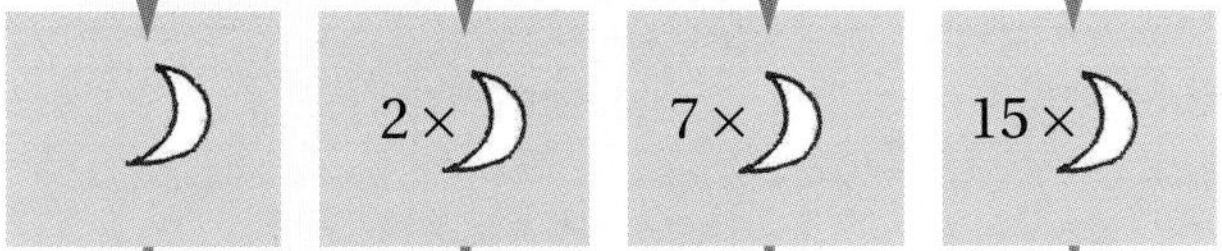

Oui, d'accord.

C'est combien par chambre et par nuit?

C'est …

€59,50 / **€64** / **€77,80** / **€88,40**

… par nuit.

Très bien. Est-ce qu'il y a …

Oui,

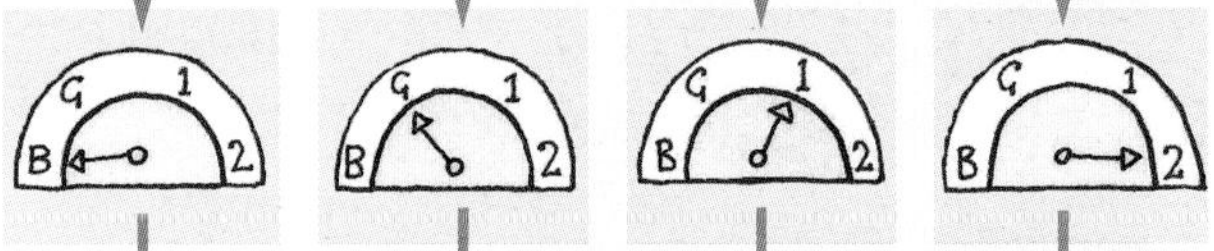

Le petit déjeuner est à quelle heure?

Le petit déjeuner est servi au restaurant à partir de …

Merci beaucoup. Je prends les chambres.

À L'ÉCRIT

Les grandes vacances

1ère semaine

Pendant la première semaine des grandes vacances, je suis restée à la maison. Mes copains, Sophie et Marc, étaient en vacances donc, c'était assez ennuyeux. Il faisait froid et il pleuvait. J'ai regardé la télé, j'ai lu et j'ai rangé ma chambre.

2ème semaine

Lundi après-midi, Sophie et Marc sont revenus. Il faisait toujours assez froid, mais il faisait du soleil. J'ai joué au tennis et nous avons fait un pique-nique ensemble. C'était super de revoir mes copains!

3ème et 4ème semaines

Nous avons passé quinze jours en Espagne – mes parents, mon petit frère et moi. Nous sommes allés à Malaga dans le sud de l'Espagne. Il faisait très chaud. J'ai fait de la natation et j'ai joué au volley sur la plage avec un groupe de jeunes espagnols. Un jour, on est allés en famille à un très grand parc de loisirs. C'était fantastique, mais mon petit frère était un peu casse-pieds: il avait peur, il avait faim, il avait chaud – et moi, j'en avais marre! Aussi en Espagne, j'ai fait des courses. J'ai acheté des vêtements: un beau pantalon et une ceinture, et j'ai trouvé des t-shirts marrants comme cadeaux pour Sophie et Marc.

5ème semaine

Toute la semaine, j'ai travaillé comme réceptionniste dans le bureau de mon oncle. J'ai répondu au téléphone, j'ai parlé aux clients et j'ai fait des litres de café pour mon oncle! C'était assez intéressant et il m'a bien payé, mais il faisait du soleil – et moi, je voulais être à la plage!

6ème semaine

Pendant la dernière semaine de mes vacances, j'ai essayé de réviser mes leçons. Ce n'était pas facile! Mais il faisait mauvais donc, j'ai fait un effort. Trop vite, c'était la rentrée scolaire et la fin des vacances. Quel dommage!

1 **Each week, Danielle writes about the weather: these phrases are in yellow in her report above. Match the pictures to the descriptions of the weather for each week.**

Example: **a** – *week 6 (Il faisait mauvais.)*

a

b

c

d

e

2 **In Danielle's report for each week there is a 'time phrase': these are in blue in the report. Find the French for each of these phrases and write it out.**

Example: 1 *lundi après-midi*

1 on Monday afternoon
2 during the first week of the summer holidays
3 during the last week of my holidays
4 all week
5 we spent a fortnight in Spain

3 **What does Danielle say she did in each report? The verbs are in green. Write them in French and in English.**

Example: **week 1 –** *Je suis restée à la maison. J'ai regardé la télé.*
(I stayed at home. I watched TV.)

4 **Write an account of your summer holidays: real or imaginary. Use the *Au secours!* section to help you.**

Au secours!

- **Structure**

Notice how Danielle has structured each of her accounts: she says when she did things (in blue in the text), what she did (in green), what the weather was like (in yellow) and makes a comment (in red). The rest of what she has written is about what she did with other people, or what other people did:

Nous avons fait un pique-nique.	We had a picnic.
On est allés en famille.	We went as a family.
Il avait peur.	He was frightened.
Mes copains étaient en vacances.	My friends were on holiday.

When you write your accounts, try to include statements about **when**, **what**, the **weather** and a **comment**!

- **Opinions**

It's easy to write opinions about something in the past: use *c'était* + adjective:

negative	positive
c'était nul	c'était fantastique
c'était dégoûtant	c'était génial
c'était affreux	c'était délicieux
c'était ennuyeux	c'était incroyable

- **Accuracy**

Remember to keep it simple. Make sure you choose language that you are going to be able to remember.

Mots

Les pays — *Countries*

l'Allemagne (*f*)	*Germany*	l'Italie (*f*)	*Italy*
l'Amérique (*f*)	*America*	le pays de Galles	*Wales*
l'Angleterre (*f*)	*England*	le Portugal	*Portugal*
la Belgique	*Belgium*	la Suisse	*Switzerland*
le Canada	*Canada*	l'Europe (*f*)	*Europe*
l'Écosse (*f*)	*Scotland*	Où est-ce que tu voudrais passer tes vacances?	*Where do would you like to spend your holidays?*
l'Espagne (*f*)	*Spain*	Je voudrais passer mes vacances (en France).	*I would like to spend my holidays (in France).*
les États-Unis (*mpl*)	*United States*	en Italie (*f*)	*in Italy*
la France	*France*	au Portugal/Canada (*m*)	*in Portugal/Canada*
la Grande-Bretagne	*Great Britain*	aux États-Unis (*pl*)	*in the United States*
la Grèce	*Greece*		
la Hollande	*Holland*		
l'Irlande (*f*)	*Ireland*		

Les nationalités — *Nationalities*

allemand(e)	*German*	français(e)	*French*
américain(e)	*American*	grec(que)	*Greek*
anglais(e)	*English*	gallois(e)	*Welsh*
belge	*Belgian*	hollandais(e)	*Dutch*
britannique	*British*	irlandais(e)	*Irish*
canadien(ne)	*Canadian*	italien(ne)	*Italian*
écossais(e)	*Scottish*	portugais(e)	*Portuguese*
espagnol(e)	*Spanish*	suisse	*Swiss*

Le temps — *The weather*

Quel temps fait-il?	*What is the weather like?*	Il fait du soleil	*It is sunny.*
Il fait beau.	*It is good weather.*	Il pleut.	*It is raining.*
Il fait mauvais.	*It is bad weather.*	Il neige.	*It is snowing.*
Il fait chaud.	*It is hot.*	Il y a du brouillard.	*It is foggy.*
Il fait froid.	*It is cold.*	Il y a de l'orage.	*It is stormy.*
Il fait du vent.	*It is windy.*		

La météo — *The weather forecast*

Dans (le nord) ...	*In the (north) ...*	il fera chaud.	*it will be hot.*
le nord-est	*the north-east*	il fera froid.	*it will be cold.*
le nord-ouest	*the north-west*	il fera du soleil.	*it will be sunny.*
le centre	*the centre*	il fera du vent.	*it will be windy.*
le sud-ouest	*the south-west*	il pleuvra.	*it will rain.*
le sud-est	*the south-east*	il neigera.	*it will snow.*
il fera beau.	*it will be good weather.*	il y aura de l'orage.	*it will be stormy.*
il fera mauvais.	*it will be bad weather.*	il y aura du brouillard.	*it will be foggy.*

Les saisons — *The seasons*

en été	*in summer*	en hiver	*in winter*
en automne	*in autumn*	au printemps	*in spring*

Des lettres — *Writing letters*

Monsieur	*Dear Sir*	Nous voudrions rester pour (2 nuits).	*We would like to stay for (2 nights).*
Madame	*Dear Madam*	Nous espérons arriver vers (20h).	*We hope to arrive at about (8pm).*
Je vous écris pour réserver (une chambre).	*I'm writing to reserve (a room).*	Je vous prie d'agréer, monsieur, l'expression de mes sentiments distingués	*Yours sincerely*
Voudriez-vous bien confirmer ma réservation?	*I would be grateful if you could confirm my reservation.*		

L'année dernière — *Last year*

Je suis allé(e) en vacances.	*I went on holiday.*	J'ai passé (une semaine).	*I spent (a week) there.*
J'ai passé mes vacances (en Espagne).	*I spent my holidays (in Spain).*	dix jours	*ten days*
Je suis allé(e) en vacances (avec ma famille).	*I went on holiday (with my family).*	un mois	*a month*
avec mes copains	*with my friends*	J'ai joué au tennis.	*I played tennis.*
au bord de la mer	*at the seaside*	J'ai joué au volley.	*I played volleyball.*
à la campagne	*in the country*	J'ai fait de la voile.	*I went sailing.*
Je suis resté(e) chez moi.	*I stayed at home.*	J'ai fait du vélo.	*I went cycling.*
J'ai passé mes vacances (dans un gîte).	*I spent my holidays (in a country house).*	J'ai visité (un musée).	*I visited (a museum).*
dans un hôtel	*in a hotel*	C'était (fantastique).	*It was (fantastic).*
dans un camping	*in a camp site*	super	*super*
dans une auberge de jeunesse	*in a youth hostel*	extra	*amazing*
dans un appartement	*in a flat*	nul	*rubbish*
chez mon correspondant	*at my pen-friend's house*	ennuyeux	*boring*
		Il faisait (beau).	*The weather was (good).*
		Il y avait (beaucoup d'activités).	*There were (lots of things to do).*

Activités — *Activities*

Qu'est-ce qu'on peut faire ici?	*What is there to do here?*	faire du ski nautique	*go water-skiing*
Est-ce qu'on peut (jouer au volley)?	*Can you (play volleyball)?*	faire du camping	*go camping*
On peut (jouer au volley).	*You can play (volleyball).*	faire une promenade en bateau	*go on a boat trip*
aller à la plage	*go to the beach*	vister la cathédrale	*visit the cathedral*
aller au théâtre	*go to the theatre*	visiter le château	*visit the castle*
aller au bowling	*go bowling*	visiter le musée	*visit the castle*
jouer au ping-pong	*play ping-pong*	louer des pédalos	*hire pedal boats*
jouer au volley	*play volleyball*	louer des vélos	*hire bikes*
jouer au baby-foot	*play table-football*	louer des kayaks	*hire canoes*

Au syndicat d'initiative — *At the tourist information office*

Je voudrais (une brochure) s'il vous plaît.	*I would like (a brochure), please.*	une liste de restaurants	*a list of restaurants*
un dépliant	*a leaflet*	une liste d'hôtels	*a list of hotels*
une carte	*a map*	un plan de la ville	*a town plan*
une liste des distractions	*a list of things to do*	C'est gratuit.	*It's free.*

À l'hôtel — *At the hotel*

Avez-vous une chambre de libre?	*Have you got a room free?*	avec un grand lit	*with a double bed*
Je voudrais (une chambre double).	*I would like (a double room).*	avec deux petits lits	*with twin beds*
une chambre pour une personne	*a single room*	C'est pour (deux) nuits.	*It's for (two) nights.*
une chambre de famille	*a family room*	une nuit	*one night*
une chambre pour deux personnes	*a twin room*	une semaine	*one week*
avec douche	*with a shower*	quinze jours	*a fortnight*
avec salle de bains	*with a bathroom*	C'est combien par chambre et par nuit?	*How much is it per room and per night?*
avec balcon	*with a balcony*	Est-ce qu'il y a (un restaurant)?	*Is there a (restaurant)?*
avec vue sur la mer	*with a sea view*	une piscine	*swimming-pool*
avec W-C	*with a toilet*	un parking	*car park*
		un ascenseur	*lift*
		(Le petit déjeuner) est à quelle heure?	*What time is (breakfast)?*

MODULE 8

Bienvenue en France!

Arriving in France; eating out

LIRE **1a** **Match each speech bubble with the right picture.**

Example: 1 *b, …*

1 Avez-vous soif?

2 Je vous présente ma collègue, Sylvie.

3 Vous avez fait bon voyage?

4 Avez-vous faim?

5 Entrez, et asseyez-vous! Vous êtes fatigué?

6 Bonjour, et bienvenue en France!

7 Enchanté!

a

b

c

d

e

f

g

ÉCOUTER **1b** **Now listen and put the pictures from 1a in the order you hear them. (1–7)**

Example: 1 *c, …*

PARLER **2a** **In pairs. Look at the menu on page 105 and take it in turns to order.**

Example: 1 *Je voudrais un thé et une pizza.*

2b ÉCRIRE

Prepare the bill in euros for each order in 2a.

Example: 1

Le Gourmand	
un thé	€ 3,05
une pizza	€ 5,20
Total	€ 8,25
Merci!	

> **Je voudrais** *(I would like) is an extremely useful expression which you can use in many everyday situations.*

Le Gourmand

un café €2,10

un thé €3,05

un Orangina €2,50

un sandwich au jambon €4,60

un croque-monsieur €4,10

des frites €3,50

un café-crème €3,40

un Coca €2,50

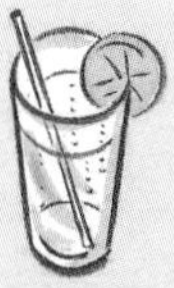
une limonade €2,10

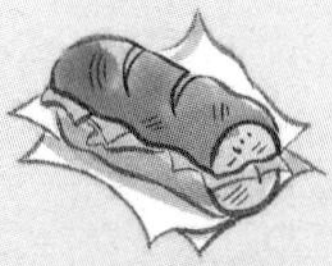
un sandwich au fromage €4,50

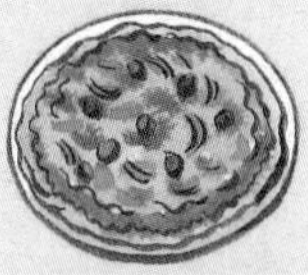
une pizza €5,20

une crêpe €3,90

un chocolat chaud €3,40

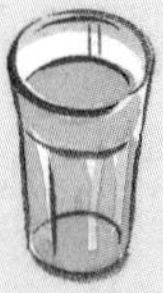
un jus de fruit €3,05

une eau minérale €2,50

une omelette €3,90

une glace €3,70

2c ÉCOUTER

Listen and prepare the bill for each person. Calculate the total price paid. (1–5)

Example: 1

Le Gourmand	
2 Cocas	€2,50
	€2,50
1 pizza	€5,20
1 omelette	€3,90
Total	€14,10
Merci!	

> *While the tape is playing, listen and note the items. Afterwards, use the gaps between playings to work out the prices from the menu.*

2d ÉCRIRE

Use your bills from 2c to write sentences about what each group ate and drank.

Example: 1 *Ils ont mangé une pizza et une omelette, et ils ont bu 2 Cocas.*

Looking for accommodation; exchanging greetings

ÉCOUTER 3a **Listen and make notes about each flat. Then match each to the correct advertisement below. (1–5)**

Example: 1 *Salon, salle à manger, cuisine, 3 chambres, salle de bains = b*

une maison
un appartement
une pièce
le salon
la salle de séjour
la salle à manger
la salle de bains
la chambre
la cuisine
les W-C

APPARTEMENTS À LOUER

a **44, rue de la Paix** – cuisine, salle de séjour, 2 chambres, salle de bains

b **2, avenue Clemenceau** – cuisine, salon, salle à manger, 3 chambres, salle de bains

c **16, rue du Stade** – cuisine, salon, 3 chambres, salle de bains

d **15, boulevard de l'Abbaye** – cuisine, salon, W-C, 3 chambres, salle de bains

e **3, place du 11 novembre** - cuisine, salle de séjour, salle à manger, W-C, 4 chambres, 2 salles de bains

LIRE 3b **Fill in the blanks in this advert from someone looking for a flat or a small house. Use the words in the box.**

Jeune ____, travaillant en France, cherche petite ____ ou ____ à louer, avec ____ équipée, ____, salle de ____ et une ____.
Réponse: BP 6431

maison **bains** **Écossaise** **appartement** **cuisine** **chambre** **salon**

PARLER 3c **In pairs, practise this conversation at the estate agents. Make new conversations by changing the words in blue.**

A

- Vous cherchez une maison ou un appartement?
- Avec combien de pièces?
- Quel est votre nom?
- Comment ça s'écrit?

B

- Une maison.
- Trois pièces.
- Henderson.
- H - E - N - D - E - R - S - O - N.

It is very useful to be able to spell your SURNAME in French – without having to think about it!

ÉCRIRE 3d **Complete the text for where you live.**

Bonjour, j'habite à ..., dans une maison/un appartement/ ...
Mon adresse, c'est ...
Dans ma maison, il y a ... pièces. Il y a ...

LIRE 4a **Match the English expressions with their French equivalents in the key language box.**

a Good luck!
b Have a nice holiday!
c Happy New Year!
d Enjoy your stay!
e Good evening!
f Have a good weekend!
g Have a good trip!
h Have a nice day!
i Happy birthday!
j Happy Saint's Day! *

Bonsoir!
Bon anniversaire!
Bonne fête!
Bon week-end!
Bon voyage!
Bonne année!
Bonne chance!
Bon séjour!
Bonnes vacances!
Bonne journée!

** Many common first names have a Saint's Day linked with them. On this day, French children may receive a card and presents, and be told* 'Bonne fête!'
Example: la Saint-Nicolas = le 6 décembre

ÉCOUTER 4b **Listen. Which picture is it? (1–6)**

Example: 1–*c*

a

b

c

d

e

f

1 *Voici ma maison*

Describing a house and its rooms

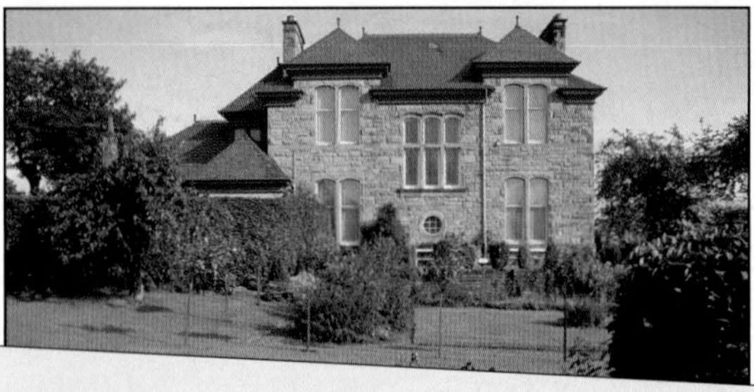

LIRE **1** **True or false?**

a Émilie is on holiday.
b She is staying in a large house.
c There are 2 bathrooms.
d There are 4 children
e The house has a garden.
f Émilie is not very happy.

Skim through Émilie's letter and find words you already know. Then see if you can guess any new words which look like English ones.

When c'est is followed by an adjective the adjective does not change.
Example: La maison est grand**e** *but*
C'est grand.

Chère maman, cher papa,

Ici en Écosse, ça va bien. Les Davidson sont très gentils et le travail d'au pair est super! Voici une photo de la maison. C'est grand! Il y a neuf pièces: en bas, il y a le salon, la salle à manger, la cuisine et les W-C. Il y a aussi un petit bureau.

En haut, il y a la salle de bains, et quatre chambres – la chambre de M. et Mme Davidson, la chambre de David (4 ans), la chambre de Lucy (6 mois) et ma chambre. Il y a un joli jardin derrière la maison avec des fleurs et un grand arbre. Il y a un garage aussi.

Un problème: il n'y a pas de lave-vaisselle – c'est moi qui fais la vaisselle à la main! Mais le travail n'est pas trop dur.

Je suis très contente!

Grosses bises, Émilie

En haut, il y a …	Au rez-de-chaussée, …
En bas, il y a …	Au premier étage, …

ÉCOUTER **2a** **Listen and identify the house of each au pair. (1–3)**

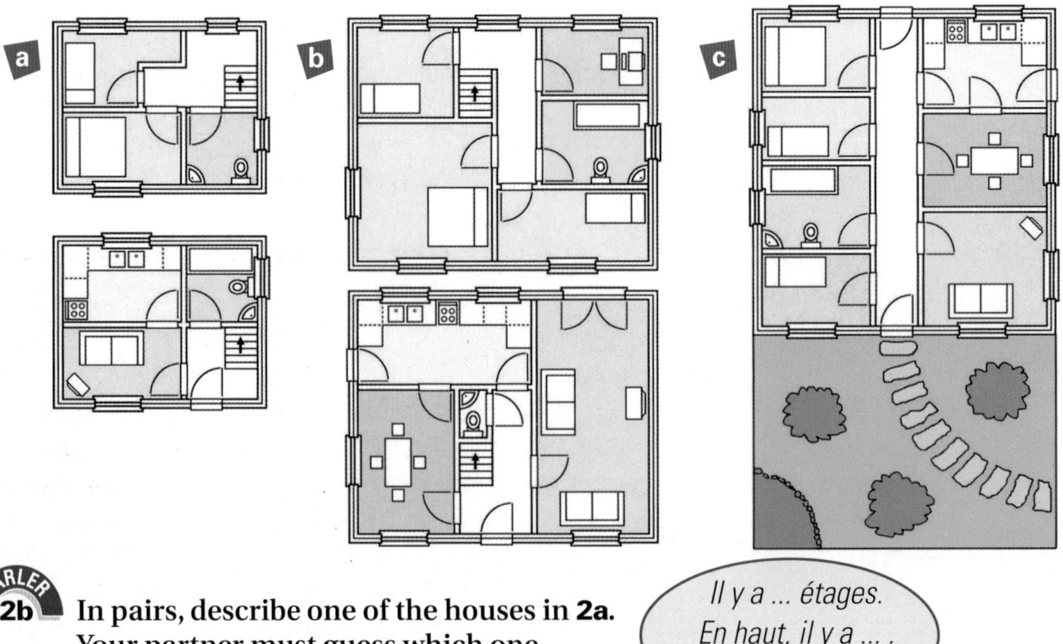

PARLER **2b** **In pairs, describe one of the houses in 2a. Your partner must guess which one.**

Il y a ... étages.
En haut, il y a ... .
En bas, il y a ... .

LIRE 3a **Read Émilie's letter and identify the objects in her room. Look up the words in red before you start!**

Example: 1 *poster*

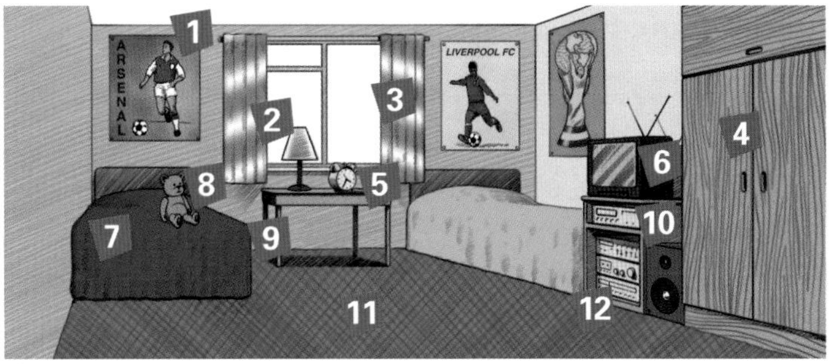

Ma chambre est très chouette. La moquette est bleue et les rideaux sont roses et blancs. Dans ma chambre il y a deux lits, une armoire, et une petite table en bois. Sur la table il y a une lampe et un réveil. Il y a plein de posters aux murs. On peut regarder des vidéos et écouter de la musique dans la chambre parce que j'ai ma propre télé, un magnétoscope et une chaîne-hi-fi!

Sur mon lit il y a un ours en peluche qui est très mignon.

Émilie

ECRIRE 3b **Émilie compares her room in France with her room in Scotland. Fill in the blanks with *mon, ma* or *mes.***

a ____ chambre est plus petite que celle de Lindsay. Les rideaux sont beiges et la moquette est verte. L'armoire est dans le coin, à côté de b ____ chaîne hi-fi. Sur c ____ lit il y a un ours en peluche, et souvent d ____ vêtements sont sur e ____ lit aussi! f ____ petite lampe verte est sur la table en bois. J'ai g ____ propre chambre, et j'aime bien avoir une chambre à moi.

Rappel

masculine mon **feminine** ma **plural** mes

ECOUTER 4 **Listen and note the room in French. (1–5)**

Dans	la chambre	il y a	un lit/une armoire/une lampe/un réveil/ des posters/une chaîne hi-fi/une moquette/des rideaux.
	la cuisine		un lave-vaisselle/un frigo/un placard/une machine à laver/un four à micro-ondes/une cuisinière à gaz.
	la salle de bains		un lavabo/une douche/un miroir/des toilettes.
	la salle à manger		une table/des chaises.
	le salon		un fauteuil/un canapé/une télé/un magnétoscope.

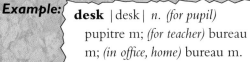

Design your ideal home on the computer. List all the furniture you will need.

Rappel

Prepositions	
dans	*in*
devant	*in front of*
derrière	*behind*
à côté de	*next to*
en face de	*opposite*
sur	*on*
sous	*under*

1 *Look up the word in the English side of the dictionary (**Example:** desk).*

2 *Read through the whole definition to make sure you find the right word.*

Example: **desk** |desk| *n. (for pupil)* pupitre m; *(for teacher)* bureau m; *(in office, home)* bureau m.

3 *List the word with un or une in front of it.*

Example: un bureau *(because m = masc).*

2 On sort manger

Going out to a restaurant

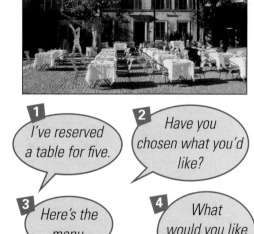

LIRE 1 Read the conversation between the waiter and the customer. Find the French for the sentences in speech bubbles.

Au restaurant
Bonjour, j'ai réservé une table pour 5 personnes, au nom de Dubois.
Ah oui monsieur, entrez. Voici votre table, asseyez-vous. Voici la carte.
(quelques minutes plus tard)
Vous avez choisi?
Oui, je voudrais le menu à €12, s'il vous plaît.
D'accord. Et qu'est-ce que vous voulez commander?

1 *I've reserved a table for five.*
2 *Have you chosen what you'd like?*
3 *Here's the menu.*
4 *What would you like to order?*
5 *I'd like the €12 menu, please.*

ÉCOUTER 2a Listen to the conversations between the waiter and customers. Note what each person's order is in French. (1–5)

hors-d'œuvres	plats principaux	desserts	boissons
1 crudités	le poulet rôti/ haricots verts	une glace	une bière

Restaurant des Jongleurs

MENU à prix fixe €12

HORS-D'ŒUVRES
Assiette de saucisson sec
Crudités
Fruits de mer

PLATS PRINCIPAUX
Plat du jour
Poulet rôti et haricots verts
Bœuf bourguignon au riz

DESSERTS
Glace
Mousse au chocolat
Pâtisserie maison

BOISSONS
Carafe de vin blanc/rouge . . . €5,50
Eau minérale €2,50
Bière €2,80

Service et boissons non compris

Comme	hors-d'œuvre, plat principal, dessert, boisson,
je voudrais …	

PARLER 2b In pairs, take turns to order a meal from the €12 menu.

A
- Vous avez choisi?
- Et comme plat principal?
- Et comme dessert?
- Vous voulez quelque chose à boire?

B
- Oui, comme hors-d'œuvre, je voudrais …
- Je voudrais …
- Je voudrais …
- Oui, …

LIRE 3 **Which question would you ask in the following situations? Match the situations (a–f) with the questions (1–5).**

a You would like a side order of chips.
b You need to make a phone call.
c You want to pay the bill and leave.
d You would like to know what today's speciality is.
e You've run out of bread and want some more.
f You want to know exactly what is in a dish.

1 Quel est le plat du jour?
2 C'est quoi exactement?
3 Avez-vous des frites?
4 On peut avoir encore du pain, s'il vous plaît?
5 Où est le téléphone?
6 Je peux avoir l'addition, s'il vous plaît?

PARLER 4 **In pairs, practise this conversation. Make up new conversations by changing the details in blue, using items from the menu on page 110.**

Remember to be polite!
Merci, monsieur/madame.
S'il vous plaît, monsieur/madame …

A
- Je peux vous aider?
- Voilà…Vous avez choisi?
- Il y a autre chose?
- Certainement.

B
- La carte, s'il vous plaît.
- Oui. Je voudrais les fruits de mer. Comme plat principal, je voudrais le bœuf bourguignon et comme dessert, une glace.
- Une eau minérale, s'il vous plaît.
- L'addition, s'il vous plaît.

LIRE 5a **Match the pictures with the sentences in the key language box**

Example: **a** = *L'addition n'est pas juste.*

Je n'ai pas de fourchette.
Ma cuillère est sale.
L'addition n'est pas juste.
Mon potage est froid.
Ce couteau n'est pas propre.
Il n'y a pas de sel ou de poivre.
Je n'ai pas de verre.

a

b

c

d

e

f

g

ÉCOUTER 5b **Listen to these conversations in a restaurant. What is each customer's problem? (1–4)**

Example: 1 *no reservation, restaurant full*

PARLER 6 **In a group, prepare to act out a sketch: *Au Restaurant*. Use as much of the language from these pages as you can. You might wish to video record the result!**

3 *La télé*

Talking about TV and films

LIRE 1a **Make a list in French of the different types of TV programme mentioned in the text. Think of an example of each type of programme.**

Example: *les émissions de musique – Top of the Pops*

LIRE 1b **What is each person going to watch on TV this evening?**

Example: *Émilie – 'M comme musique'*

Qu'est-ce qu'on va regarder ce soir?

Émilie Ce soir, je vais regarder 'M comme Musique' car j'adore les émissions de musique. J'aime aussi les documentaires sur la nature. Je n'aime pas la publicité – c'est bête!

Catherine Dubois Ce soir, je vais regarder le télé-journal et un film. J'aime les films d'amour. Mon film favori est 'Titanic'. Je déteste les séries anglaises et américaines.

Paul J'adore les dessins animés et les films policiers. J'aime aussi les films d'horreur et de science-fiction. Ce soir, je vais regarder mon émission préférée,'Les Simpson' – ça me fait rire! Je n'aime pas les informations – c'est barbant!

René Dubois J'adore les émissions de sport. Je vais regarder un match de foot ce soir. Je n'aime pas les jeux télévisés comme 'Qui Veut Gagner Des Millions?'. Je n'aime pas non plus les feuilletons.

ÉCOUTER 2 **Listen. Name one thing each person likes ✓ and one thing they dislike ✗ on TV. (1–5)**

Example: 1 ✓ *series* ✗ *news*

J'aime	les films	policiers	parce que	c'est	intéressant.
J'aime beaucoup		d'horreur			amusant.
J'adore		de science-fiction			barbant.
Je n'aime pas tellement		d'amour			bête.
Je déteste		d'adventures			passionnant.
	les informations			ça me fait rire.	
	le télé-journal				
	les jeux				
	les séries				
	les documentaires				
	les émissions de sport				
	les émissions de musique				
	les feuilletons				
	les dessins animés				
	la publicité				

PARLER 3a **Find out what five others in your class watched yesterday evening and are going to watch this evening.**

Example:

- *Qu'est-ce que tu as regardé hier soir?*
- *'Brookside'*
- *Pourquoi?*
- *J'adore les feuilletons/C'est intéressant.*

- *Qu'est-ce que tu vas regarder ce soir?*
- *Les Simpsons.*
- *Pourquoi?*
- *Ça me fait rire.*

PARLER 3b **Carry out a survey in your class. Draw up a 6 × 6 grid. Write 5 sorts of programme at the top. Interview 5 people.**

Example: *Tu aimes les dessins animés?*

✓ *Oui, je les aime.*

✓✓ *Oui, je les adore.*

✗ *Non, je ne les aime pas.*

✗✗ *Non, je les déteste.*

Le détective

Object pronouns

Tu aimes **les films**? = *Do you like **films**?*

Oui, je **les** aime. = *Yes, I like **them**.*

Pour en savoir plus ➡ page 177, pt 7.2

LIRE 4a **Which British programme is being described?**

a C'est une émission pour les jeunes, qui a lieu dans un collège à Londres. Il s'agit de la vie scolaire, et des vies personnelles des élèves et des profs.

b C'est un dessin animé très populaire. Il s'agit d'une famille américaine. Le père adore manger, la mère a des cheveux très bizarres, le fils est très vilain, la fille joue du saxophone et le bébé suce son biberon.

c C'est un feuilleton qui existe depuis plus de 40 ans. Il s'agit de la vie des habitants d'une rue dans le nord de l'Angleterre. C'est un programme qui est amusant mais qui peut être aussi tragique.

d C'est un jeu télévisé, où on peut gagner beaucoup d'argent, jusqu'à un million de livres sterling. Le présentateur crée beaucoup de tension pendant le jeu.

ÉCOUTER 4b **Listen. Which film is being described? (1–5)**

a STAR TREK

b Roméo et Juliette

c Les DENTS de la MER

d POLICE ACADÉMIE 7

e Dracula

ÉCRIRE 5 **Change the words in blue to write a short account of your views on TV.**

Moi, j'aime les feuilletons. Mon émission préférée est 'Hollyoaks'. Je l'aime parce que c'est passionnant. Je n'aime pas les informations. C'est barbant. Je déteste les dessins animés. C'est bête. Hier soir, j'ai regardé EastEnders. C'était super.

CONVERSATION **1** **Practise this conversation with a partner. Change the words in blue to make a new conversation.**

- Où as-tu passé tes vacances l'année dernière?
- Où exactement?
- Tu as logé où?
- Quel temps faisait-il?

- Aux États-Unis.
- En Floride.
- Dans un hôtel.
- Il faisait beau.

TRANSACTION **2** **In pairs, practise this transaction in a tourist office.**

- Bonjour, madame/monsieur.
- Je voudrais CARTE de la VILLE, s'il vous plaît.
- Je voudrais aussi BROCHURE et CARTE de la région, s'il vous plaît.
- Merci. Au revoir, madame/monsieur.

- Bonjour, madame/monsieur.
- Voilà. C'est gratuit.
- Voilà. Je vous donne aussi LISTE D'HÔTELS.
- Au revoir, madame/monsieur. Bonnes vacances!

TRANSACTION **3** **In pairs, practise this transaction in an hotel.**

- Avez-vous une chambre de libre, s'il vous plaît?
- Je voudrais 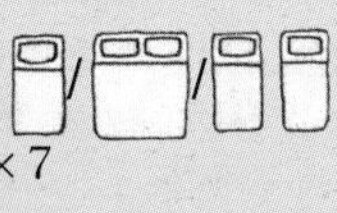 avec 
- 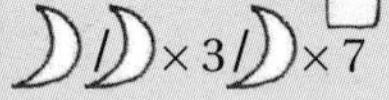

- C'est combien par nuit?
- Parfait. Merci, madame/monsieur.

- Oui, quelle sorte de chambre voulez-vous?
- C'est pour combien de nuits?
- Oui, d'accord.
- C'est €30/€40/€42

Prepared talk

Les grandes vacances

Prepare a talk on your holidays last year. Make it up if you like! (Remember, your talk will be in the past tense.) Try to include the following information:

- where: *Je suis allé(e) dans le sud de la France/à Londres/en Floride.*
- with whom: *Je suis allé(e) avec mes copains/ma famille/mes grands-parents.*
- what you did: *J'ai fait de la natation/J'ai joué au tennis/J'ai visité des monuments historiques.*
- the weather: *Il faisait beau/chaud/froid.*
- how you felt: *C'était super/nul/OK.*

– *This is the kind of talk that would benefit from photos, postcards and brochures. Try to build them into your talk.*

– *Remember to use linking words such as* et, ensuite, après, mais *– they will improve your fluency:*
Je suis allé à un musée **mais** c'était barbant.
J'ai visité un château **et ensuite**, je suis allé aux magasins.

– *To achieve a better grade, use the future tense to say where you'll be going next year, or say where you'd like to go:* Je vais aller … Je voudrais aller …

CONVERSATION **1** In groups of four. You are introducing a business colleague to the others in your office. Practise this conversation then adapt it to suit your group.

Bonjour et bienvenue!
Merci.
Est-ce que je peux vous présenter mon collègue, Alain.
Bonjour, Alain.
Bonjour!
Et ma collègue, Françoise.
Bonjour!
Bonjour, Françoise. Enchanté.
Asseyez-vous! Vous avez soif?
Oui, un peu.
Une tasse de thé, peut-être?
Oui, je voudrais bien, merci.

TRANSACTION **2** In pairs, complete the answers and practise this transaction in a restaurant.

● Je peux vous aider?	● Oui. Je voudrais une table pour … personnes.
● Oui. Asseyez-vous ici.	● Je peux voir la carte, s'il vous plaît?
● Voilà. (*5 minutes plus tard*)	● Comme entrée, je voudrais …
● Et comme plat principal?	● Je prends …
● Et comme dessert?	● …, s'il vous plaît.
● Et à boire?	● …, s'il vous plaît.

Prepared talk

La maison de mes rêves

Prepare a talk on your dream house (you could draw a plan to support your talk). Try to include the following information:

- where it is: *La maison se trouve à l'Île de Skye/en Espagne/aux États-Unis …*
- exact location: *… au bord de la mer/à la montagne/à la campagne/ …*
- accommodation: *Au rez-de-chaussée, il y a … Au premier étage, il y a …*
- the garden: *Il y a un grand jardin avec une piscine.*

– *Make your talk longer and more interesting (and worth a better grade!) by adding extra details:*
- *about specific rooms:* Dans le salon il y a …/ dans la cuisine il y a …
- *why you would have this:* Il y a une salle de billard car j'adore jouer au billard.

– *Remember to structure your talk in an orderly way. Make a written plan and prepare carefully. You should have an introduction, a section on each theme and a conclusion.*

Mots

Les voyages d'affaires — *Business trips*

Bonjour et bienvenue en France!	*Hello and welcome to France!*	Je vous présente (mon collègue).	*Let me introduce you to (my colleague).*
Vous avez fait bon voyage?	*Have you had a good trip?*	Enchanté.	*Pleased to meet you.*
Entrez et asseyez-vous.	*Come in and sit down.*	Avez-vous faim?	*Are you hungry?*
Assieds-toi.	*Sit down.*	Avez-vous soif?	*Are you thirsty?*
		Êtes-vous fatigué?	*Are you tired?*

Vœux et salutations — *Wishes and greetings*

Bonsoir!	*Good evening!*	Bonne journée!	*Have a good day!*
Bon anniversaire!	*Happy Birthday!*	Bon séjour!	*Enjoy your stay!*
Bonne année!	*Happy New Year!*	Bon voyage!	*Have a good trip!*
Bonne chance!	*Good luck!*	Bonnes vacances!	*Have a good holiday!*
Bonne fête!	*Happy Saint's Day!*	Bon week-end!	*Have a good weekend!*

On sort manger — *Eating out*

J'ai réservé une table pour 5 personnes.	*I've reserved a table for 5.*
La carte, s'il vous plaît.	*The menu, please.*
Je voudrais le menu à (€12).	*I'd like the (€12) menu.*
Oui, comme (hors-d'œuvre) je voudrais (les crudités).	*Yes, for (a starter) I would like (the vegetable salad).*
comme plat principal	*for the main course*
comme dessert	*for pudding*
une boisson	*drink*
le bœuf	*beef*
une crêpe	*pancake*
un croque-monsieur	*ham and cheese toasted sandwich*
des crudités (*fpl*)	*raw vegetable salad*
des frites (*fpl*)	*chips*
des fruits de mer	*seafood*
une glace	*ice-cream*
des haricots verts (*mpl*)	*green beans*
une mousse au chocolat	*chocolate mousse*
une omelette	*omelette*
une pizza	*pizza*
du poulet rôti	*roast chicken*
du riz	*rice*
du saucisson	*sausage/salami*
un sandwich au jambon	*ham sandwich*
un sandwich au fromage	*cheese sandwich*

Les boissons — *Drinks*

un café	*black coffee*	un jus de fruit	*fruit juice*
un café-crème	*white coffee*	une limonade	*lemonade*
un chocolat chaud	*hot chocolate*	un Orangina	*orangeade*
un Coca	*Coke*	un thé (au citron)	*tea (with lemon)*
une eau minérale	*mineral water*		

Les problèmes — *Problems*

Je n'ai pas de (fourchette).	*I haven't got a (fork).*	Mon potage est froid.	*My soup is cold.*
(Ma cuillère) est sale.	*(My spoon) is dirty.*	Il n'y a pas de sel ou de poivre.	*There is no salt or pepper.*
ma fourchette	*my fork*	Je n'ai pas de verre.	*I haven't got a glass.*
mon couteau	*my knife*	Ce couteau n'est pas propre.	*This knife isn't clean.*
L'addition n'est pas juste.	*The bill is incorrect.*		

À la maison — *At home*

J'habite dans un appartement.	*I live in a flat.*
J'habite dans une maison.	*I live in a house.*
Il y a (trois) étages.	*There are (three) floors.*
En haut, il y a (3 pièces).	*Upstairs, there are (3 rooms).*
En bas, il y a (4 pièces).	*Downstairs, there are (4 rooms).*
la chambre	*the bedroom*
la cuisine	*the kitchen*
la salle de bains	*the bathroom*
la salle à manger	*the dining-room*
la salle de séjour	*the living-room*
le salon	*the lounge*
les W-C	*the toilet*

Les meubles — *Furniture*

Dans (la cuisine) il y a ...	*In the (kitchen) there is a/an ...*
une armoire.	*wardrobe.*
un canapé.	*couch.*
une chaîne hi-fi.	*hi-fi system.*
une chaise.	*chair.*
une cuisinière à gaz.	*gas cooker.*
une douche.	*shower.*
un fauteuil.	*armchair.*
une fenêtre.	*window.*
un four à micro-ondes.	*microwave.*
un frigo.	*fridge.*
une lampe.	*lamp.*
un lavabo.	*washbasin.*
un lave-vaisselle.	*dishwasher.*
un lit.	*bed.*
une machine à laver.	*washing machine.*
un miroir.	*mirror.*
une moquette.	*carpet.*
un magnétoscope.	*video.*
un placard.	*cupboard.*
une porte.	*door.*
un poster.	*poster.*
un réveil.	*alarm clock.*
des rideaux.	*curtains.*
une table.	*table.*
des W-C.	*a toilet.*
devant	*in front of*
derrière	*behind the*
à côté de	*next to*
en face de	*opposite*
sur	*on top of*
sous	*under*

La télé — *Television*

J'adore (les feuilletons).	*I love (soaps).*
J'aime beaucoup (les films policiers).	*I like (detective films) a lot.*
J'aime (les documentaires).	*I like (documentaries).*
Je n'aime pas (la publicité).	*I don't like (adverts).*
Je déteste (les émissions de sport).	*I hate (sports programmes).*
les informations (*fpl*)	*news*
les documentaires (*mpl*)	*documentaries*
les dessins animés (*mpl*)	*cartoons*
les jeux télévisés (*mpl*)	*game shows*
le téle-journal	*TV news*
les émissions de musique	*music programmes*
les films d'horreur	*horror films*
les films de science-fiction	*science-fiction films*
les films d'amour	*romantic films*
les films d'adventures	*adventure films*
parce que c'est ...	*because it is ...*
intéressant.	*interesting.*
amusant.	*funny.*
passionnant.	*exciting.*
barbant.	*boring.*
bête.	*stupid.*
ennuyeux.	*boring.*
Ça me fait rire.	*It makes me laugh.*

MODULE 9 En bonne forme

Talking about ailments; saying when you have meals

ÉCOUTER 1a **Listen. How are they?**

Write down ☺, 😐 or ☹. (1–6)

Comment vas-tu?	Je vais très bien.
Comment allez-vous?	Je vais mieux.
Comment ça va?	Comme ci, comme ça.
Ça va?	Pas mal.
	Je suis malade.
	Ça ne va pas.

LIRE 1b **Identify the part of the body.**

Example: **a** *le coude*

le bras
le dos
le doigt
le genou
le nez
le pied
le ventre/l'estomac
le coude
la bouche
les dents
la gorge
la jambe
la main
la tête
l'oreille
l'œil/les yeux

J'ai mal	au dos.
Tu as mal	au doigt.
Il a mal	au genou.
Elle a mal	au nez.
	au pied.
	au ventre.
	à la main.
	à la gorge.
	à la jambe.
	à la tête.
	à l'oreille.
	à l'œil.
	à l'estomac.
	aux dents.
	aux yeux.

ÉCOUTER 2a **Listen. What's hurting? Note the right letter. (1–10)**

Example: 1 *k*

2b PARLER

In pairs. In French, take turns to explain the problems shown. Your partner says the number of the right picture.

Example: ● *J'ai mal au dos.*
● *Numéro deux.*
● *Oui!*

> The French usually use the 24-hour clock. You can either write it as it is:
> **Example:** 21h30
> or change it to12-hour time:
> **Example:** 9.30pm
> It is probably safest to note it down as a 24-hour clock time … just in case you miscalculate!

3 LIRE

Find the pairs. ***Example:*** 1 g

1 deux heures et demie
2 quatre heures moins le quart
3 sept heures
4 neuf heures et quart
5 onze heures et demie
6 une heure moins le quart
7 dix heures
8 huit heures et quart

a vingt et une heures quinze
b vingt-deux heures
c vingt heures quinze
d dix-neuf heures
e vingt-trois heures trente
f quinze heures quarante-cinq
g quatorze heures trente
h douze heures quarante-cinq

4a ÉCOUTER

Listen. Who is speaking? Note the right name. (1–8)

Marie
petit déjeuner 8h
déjeuner 12h45
dîner 19h30

Laure
petit déjeuner 6h30
déjeuner 13h15
dîner 20h

Suzanne
petit déjeuner 7h15
déjeuner 12h30
dîner 20h45

Je prends …
le petit déjeuner à (*huit heures*).
le déjeuner à (*douze heures*).
le dîner à (*dix-neuf heures trente*).

4b PARLER

In pairs. Take the part of Laure/Suzanne. Change the words in blue to give your mealtimes.

Example: *Je suis Marie. Je prends le petit déjeuner à huit heures, je prends le déjeuner à douze heures quarante-cinq, et je prends le dîner à dix-neuf heures trente.*

4c ÉCRIRE

Write a sentence in French about your own mealtimes. Use the speech bubble in 4b.

1 *La routine*

Talking about your daily routine

1 D'habitude, je me lève à six heures et demie.

2 Je me lave et je me brosse les dents à sept heures moins le quart.

3 Je prends le petit déjeuner dans la cuisine.

4 Je quitte la maison vers sept heures et demie, et je vais au collège en car.

5 J'arrive au collège à huit heures moins le quart.

6 J'ai cours de huit heures à midi.

7 À l'heure du déjeuner, je mange à la cantine.

8 L'après-midi, je passe mon temps à dormir en classe.

9 Je rentre à la maison vers seize heures trente.

10 Je me couche en semaine à vingt-deux heures, mais le week-end je me couche plus tard.

LIRE **1a** **Read the story and complete these sentences about Pierre.**

1 I get up at ____. *(1)*
2 At 6.45am I ____. *(2)*
3 I leave my house around ____. *(1)*
4 I have morning classes from 8am to ____. *(1)*
5 I have lunch in the ____. *(1)*
6 I go home around ____. *(1)*
7 During the week I go to bed at ____. *(1)*

ECRIRE **1b** **Copy the captions from the comic strip above, changing the words in red to describe your daily routine. How does it differ from the times in France?**

je me lève	je vais au collège
je me lave	j'arrive au collège
je me brosse les dents	je rentre à la maison
je quitte la maison	je me couche

Le détective

Reflexive verbs

*These are normal verbs, which need an extra bit (the **reflexive pronoun**) when you use them.*

Example: se laver = *to get washed*

je **me** lave	il/elle **se** lave	vous **vous** lavez
tu **te** laves	nous **nous** lavons	ils/elles **se** lavent

In the perfect tense, they go with **être.**

Example: Hier, je me **suis** levé(e) à dix heures = *Yesterday, I got up at 10am.*

Pour en savoir plus ➡ page 172, pt 3.8

PARLER 1c **In pairs, ask your partner these questions.**

Example: ● ***Tu** te lèves à quelle heure?*
● ***Je** me lève à sept heures.*

> *Your questions will begin with tu.*
> *Your partner's answers will begin with je.*

- Tu te lèves à quelle heure?
- Tu quittes la maison à quelle heure?
- Tu arrives au collège à quelle heure?
- Tu manges où à midi?
- Tu rentres à la maison à quelle heure?
- Tu te couches à quelle heure?

- Tu t'es levé(e) à quelle heure? (*Je me suis levé(e) …*)
- Tu as quitté la maison à quelle heure? (*J'ai quitté …*)
- Tu es arrivé(e) au collège à quelle heure? (*Je suis arrivé(e) …*)
- Tu as mangé où à midi? (*J'ai mangé …*)
- Tu es rentré(e) à la maison à quelle heure? (*Je suis rentré(e) …*)
- Tu t'es couché(e) à quelle heure? (*Je me suis couché(e) …*)

ÉCOUTER 2 **Listen. Complete the sentences about this French Olympic athlete.**

1 At 6am she …
2 At 6.30am she goes to …
3 At 8.30am she …
4 At 9am she …
5 She works from … to …
6 At around 6pm she …
7 At around 8.30pm she …
8 At around 10pm she …

LIRE 3 **Read this text about the imaginary life of Fabien Barthez. Choose the correct ending for each statement.**

1 Fabien Barthez est de nationalité … anglaise/française.
2 Il est … buteur/gardien de but.
3 Il se lève à 7h30/7h45.
4 Il prend le déjeuner … à la maison/au gymnase.
5 L'après-midi, il s'entraîne pendant … 2 heures/3 heures.
6 Le soir, il reste à la maison/sort.

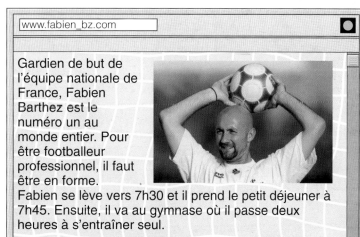

www.fabien_bz.com

Gardien de but de l'équipe nationale de France, Fabien Barthez est le numéro un au monde entier. Pour être footballeur professionnel, il faut être en forme.
Fabien se lève vers 7h30 et il prend le petit déjeuner à 7h45. Ensuite, il va au gymnase où il passe deux heures à s'entraîner seul.

Il prend le déjeuner à la maison, puis il va au stade vers midi. Après trois heures d'entraînement avec l'équipe, il se douche et il rentre à la maison à 15h30.

Il prend le dîner à la maison. Ensuite, il sort avec des amis. Normalement, il se couche vers minuit, mais la veille d'un match, il va au lit à 21h.

2 Avez-vous la pêche?

Talking about food preferences and healthy eating

LIRE **1a** **What foods do you like and dislike? Copy and complete the grid.**

c'est délicieux	c'est pas mal	je n'aime pas ça
le chocolat		

How many of these foods items do you recognise? How many can you guess? How many do you need to look up in a dictionary?

le beurre	la salade
le bifteck	les ananas
le chocolat	les cerises
le chou	les champignons
le chou-fleur	les citrons
le gâteau	les framboises
le poisson	les frites
le porc	les fruits de mer
le potage	les haricots
le poulet	les pâtes
le riz	les petits pois
le yaourt	les poires
la confiture	les pommes de terre
la glace	
la moutarde	les saucisses

ÉCOUTER **1b** **Listen. What do they like eating? Copy and complete the grid. (1–10)**

food	☺	😐	☹
1 seafood			✓

Le détective

Object pronouns

Tu aimes **le** fromage?
Non, je **le** déteste. = *No, I hate it.*
Tu aimes **la** moutarde?
Non, je **la** déteste. = *No, I hate it.*
Tu aimes **les** frites?
Oui, je **les** aime. = *Yes, I like them.*

Pour en savoir plus ➡ page 177, pt 7.2

PARLER **1c** **In pairs, find 6 things your partner likes to eat. Take turns to ask the questions.**

Example: ● *Tu aimes le fromage?*
● *Non, je le déteste/Oui, je l'aime.*

LIRE **2a** **Read these letters, then copy and complete the grid. Do they have a healthy diet or not?**

	breakfast	lunch	dinner	healthy diet?
Sarah	*bread, ...*			
Thomas				

Eh bien moi, je trouve qu'en général je ne mange pas trop mal. Le matin, je prends du pain pour le petit déjeuner, avec du beurre et de la confiture à la fraise. Je bois un bol de café.
A midi, je mange à la cantine. Comme hors-d'œuvre, il y a souvent de la salade ou des crudités, ce qui est très bon pour la santé. Normalement, on a le choix entre deux plats: un bifteck, peut-être, ou du poisson, avec des haricots verts ou parfois des pommes de terre. Comme dessert, il y a un yaourt ou une petite glace.
Le soir, à la maison, on prend souvent du potage et puis des pâtes et de la salade. On mange légèrement le soir. Je ne bois que de l'eau, parce que c'est bon pour la peau, n'est-ce pas?
Sarah

Le matin, je ne mange rien, parce que je n'ai pas le temps: je suis toujours en retard pour le car ... quelquefois mon père me force à boire un peu de chocolat chaud, et c'est tout.
À midi, je vais en ville avec mes copains au lieu d'aller à la cantine. On va au fast-food, où on prend un hamburger et des frites, et on boit toujours un grand Coca. Parfois on prend une glace ou un gâteau avant de retourner au collège.
Le soir, je mange devant la télé. Je n'aime pas ce que mes parents préparent. Je préfère manger une pizza surgelée et un paquet de chips. C'est rapide et c'est très bon. Mais je sais bien que ce n'est pas très sain.
Thomas

ÉCOUTER 2b **Listen and note what each person has for breakfast. Do they have a healthy diet ✓ or not ✗? (1–6)**

Example: 1 *bowl of cereal with milk, glass of orange juice* – ✓

PARLER 2c **Prepare a presentation on your diet. Use the key language boxes on this page and the letters on page 122 to help you. Try to include what you ate yesterday.**

Je prends le (*petit déjeuner*) à (*huit heures*).

Au (*déjeuner*)	je prends j'ai pris	du jambon. de la salade. des œufs. une saucisse.
	je bois j'ai bu	du Coca. un café. un chocolat chaud. de l'eau.

Au petit déjeuner, je prends/ j'ai pris	un bol de céréales. du lait. un jus d'orange. un yaourt. du pain (grillé). du beurre. un café (avec du sucre). des œufs. un thé au lait. un croissant. un fruit. un bol de chocolat.

Le détective

Du/de la/de l'/des = some

Masc.	***Fem.***	***Vowel or silent 'h'***	***Plural***
du pain	de la confiture	de l'eau	des œufs

Example: *I have bread and jam for breakfast.* = Je prends **du** pain et **de la** confiture au petit déjeuner.

Pour en savoir plus ➡ page 167, pt 2.3

LIRE 3a **Match each food type to its function.**

Example: a *3*

sorte de nourriture

- **a** produits laitiers
- **b** pain/céréales
- **c** fruits/légumes
- **d** produits sucrés
- **e** nourriture grasse
- **f** viandes /protéines

fonction

1. donnent de l'énergie, mais contiennent beaucoup de calories
2. contiennent des fibres et de la vitamine C
3. source de calcium, protéines et de vitamine D
4. source de cholestérol
5. apportent des protéines et des vitamines, mais attention aux matières grasses
6. donnent des vitamines, des fibres et de l'énergie

ÉCOUTER 3b **Listen to check your answers to 3a.**

ÉCRIRE 3c **For each food type, give two examples in French.**

Example: *produits laitiers – yaourt, …*

3 Ça ne va pas

Talking about illness

LIRE **1a** **Match the pictures to the sentences in the key language box.**

Example: a *Je suis enrhumée.*

J'ai très chaud.
Je n'ai pas faim.
Je me sens très fatigué(e).
J'ai très froid.
Je suis malade.
J'ai mal au cœur.
J'ai la grippe.
Je suis enrhumé(e).
J'ai vomi.
Je me suis blessé(e) à la jambe.

LIRE **1b** **Match the pictures to the advice in the key language box below. Then match each piece of advice to one of the illnesses in 1a.**

Example: a *Reposez-vous au lit. (Je me sens très fatigué.)*

Prenez ces comprimés.
Prenez ces pastilles.
Prenez ce sirop.
Reposez-vous au lit.
Prenez rendez-vous chez le médecin.
Buvez beaucoup d'eau.

Le détective

Avoir

Some French expressions use the verb **avoir** *where English uses* ***to be.***

Example: J'ai chaud. = *I'm hot. (in French, I 'have' hot).*

J'ai froid. = *I am cold.* J'ai quatorze ans. = *I am fourteen.*
J'ai faim. = *I am hungry.* J'ai peur. = *I am frightened.*
J'ai soif. = *I am thirsty.*

Pour en savoir plus ➡ page 169, pt 3.2

ÉCOUTER **1c** **Listen to the conversations in the chemist's. Note the problem and the advice given. (1–6)**

Example: 1 *hurt his leg – rest in bed, take tablets*

PARLER **1d** **In pairs, practise this conversation between a chemist and a customer. Make new conversations by changing the details in blue. Use the key language boxes above to help you.**

Example: ● *Bonjour, monsieur. Je me sens très fatigué et j'ai mal au cœur. Qu'est-ce qu'il faut faire?*

● *Oh … prenez ces comprimés et reposez-vous au lit.*

LIRE 2a Copy and complete this conversation at the doctor's with the words on the right. Then practise it with your partner.

gorge, revoir, pastilles, jours, examiner, soif, asseyez-vous, grippe, bouche, enrhumé, sirop, lit

Médecin: Bonjour, entrez, ______. Qu'est-ce qui ne va pas?
Malade: Oh docteur, j'ai mal à la ______, je suis ______, et j'ai très ______.
Médecin: Est-ce que je peux vous ______?
Malade: Oui, bien sûr.
Médecin: Ouvrez la ______. Dites 'Aaah'. Mmmm. Vous avez la ______. Je vous donne une ordonnance pour du ______ et des ______ pour la gorge. Reposez-vous au ______ pendant deux ou trois ______.
Malade: Merci, docteur. Au ______!

ÉCOUTER 2b Listen. Copy and complete the grid. (1–4)

l'hôpital	*hospital*
trois fois par jour	*3 times a day*

	symptoms	doctor's advice
1	*sore ears/throat*	*cough syrup 3 times a day*

LIRE 3 Read this office notice, then answer the questions in English.

1 What should be available in every workplace? *(1)*
2 What should one person be trained in? *(1)*
3 What is the first thing you should do if there's an accident or a fire? *(1)*
4 What are the numbers to dial for the emergency services in France? *(1)*
5 What should you do after alerting the emergency services? *(2)*

SÉCURITÉ AU TRAVAIL

1 Une TROUSSE DE SECOURS doit être disponible dans chaque lieu de travail.
2 Une personne doit être formée en SECOURISME.
3 En cas d'accident ou d'incendie:
 i Alertez vos collègues immédiatement.
 ii Composez le 17/15/18 pour appeler la police/une ambulance/les sapeurs-pompiers.
 iii Restez avec la victime, ou évacuez les lieux en cas d'incendie.

Remember:
Questions in English, answer in English.
Questions in French, answer in French.
If you answer in the wrong language, you get nul points!

4 Ça vaut le risque?

Talking about smoking, alcohol and drugs

1a **Read the opinions and decide if these young people are for or against smoking.**

Example: a *for*

a Si on fume, on a l'air plus adulte.
b Le tabac sent mauvais.
c On risque d'avoir le cancer et des maladies cardiaques.
d C'est reposant de fumer une cigarette.
e Si on s'habitue au tabac, on ne peut pas s'arrêter.
f Les cigarettes coûtent très cher.
g Je veux faire la même chose que mes copains, donc je fume.
h Si j'ai une cigarette à la main, j'ai plus confiance en moi.
i L'odeur du tabac cause des problèmes pour les autres, y compris les petits enfants.

Si tu veux ...
des dents jaunes
des doigts marron
une bouche qui sent mauvais
des vêtements qui ont mauvaise odeur
une vie plus courte ...
Commence à fumer
Les cigarettes: ça pue et ça tue!
NE PAS FUMER
NO SMOKING

1b **In pairs, practise these conversations. Then choose one conversation and change the words in blue to give your own answers. Use the key language box below to help you.**

A	B
• Tu fumes, toi?	• Non, je ne fume pas.
• Tu es pour ou contre le tabac?	• Contre.
• Pourquoi?	• On risque d'avoir le cancer.

A	B
• Tu fumes, toi?	• Oui, je fume.
• Tu es pour ou contre le tabac?	• Pour.
• Pourquoi?	• On a l'air plus adulte.

On a l'air plus adulte.	Le tabac sent mauvais.
C'est reposant.	On risque d'avoir le cancer et maladies cardiaques.
On a plus confiance.	Les cigarettes coûtent cher.
C'est cool.	On ne peut pas s'arrêter.
	C'est vraiment stupide.
	Je m'amuse sans fumer.

2 **Listen. Are these young people for or against drugs? Give their reasons if you can. (1–8)**

Example: 1 *for, relaxing*

3 **Are you for or against smoking? List your reasons in French.**

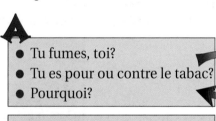

4a Read this article and check the meaning of the words in red.

Quel est le risque le plus grave pour notre santé au 21ème siècle?

À mon avis, les jeunes ne pratiquent pas assez de sport. J'ai des amis qui passent leurs soirées devant la télé ou la Playstation. L'exercice devient de moins en moins important dans leur vie – à l'âge de seize ans, ils ne sont pas en bonne forme, ils n'arrivent même pas à courir! C'est certainement pas bon pour la santé.
Marie-Jo, 15 ans

Même dans mon village en pleine campagne, on peut trouver de la drogue, si on la cherche. À mon avis, la drogue pose de grands risques pour la santé, et ça ne vaut pas le risque.
Daniel, 16 ans

Je pense que l'alcool est très dangereux. C'est une drogue, mais tout le monde en boit, même les parents à la maison. On ne sait pas ce qu'on fait quand on a trop bu, et ça, c'est très mauvais.
Ludo, 15 ans

Je crois que nous mangeons de plus en plus mal. Moi, j'adore le fast-food, comme mes amis, même si je sais que c'est gras et certainement mauvais pour la santé. À midi, je préfère manger des frites et du chocolat plutôt qu'une salade et un fruit.
Paul, 16 ans

4b Who thinks that …

1 young people tend to eat badly?
2 young people living in the country take drugs?
3 if you drink too much, you no longer know what you're doing?
4 people are taking less and less exercise?

4c And in Scotland? Make a list in French of what you see as the main health risks. Compare your list with your partner's.

le tabac	l'alcool
la drogue	le manque d'exercice
la nourriture	les maladies alimentaires

5 Listen to the radio ad campaigns. Match each one to the right poster. (1–4)

On the computer, design your own poster for a website which promotes one of the following:
– healthy eating
– sport
– campaign against alcohol
– campaign against drugs

À L'ÉCRIT

En bonne forme

Salut Jean-Luc!
Nous venons te chercher à l'aéroport lundi prochain. J'ai quelques questions à te poser:

– Qu'est-ce que tu prends au petit déjeuner?
– Qu'est-ce que tu aimes manger?
– Tu aimes le fast-food?
– Tu as des allergies ou il y a des choses que tu n'aimes pas manger?
– Est-ce que tu fumes?
– Est-ce que tu bois de l'alcool?

J'attends lundi avec impatience!

John

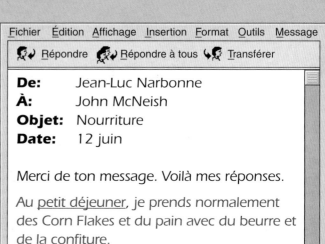

Fichier Édition Affichage Insertion Format Outils Message

Répondre Répondre à tous Transférer

De: Jean-Luc Narbonne
À: John McNeish
Objet: Nourriture
Date: 12 juin

Merci de ton message. Voilà mes réponses.

Au petit déjeuner, je prends normalement des Corn Flakes et du pain avec du beurre et de la confiture.

Qu'est-ce que j'aime manger? Mon plat préféré, c'est le poulet-frites et j'adore tout ce qui est sucré: les desserts, les gâteaux, le chocolat. J'aime aussi la cuisine chinoise et vietnamienne. La semaine dernière je suis allé avec des copains dans un restaurant chinois. C'était fantastique parce que j'adore la cuisine chinoise. J'aime surtout les hors-d'œuvres chinois.

J'aime aussi le fast-food, mais j'essaie de ne pas manger trop d'hamburgers. Il y a toujours le danger de la vache folle. Je n'ai pas d'allergies, mais j'ai horreur des carottes. C'est peut-être un peu bizarre, mais je ne peux pas supporter le goût.

Est-ce que je fume? Alors, oui, je dois l'admettre, je fume de temps en temps. Ici en France, tous mes copains fument. Un jour, je vais renoncer au tabac peut-être.

Quant à l'alcool, oui, je bois du vin et de la bière. Je n'aime pas les alcools plus forts comme la vodka ou le whisky.

J'espère que j'ai répondu à toutes tes questions. À lundi!

Jean-Luc

1a **Find out what the underlined words mean in English.**

Example: petit déjeuner = breakfast

1b **How does Jean-Luc answer each of John's questions? His answers are in blue. Write them down in French.**

Example: – Qu'est-ce que tu prends au petit déjeuner?

– Je prends normalement des Corn Flakes et du pain avec du beurre et de la confiture.

2a **Answer John's questions with your own information.**

2b **Now write a short piece on the subject of food (about 200 words). Use your answers to John's questions but write at least two more sentences after each answer.**

Au secours!

- Remember to build longer sentences following this pattern:

when	what	where/who with	comment
Aujourd'hui,	je vais jouer au tennis	avec mes copains.	Je vais gagner!
Hier,	j'ai mangé une pizza	dans un restaurant italien.	C'était délicieux!

- In a letter like this, which is about facts and opinions (present tense), you should try to have at least one section which uses past tenses:

La semaine dernière, ***je suis allé(e)*** *avec des copains dans un restaurant chinois.* ***C'était*** *fantastique!*

when	what	where/who with	comment
L'année derniere,	je suis allé(e) en vacances	à Paris avec mes parents.	C'était génial!
Hier,	j'ai mangé	au McDo.	C'était délicieux!
Il y a une semaine,	j'ai bu trop de cidre	à une boum.	C'était dégoûtant!

- You should also try to say at least one thing using the future (*I will*):

Un jour, ***je vais renoncer*** *au tabac peut-être.*

when	what	where/who with	comment
Un jour,	je vais aller	à Paris avec mes parents.	Ce sera génial!
La semaine prochaine,	je vais manger	au McDo.	Ce sera délicieux!
Demain,	je vais faire le régime.		Ce sera dégoûtant!

- Notice how Jean-Luc adds information to most of his sentences to make them longer. You will get a better grade if you can do this too:

C'était fantastique, ***parce que*** *j'adore la cuisine chinoise.*
J'aime aussi le fast-food, ***mais*** *j'essaie de ne pas manger trop d'hamburgers.*

- Asking yourself questions (in **red** in the text) is also a good way to improve your writing. Don't forget to change the verb from the *tu* form to the *je* form:

Qu'est-ce que ***tu*** *prends?* → *Qu'est-ce que* ***je*** *prends?*

Mots

Ça va? — *How are you?*

Comment vas-tu?	*How are you? (informal)*	Je vais mieux.	*I am better.*
Comment allez-vous?	*How are you? (formal)*	Comme ci, comme ça.	*So-so.*
Ça va?/Comment ça va?	*How are you?*	Pas mal.	*Not bad.*
Je vais très bien.	*I am very well.*	Ça ne va pas.	*I am not too good.*

Les maladies — *Ailments*

J'ai mal (au genou).	*My (knee) hurts.*	(à l') estomac	*stomach*
(au) bras	*arm*	J'ai mal (aux dents).	*My (teeth) hurt.*
(au) dos	*back*	(aux) yeux	*eyes*
(au) doigt	*finger*	J'ai très chaud.	*I am very hot.*
(au) nez	*nose*	J'ai très froid.	*I am very cold.*
(au) pied	*foot*	Je n'ai pas faim.	*I'm not hungry.*
(au) ventre	*stomach*	Je suis malade.	*I am ill.*
(au) coude	*elbow*	J'ai mal au cœur.	*I feel sick.*
J'ai mal (à la main).	*My (hand) hurts.*	J'ai la grippe.	*I have flu.*
(à la) bouche	*mouth*	Je suis enrhumé(e).	*I have a cold.*
(à la) gorge	*throat*	J'ai vomi.	*I have been sick.*
(à la) jambe	*leg*	Je me sens très fatigué(e).	*I am very tired.*
(à la) tête	*head*	Je me suis blessé(e) à la jambe.	*I have hurt my leg.*
J'ai mal (à l'oreille).	*My (ear) hurts.*		

Les remèdes — *Cures*

Prenez ces comprimés/pastilles.	*Take these pills/cough sweets.*
Prenez ce sirop.	*Take this cough medicine.*
Reposez-vous au lit.	*Rest in bed.*
Prenez rendez-vous chez le médecin.	*Go and see the doctor.*
Buvez beaucoup d'eau.	*Drink a lot of water.*

La routine — *Daily routine*

Je me lève à (sept heures).	*I get up at (7 am).*
Je me lave.	*I get washed.*
Je me brosse les dents vers (sept heures et quart).	*I clean my teeth at about (7:15 am).*
Je prends le petit déjeuner (à sept heures).	*I have breakfast a (7 am).*
Je prends le petit déjeuner dans la cuisine.	*I have breakfast in the kitchen.*
Je quitte la maison vers (sept heures et demie).	*I leave the house at (7:30 am).*
Je vais au collège (en bus).	*I go to school (by bus).*
J'arrive au collège à (huit heures moins le quart).	*I arrive at school at (7:45 am).*
J'ai cours de (neuf heures) à (trois heures).	*I have lessons from (9 am) to (3 pm).*
Je mange à la cantine à midi.	*I eat in the canteen at midday.*
Je prends le déjeuner à (midi).	*I have lunch at (midday).*
Je rentre à la maison vers (seize heures).	*I return home at about (4 pm).*
Je prends le dîner à (dix-huit heures).	*I have supper at (6 pm).*
Je me couche à (vingt-deux heures).	*I go to bed at (10 pm).*
Je me suis levé(e) à (sept heures).	*I got up at (7 am).*
J'ai quitté la maison à (huit heures).	*I left the house at (8 am).*
Je suis arrivé(e) à (neuf heures).	*I arrived at (9 am).*
J'ai mangé (du pain).	*I ate some bread.*
Je suis rentré(e) à (quinze heures).	*I got home at (3 pm).*
Je me suis couché(e) à (vingt-deux heures).	*I went to bed at (10 pm).*

La nourriture — *Food*

Tu aimes (le lait)?	*Do you like (milk)?*	C'est délicieux.	*It is delicious.*
Oui, je l'aime.	*Yes, I like it.*	C'est pas mal.	*It's not bad.*
Non, je le déteste.	*No, I hate it.*	Je n'aime pas ça.	*I don't like that.*
Oui, je l'adore.	*Yes, I love it.*		

Les fruits — *Fruits*

les abricots (*mpl*)	*apricots*	les fraises (*fpl*)	*strawberries*
les ananas (*mpl*)	*pineapples*	les framboises (*fpl*)	*raspberries*
les cerises (*fpl*)	*cherries*	les poires (*fpl*)	*pears*
les citrons (*mpl*)	*lemons*		

Les légumes — *Vegetables*

les carottes (*fpl*)	*carrots*	les petits pois (*mpl*)	*peas*
les champignons (*mpl*)	*mushrooms*	les pommes de terre (*fpl*)	*potatoes*
le chou	*cabbage*	la salade	*lettuce*
le chou-fleur	*cauliflower*	les tomates (*fpl*)	*tomatoes*
les haricots (*mpl*)	*beans*		

Autres choses à manger — *Other foods to eat*

les céréales (*fpl*)	*cereal*	la glace	*ice-cream*
le chocolat	*chocolate*	la moutarde	*mustard*
la confiture	*jam*	les pâtes (*fpl*)	*pasta*
la crème	*cream*	le potage	*soup*
les frites (*fpl*)	*chips*	le riz	*rice*
le gâteau	*cake*	le vinaigre	*vinegar*

La viande — *Meat*

le bifteck	*steak*	le porc	*pork*
les fruits de mer (*mpl*)	*seafood*	le poulet	*chicken*
le poisson	*fish*	les saucisses (*fpl*)	*sausages*

Le petit déjeuner — *Breakfast*

Au petit déjeuner, je prends (un yaourt).	*For breakfast, I have (a yoghurt).*	un fruit	*a fruit*
Au petit déjeuner, j'ai pris (du pain).	*For breakfast, I had (bread).*	du pain (grillé)	*bread (toast)*
		du beurre	*butter*
		du café	*coffee*
un bol de céréales	*a bowl of cereal*	des œufs (*mpl*)	*eggs*
du lait	*milk*	un thé au lait	*tea with milk*
de l'eau (*f*)	*water*	un croissant	*croissant*
un jus d'orange	*orange juice*	un bol de chocolat	*a bowl of hot chocolate*
un yaourt	*yoghurt*		

Le déjeuner — *Lunch*

Au déjeuner, je prends (du jambon).	*For lunch, I have (ham).*	une saucisse	*a sausage*
		Je bois (du café).	*I drink (coffee).*
Au déjeuner, j'ai pris (une saucisse).	*For lunch, I had (a sausage).*	J'ai bu (du Coca).	*I drank (Coke).*
		du Coca	*Coke*
du jambon	*ham*	un café	*coffee*
de la salade	*lettuce*	un chocolat chaud	*hot chocolate*
des œufs (*mpl*)	*eggs*	de l'eau (*f*)	*water*

La santé — *Health*

le tabac	*smoking*	C'est cool.	*It's cool.*
la drogue	*drugs*	On a plus de confiance.	*You are more confident.*
l'alcool	*alcohol*	Le tabac sent mauvais.	*Cigarettes don't smell nice.*
le manque d'exercice	*lack of exercise*	Les cigarettes coûtent cher.	*Cigarettes are expensive.*
les maladies alimentaires	*eating disorders*	On ne peut pas s'arrêter.	*You can't stop.*
Je suis pour (le tabac).	*I am for (smoking).*	C'est vraiment stupide.	*It's really stupid.*
Je suis contre (la drogue).	*I am against (drugs).*	Je m'amuse sans fumer.	*I enjoy myself without smoking.*
On a l'air plus adulte.	*You seem more adult.*		
C'est reposant.	*It is relaxing.*		

MODULE 10

Le transport

Talking about transport; giving directions

ÉCRIRE **1a** **Write these sentences in French.**

Example: 1 *Je vais au collège en car.*

1 

2 

3 

4 

5 

Je vais	en Angleterre	en auto.
	en France	en voiture.
	en Espagne	en autobus/car.
	au cinéma	en métro.
	au collège	en taxi.
	au marché	en train.
	au stade	en avion.
	à la piscine	en bateau.
		à vélo.
		à pied.

6 

7 

8 

Most means of transport are masculine e.g. le car, le bateau, le train. *But remember that* la voiture *and* l'auto *are feminine.*

Rappel

How to say 'to the ...':		
masculine places:	**au**	e.g. *au collège*
feminine places:	**à la**	e.g. *à la piscine*
places which begin with a vowel or 'h':	**à l'**	e.g. *à l'hôpital*
plural places:	**aux**	e.g. *aux magasins*

ÉCOUTER **1b** **Listen. Copy and complete the grid in English. (1–6)**

	transport	journey lasts ...
1	*bus*	*15 mins*
2		

PARLER **1c** **In pairs. Ask and answer these questions in French.**

Example: 1 ● Comment est-ce que tu vas au collège?
● *Je vais au collège en voiture.*

2 Comment est-ce que tu vas en ville?
3 Comment est-ce que tu vas à la piscine?
4 Comment est-ce que tu vas chez tes amis?
5 Comment est-ce que tu vas en vacances normalement?
6 Comment est-ce que tu es allé(e) en vacances l'année dernière? (*Je suis allé(e) ...*)

ÉCRIRE 2a **Write reasons for your answers to 1c.**

Example: 1 *(en voiture) – C'est plus pratique que l'autobus.*

C'est	moins plus	cher rapide pratique	que	le train. la voiture. l'autobus.
C'est	trop	lent. dangereux.		

PARLER 2b **In pairs, practise this dialogue. Make new conversations by changing the details in blue.**

Example:
- *Pourquoi tu vas en ville en autobus?*
- *C'est moins cher que le train.*
- *Pourquoi tu ne vas pas en vélo?*
- *C'est trop dangereux.*

LIRE 3a **Find and write out the correct instruction from the key language box.**

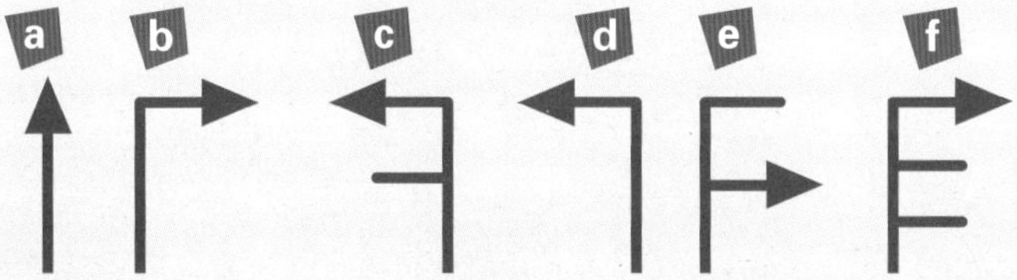

Pour aller au/à la/à l'… , s'il vous plaît?
Tournez à droite. Tournez à gauche. Allez tout droit. Prenez la première rue à droite. Prenez la deuxième rue à gauche. Prenez la troisième rue à droite.

ÉCOUTER 3b **Listen. Look at the plan and note if the directions given are correct ✔ or incorrect ✗.** (1–7)

Pour aller …?
- au commissariat
- au syndicat d'initiative
- au stade
- au restaurant
- au parc
- à la piscine
- à la hôpital

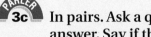

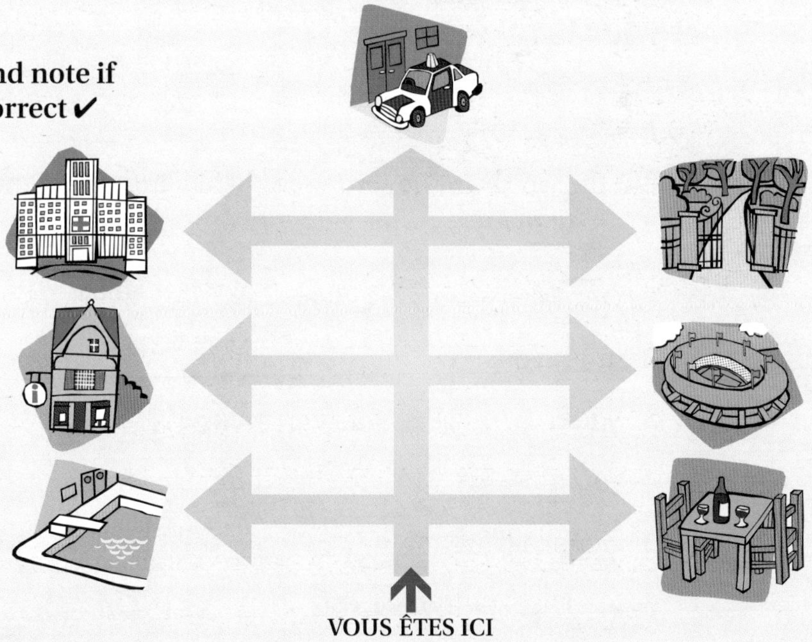

PARLER 3c **In pairs. Ask a question and listen to your partner's answer. Say if the answer is true or false.**

Example:
- *Pardon, monsieur. Pour aller au commissariat?*
- *Prenez la deuxième rue à gauche.*
- *Faux!*

Asking for information

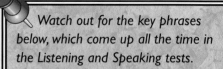

> Watch out for the key phrases below, which come up all the time in the Listening and Speaking tests.

LIRE 4a **Match up the English expressions with the French in the key language box.**

1 Where is ... ?
2 What time ... ?
3 Have you got to ... ?
4 I would like ...
5 How do I get to ... ?
6 Have you got ... ?
7 Is there ... ?
8 How much is ... ?

Je voudrais ...
Avez-vous ... ?
Est-ce qu'il y a ... ?
Où est ... ?
Est-ce qu'il faut ... ?
Pour aller au/à la/à l' ... ?
... à quelle heure?
... c'est combien?

ECOUTER 4b **Listen to the questions and match them with the replies below. (1–7)**

Example: **1*c***

- **a** *À vingt heures trente.*
- **b** *€30,40.*
- **c** *Prenez la deuxième rue à droite.*
- **d** *Oui, il y a un centre sportif près d'ici.*
- **e** *Oui, il est nécessaire de réserver.*
- **f** *Oui, la banque est en face de l'hôtel.*
- **g** *Oui, j'ai ton cahier. Voilà.*

ECRIRE 4c **Put the words in the sentences below into the right order and write them out.**

1 jeunesse | Pour | à | l'auberge | de | aller | ?
2 une | vous | chambre | de | libre | Avez- | ?
3 Vous | à | quelle | fermez | heure | ?
4 voudrais | à | €15 | le | Je | menu.
5 cabine téléphonique | Est-ce | qu'il y a | près | d'ici | une | ?
6 la | Où | patinoire | est | ?
7 Avez- | frites | vous | des | ?
8 boulangerie | à la | Pour | aller | ?
9 à | quelle heure | L'école | commence | ?
10 réserver | Est-ce qu'il | faut | ?

5 PARLER

In pairs. Take turns to ask for these things. Use the key language box on page 134 and the word boxes on the right. Your partner answers adapting the phrases in 4b.

Example: 1a ● *Est-ce qu'il y a un restaurant (près d'ici)?*
● *Oui, il y a un restaurant près d'ici.*

1 Ask if there is …

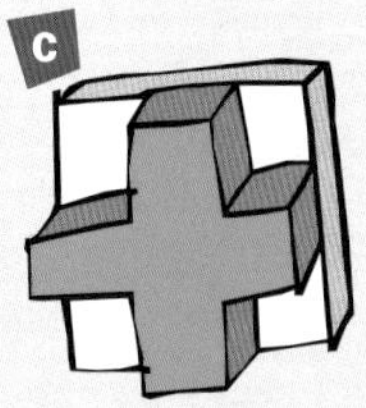

une pharmacie
un restaurant
un commissariat

2 Find out how to get to …

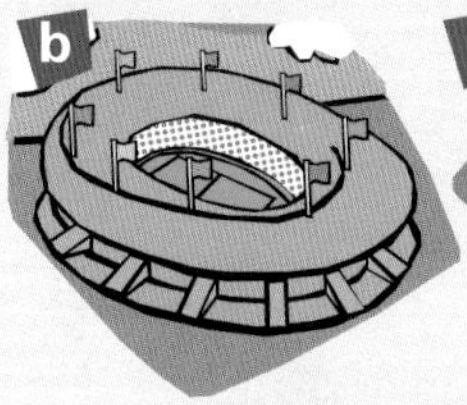

au stade
à la gare
à la piscine

3 Find out when …

le bus part
le train arrive
le film commence

6 ECRIRE

Match the right sentence halves below to find more ways of asking for help.

1	Pardon, je ne	'mountain bike' en français?
2	Pouvez-vous	plus lentement?
3	Excusez-moi, je n'ai	comprends pas.
4	Comment est-ce qu'on dit	répéter, s'il vous plaît?
5	Pouvez-vous parler	pas compris.

To get good grades, you should be able to show that you can cope with the unexpected during speaking activities, as you would have to in France. You may need to ask for help. The simplest way to approach someone is to say Pardon, …? Can you think of any other ways?

1 *Pardon, madame ...*

Finding your way around town

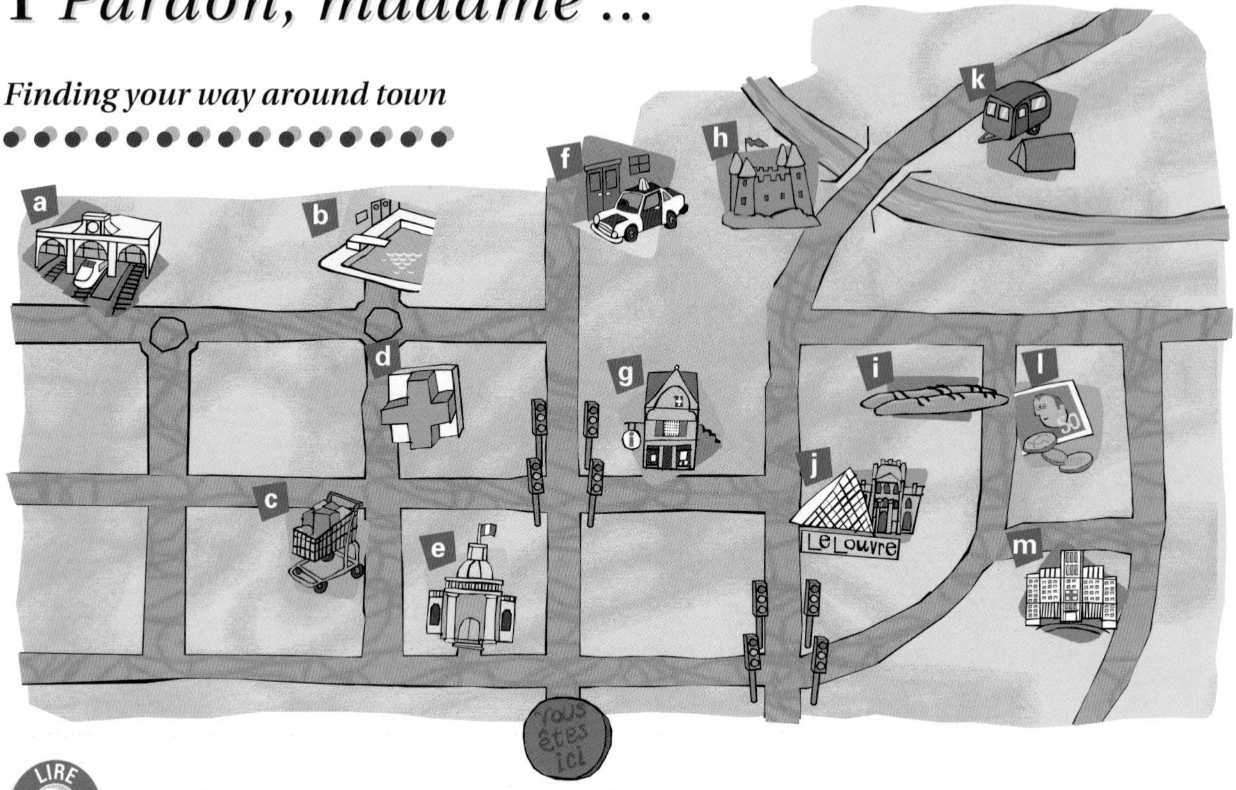

LIRE 1a **Read the directions and write down where they are going.**

1 Montez la rue jusqu'aux feux, puis tournez à droite, et c'est à votre gauche.
2 Tournez à droite, puis tournez à gauche aux feux. Continuez tout droit, et traversez le pont. C'est un peu plus loin, à droite.
3 Tournez à gauche. Ensuite, prenez la première rue à droite. Montez la rue jusqu'au carrefour, et c'est au coin, à gauche.
4 Allez tout droit. Passez les feux, puis tournez à gauche. Au rond-point, tournez à droite, et c'est en face de vous.
5 Tournez à droite, puis continuez tout droit. Passez les feux, et c'est après la première rue à droite, en face de la boulangerie.

LIRE 1b **Find the French in 1a for the following phrases.**

1 cross the bridge
2 it's at the corner
3 until the lights
4 go up the road
5 until the crossroads
6 at the roundabout

montez la rue
traversez le pont
passez les feux
... jusqu'aux feux
aux feux, ...
au rond-point, ...
c'est à votre gauche
c'est un peu plus loin
c'est au coin
c'est en face de vous
c'est juste avant le deuxième carrefour

ECOUTER 1c **Listen to these directions and follow the map in 1a. Where are they going? (1–5)**

PARLER 1d **In pairs. Using the map, take turns to give directions to your partner. Your partner says where you are going.**

Example: ● *Tournez à gauche et puis c'est à votre droite.*
● *C'est l'hôtel de ville.*
● *Oui!*

When giving directions, use **et** *(and),* **puis/ensuite** *(then) to link them together.*

ÉCOUTER 2a **Listen and match each conversation to a row of pictures (A–D). Which picture in each row is not correct ✗? (1–4)**

Example: 1 = *C, 5*✗

	1	2	3	4	5
A		8 km			20 mins
B		5 km			30 mins
C		3 km			10 mins
D		6 km			25 mins

la mairie	la plage	le camping
la banque	la gare routière	le château
la boulangerie	la cathédrale	le supermarché
la gare	la pharmacie	le musée

PARLER 2b **In pairs, practise this conversation. Make new conversations by changing the details in blue to match the information given in 2a, pictures B–D.**

Example: A ● *Pardon madame/monsieur, le musée, c'est près d'ici?*
● *Ah non, c'est assez loin. C'est à huit kilomètres d'ici.*
● *Pour y aller, s'il vous plaît?*
● *Prenez le bus numéro 5 et descendez au parc.*
● *Le trajet dure combien de temps?*
● *Vingt minutes environ.*
● *Merci, madame/monsieur. Au revoir.*

ÉCRIRE 3 **Write these directions in French.**

Example: 1 *Prenez la première rue à gauche, et ensuite la troisième rue à droite. Le centre-ville est tout droit.*

1 Pour aller de votre collège en ville.
2 Pour aller de votre maison au collège.
3 Pour aller du collège à une destination de votre choix.

Le détective

Imperative

When you are telling somebody what to do, you need the imperative.
*If you are using **vous** (e.g. for a stranger in the street), your verbs end in **-ez** [eh].*

tournez montez allez

Pour en savoir plus ➡ page 172, pt 3.9

2 À la gare SNCF

Coping at the station

LIRE 1a **Match the French signs to their English meanings.**

Example: **a** *salle d'attente*

a waiting room
b emergency exit
c lost property
d ticket reservations
e left luggage lockers
f station café
g entrance
h platforms
i ticket office
j luggage

1 Consigne automatique
2 Entrée
3 Sortie de secours →
4 Buffet
5 Réservations
6 GUICHET
7 QUAIS
8 Salle d'attente
9 Bagages
10 Objets Trouvés

ÉCOUTER 1b **Listen and write down: (1–6)**
a **what they are looking for.**
b **where it is.**

Example: 1 **a** *ticket office*
b *opposite the toilets*

C'est où?	
en face	du quai numéro 3
près	de la sortie de secours
à côté	des réservations
	du bar
	de la grande porte

LIRE 2a **Complete this conversation at the ticket office. Choose the missing words from the box.**

Employé	Bonjour, je peux vous aider?
Voyageur	Je voudrais un **a** pour **b**, s'il vous plaît.
Employé	Bien sûr, en quelle classe?
Voyageur	En **c** classe, s'il vous plaît, et dans le compartiment **d**. C'est combien?
Employé	Voilà. Ça fait **e**, s'il vous plaît.
Voyageur	Le prochain train part à quelle heure?
Employé	Il y a un train toutes les **f**. Le prochain train part à **g**.
Voyageur	Merci, et il arrive à quelle heure?
Employé	Il arrive à **h**.
Voyageur	Et quel est le numéro du quai?
Employé	C'est le quai numéro **i**.

deuxième 15h40
quatre Calais
trente minutes
€35
non-fumeurs
aller-retour 13h20

Check you know the meaning of the words you're going to choose from before you start trying to fill in the gaps.

2b ÉCOUTER **Listen to see if your answers to 2a were right.**

3a PARLER **In pairs, practise the conversation, changing the words in blue according to the details in the table below.**

Example:

- *Bonjour, je peux vous aider?*
- *Je voudrais un aller simple pour Marseille, s'il vous plaît.*
- *Bien sûr, en quelle classe?*
- *En deuxième classe, s'il vous plaît, et dans le compartiment non-fumeurs. C'est combien?*
- *Voilà. Ça fait €111,30 s'il vous plaît.*
- *Le prochain train part à quelle heure?*
- *À 20h55.*
- *Merci, et il arrive à quelle heure?*
- *Il arrive à 6h12.*
- *Merci. Quel est le numéro du quai?*
- *C'est le quai numéro 2, monsieur.*

Le détective

Quel

Quel *means 'which' or 'what'.*

	Masculine	Feminine
Singular	quel quai?	quelle classe?
Plural	quels trains?	quelles places?

Pour en savoir plus ➡ page 173, pt 4.3

Je voudrais	un aller simple un aller-retour	pour Paris.
Le prochain train part à quelle heure?		
Il arrive à quelle heure?		
En première classe, En deuxième classe,	fumeurs. non-fumeurs.	
Quel est le numéro du quai?		

Destination	Départ	Arrivée	Quai	Prix 1ère aller simple	Prix 2ème aller simple	Prix 1ère aller-retour	Prix 2ème aller-retour
Paris	9h30	14h56	6	€99,00	€68,60	€182,90	€137,00
Londres	12h04	18h35	10	€150,90	€118,90	€274,40	€237,80
Douvres	15h20	20h16	8	€125,00	€97,60	€228,70	€195,00
Marseille	20h55	6h12	2	€144,80	€111,30	€280,90	€222,60

3b ÉCOUTER **Listen. Copy and complete the grid. (1–6) On the 1st hearing, complete the first 4 columns and on the 2nd hearing, complete the final 3 columns.**

	destination	type of ticket	class	smoker?	leaves	arrives	platform
1	Paris	return	2nd	✗	7.30	11.43	6

Lyon Bruxelles Londres Bordeaux Calais

3 *Trop de voitures?*

Talking about traffic and transport problems

Chère Brigitte,
Me voilà à Glasgow! Je suis arrivée samedi soir. C'est une très grande ville industrielle avec beaucoup de circulation et de pollution. Que d'embouteillages à 5 heures! Mais il y a aussi de beaux parcs et pas mal de transports en commun pour se déplacer. Le métro est vraiment drôle - beaucoup plus petit que le métro à Paris, tu sais!
Grosses bises,
Aurélie

Cher Marc,
L'île de Skye est vraiment jolie, si pittoresque! En été, il y a beaucoup de touristes et de voitures, mais en mai c'est très calme et tranquille. Nous avons loué des vélos pour voir un peu plus de l'île. Il n'y a pas de pistes cyclables, mais il n'y a pas beaucoup de circulation non plus!
À bientôt,
Jean-Luc

LIRE **1** **Find the French for the following:**

pistes cyclables	*cycle paths*

1 here I am
2 with a lot of traffic
3 nothing but traffic jams
4 quite a lot of public transport
5 a lot smaller
6 in summer
7 lots of tourists and cars
8 we hired bikes
9 there are no cycle paths
10 there's not much traffic either

LIRE **2a** **Think of your nearest big town. Copy the grid and tick a column to show whether you agree or disagree with these statements.**

a Il y a trop de circulation en ville.
b Il y a un grand nombre d'embouteillages.
c Il y a peu de pollution.
d Il y a beaucoup de transports en commun.
e Il y a assez de zones piétonnes.
f Il n'y a pas assez de pistes cyclables.

	d'accord	pas d'accord
a	✓	
b		

PARLER **2b** **Conduct a survey in your group to find out if the other students agree with you.**

Example: ● *À mon avis, il y a trop de circulation en ville. Tu es d'accord ou pas d'accord?*
● *Je suis d'accord/Je ne suis pas d'accord.*

À mon avis, Je pense qu'	il y a	peu trop beaucoup	de/d'	circulation. embouteillages.
	il n'y a pas	assez beaucoup		pollution. transports en commun. zones piétonnes. pistes cyclables.

ÉCRIRE 2c **Write a short paragraph about the traffic in your area using the key language box on page 140.**

Remember to link your sentences with: et *(and),* mais *(but) and* parce que *(because).*

Example:

J'habite à Dundee. C'est une grande ville dans l'est de l'Écosse. À mon avis, il y a trop de circulation en ville. Il y a beaucoup d'embouteillages et il y a aussi beaucoup de pollution. Mais il y a aussi des transports en commun, et nous avons de la chance parce qu'au centre-ville il y a des zones piétonnes.

ÉCOUTER 3a **Listen and match the statements you hear to the English phrases below. (1–5)**

Example: 1 *b*

a traffic noise
b air pollution causing illness
c parking problems
d air pollution causing dirt
e too much traffic

ÉCOUTER 3b **Before you listen a 2nd time, try to predict the words represented by pictures below. Listen to check.**

1 La fumée causée par les  en ville nous rend malade.

2 Tous les  étaient complets.

3 Il y a trop de  sur les routes en ville.

4 Nos  et nos  deviennent de plus en plus sales.

5 C'est trop bruyant à cause des  qui passent.

LIRE 4 **Read the suggestions made to improve the town centre (1–4). Match the symbols to the right suggestions.**

a 

b 

c 

d 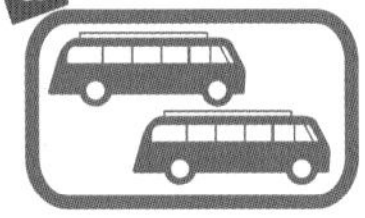

NOUS VOULONS:
1 Un meilleur système de transports en commun, avec plus de lignes d'autobus.
2 Une zone piétonne au centre-ville.
3 Des voies réservées aux cyclistes.
4 La construction d'un parking-visiteurs, à l'entrée de la ville.

ÉCRIRE 5 **Keeping vocabulary together in groups helps you to learn and to use it. Copy this spider diagram and add extra vocabulary to it. Revise other topics by drawing similar diagrams.**

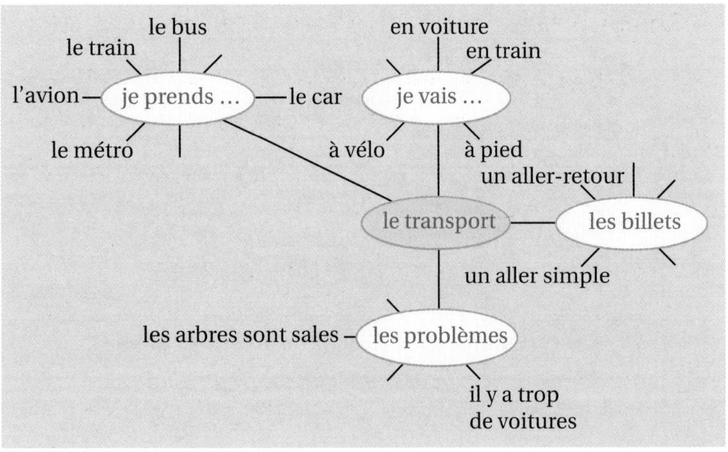

Entraînez-vous Entraînez-vous Entraînez-vous Entraînez-vous Entraînez-vous

À L'ORAL

MODULE 9

CONVERSATION **1** **Practise this conversation with a partner. Change the words in blue to make a new conversation.**

gras	*fatty*

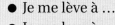

- Qu'est-ce que tu aimes manger?
- Je préfère la pizza. Et toi?
- J'aime le poisson.
- Tu aimes le fast-food?
- Oui, je l'adore. Et toi?
- Non, je le déteste – c'est trop gras.
- Qu'est-ce que tu prends au petit déjeuner?
- Je prends du pain grillé et je bois du chocolat.
- Qu'est-ce que tu as pris hier?
- J'ai pris des œufs et j'ai bu un café.

CONVERSATION **2** **Complete the conversation with your own details, then practise it with a partner.**

- Tu te lèves à quelle heure?
- Je me lève à …
- Tu te laves à quelle heure?
- Je me lave à …
- Tu quittes la maison à quelle heure?
- Je quitte la maison à …
- Tu arrives au lycée à quelle heure?
- J'arrive au lycée à …
- Tu rentres à la maison à quelle heure?
- Je rentre à la maison à …
- Tu te couches à quelle heure?
- Je me couche à …

Prepared talk

Ma routine

Prepare a video presentation for your partner school in France about your daily routine. Try to include the following information:

- when you get up: *Je me lève à …*
- what you have for breakfast: *Au petit déjeuner, je prends …*
- how you get to school: *Je vais au lycée en … / à …*
- when you arrive at school: *J'arrive au lycée à …*
- when classes start: *Les cours commencent à …*
- what you do at lunchtime: *À l'heure du déjeuner, je …*
- when you have dinner: *Chez nous, nous prenons le dîner à*
- what you do in the evening: *Le soir, je …*
- what your routine was at the weekend: *Le week-end dernier, j'ai …*

You will achieve a better grade if you pronounce words well and sound French! Putting the stress on the final syllable of words helps you to sound more French. Practise saying these common words, stressing the last syllable: docteur, maison, français, famille, vacances, géographie, restaurant.

- *Make your talk longer and more detailed by including what you do at the weekend.*
- *Add information on other topics that are relevant, for example: subjects you do at school, your favourite subject and teacher, your hobbies and interests, your part-time job, and what there is to do where you live.*
- *Remember to plan your talk so it has a clear beginning, middle and end. Group together all the information on each topic mentioned.*
- *Remember also to check:*
  - *accuracy*
  - *tenses*
  - *that you have included some opinions*

CONVERSATION 1 **Complete the conversation with your own details, then practise it with a partner.**

- Comment est-ce que tu vas en ville?
- Comment est-ce que tu vas au lycée?
- Comment est-ce que tu vas à la piscine?
- Comment est-ce que tu vas chez tes amis?
- Comment est-ce que tu vas au cinéma?
- Comment est-ce que tu es allé(e) en vacances?

- Je vais en ville (*en autobus*).
- Je vais au lycée (*à vélo*).
- Je vais à la piscine …
- Je vais chez mes amis …
- Je vais au cinéma …
- Je suis allé(e) en vacances …

TRANSACTION 2 **In pairs, complete the sentences. Practise asking for and giving these directions.**

- Pour aller à  ?
- Pour aller au  ?
- Pour aller au  ?
- Pour aller à  ?

- 
- 
- 
- 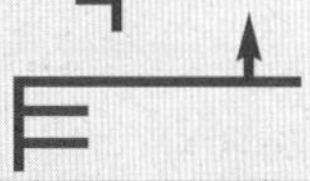

TRANSACTION 3 **In pairs, practise this transaction at the station. Change the words in blue to make a new transaction.**

- Bonjour, je peux vous aider?
- En quelle classe?
- €30 s'il vous plaît. Voilà.
- À dix heures vingt.
- C'est le quai numéro 4.

- Je voudrais un aller-retour pour Nantes, s'il vous plaît.
- En deuxième classe. C'est combien?
- Le prochain train part à quelle heure?
- Et quel est le numéro du quai?
- Merci!

Prepared talk

Le transport

Prepare a talk of approximately one minute on public transport in your town or village. Try to include the following information:

- where you live exactly: *J'habite à Crieff, près de Perth.*
- how you get to school: *Je vais au lycée à pied.*
- other kinds of public transport used: *Je vais au cinéma en bus/Je vais à Glasgow en train.*
- any problems: *Il n'y a pas assez de bus pour aller au centre-ville.*
- give your opinion: *À mon avis, le bus est trop cher!*

– Remember, it is important to give your opinion. Including a range of opinions will help you to get a better grade:
À mon avis, … Je pense que … C'est/C'était … J'aime/J'adore/Je n'aime pas du tout.

Mots

Le transport	*Transport*
Comment est-ce que tu vas (au collège)?	*How do you get (to school)?*
en Angleterre	*to England*
en France	*to France*
en Espagne	*to Spain*
au cinéma	*to the cinema*
à la piscine	*to the swimming pool*
au marché	*to the market*
au stade	*to the stadium*
Je vais (au collège en auto).	*I go (to school by car).*
en auto/voiture	*by car*
en autobus/car	*by bus*
en métro	*by metro*
en train	*by train*
en avion	*by plane*
en bateau	*by boat*
à vélo	*by bike*
à pied	*on foot*

Les opinions	*Opinions*
(La voiture), c'est plus (rapide) que (le vélo).	*(Cars) are (faster) than (bikes).*
(Le vélo), c'est moins (cher) que (la voiture).	*(Bikes) are less (expensive) than (cars).*
(Le vélo), c'est trop (lent).	*(Bikes) are too (slow).*
cher	*expensive*
rapide	*fast*
pratique	*practical*
lent	*slow*
dangereux	*dangerous*

Les directions	*Directions*
Pour aller (à la gare) s'il vous plaît?	*How do you get (to the station) please?*
à l'hôpital	*to the hospital*
au syndicat d'initiative	*to the tourist information office*
à la piscine	*to the swimming pool*
au parc	*to the park*
au restaurant	*to the restaurant*
Tournez à droite.	*Turn right.*
Tournez à gauche.	*Turn left.*
Allez tout droit.	*Go straight ahead.*
Prenez la (première) rue à droite.	*Take the (first) street on the right.*
Prenez la (deuxième) rue à gauche.	*Take the (second) street on the left.*
Prenez la (troisième) rue à droite.	*Take the (third) street on the right.*
Montez la rue jusqu'aux feux.	*Go up the road until the traffic lights.*
Descendez la rue jusqu'aux feux.	*Go down the road until the traffic lights.*
Traversez la rue.	*Cross the road.*
au rond-point	*at the roundabout*
aux feux	*at the traffic lights*
C'est à votre droite.	*It's on your right.*
C'est à votre gauche.	*It's on your left.*
C'est un peu plus loin.	*It's a bit further on.*
C'est en face de vous.	*It's in front of you.*
C'est juste avant le carrefour.	*It's just before the crossroads.*
C'est au coin.	*It's on the corner.*

Les questions	Questions
Je voudrais (un aller-retour pour Paris).	*I would like (a return ticket to Paris).*
Avez-vous (des frites)?	*Have you got (any chips)?*
Est-ce qu'il y a (une banque près d'ici)?	*Is there (a bank near here)?*
Où est (le centre sportif)?	*Where is (the sports centre)?*
Est-ce qu'il faut (réserver une table)?	*Have you got to (reserve a table)?*
(Le film commence) à quelle heure?	*What time (does the film begin)?*
(Un aller simple pour Toulouse), c'est combien?	*How much is (a single ticket to Toulouse)?*

À la gare	*At the station*
Je voudrais un aller simple pour (Londres).	*I would like a single ticket to (London)*
Je voudrais un aller-retour pour (Calais).	*I would like a return ticket for (Calais).*
En quelle classe?	*Which class (of ticket)?*
En première classe.	*First class.*
En deuxième classe.	*Second class.*
dans le compartiment (fumeurs)	*in the (smoking) carriage*
dans le compartiment (non-fumeurs)	*in the (non-smoking) carriage*
Le prochain train part à quelle heure?	*When does the next train leave?*
Le train arrive à quelle heure?	*When does the train arrive?*
Quel est le numéro du quai?	*What is the platform number?*
C'est le quai numéro (deux).	*It is platform number (two).*
Consigne	*Left luggage*
Sortie de secours	*Emergency exit*
Réservations	*Reservations*
Entrée	*Entrance*
Buffet	*Restaurant*
Guichet	*Ticket office*
Quais	*Platforms*
Salle d'attente	*Waiting room*
Bagages	*Luggage*
Objets trouvés	*Lost property*
C'est où?	*Where is it?*
En face du quai numéro 3.	*Opposite platform 3.*
En face du bar.	*Opposite the bar.*
Près de la sortie de secours.	*Near the emergency exit.*
Près de la grande porte.	*Near to the large door.*
A côté des réservations.	*Next to reservations.*

L'environnement	*Environment*
les embouteillages (*mpl*)	*traffic jams*
la pollution	*pollution*
les transports en commun (*mpl*)	*public transport*
les zones piétonnes (*fpl*)	*pedestrian crossings*
les pistes cyclables (*fpl*)	*cycle routes*
la circulation	*traffic*
À mon avis ...	*In my opinion ...*
Je pense qu'il y a ...	*I think that there is/are ...*
peu de (pistes cyclables).	*not many (cycles paths).*
trop de (pollution).	*too much (pollution).*
beaucoup de (circulation).	*a lot of (traffic).*
Je pense qu'il n'y a pas ...	*I think that there aren't ...*
assez de (zones piétonnes).	*enough (pedestrian crossings).*

MODULE 1 ÉTUDES

À toi! A

Ma matière préférée, c'est la physique. Le prof est très sympa et les cours sont intéressants. Je vais aller à l'université et je vais être scientifique.
Alain

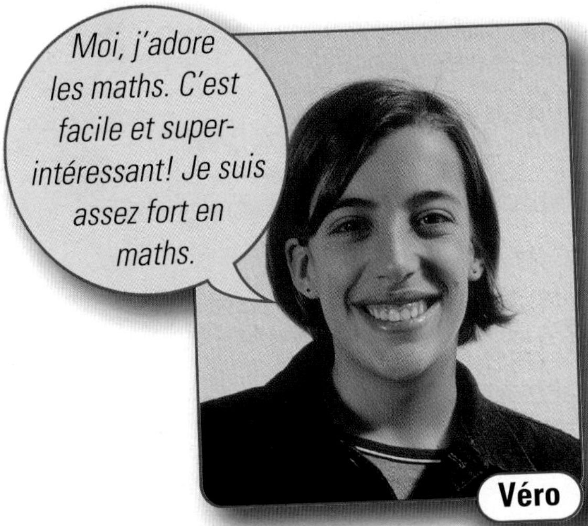
Moi, j'adore les maths. C'est facile et super-intéressant! Je suis assez fort en maths.
Véro

Moi, je déteste l'histoire. Le prof est vieux et ennuyeux et j'ai toujours de mauvaises notes. Ce n'est pas utile!
Claire

Pour moi, la musique est très difficile. La prof est sympa et elle n'est pas trop sévère, mais je suis très faible en musique.
Philippe

LIRE **1a** **Who says ...?**

1 the lessons are interesting
2 I'm going to go to university
3 the teacher isn't too strict
4 music is very difficult
5 history isn't useful
6 maths is easy

Who ...

7 talks about their favourite subject?
8 always has bad marks?
9 says they hate a subject?

LIRE **1b** **Find and write out the opposite in French for these phrases.**

Example: 1 *très difficile*

1 très facile
2 jeune et intéressant
3 je suis fort
4 j'ai toujours de bonnes notes
5 je déteste les maths

ÉCRIRE **2** **Write 4 or 5 speech bubbles giving your opinions about your subjects. Try to give 2 different types of reason for each opinion.**

Example: *Moi, j'adore le français. C'est super! Je vais travailler en France plus tard.*

À toi! B

LIRE 1a **Read the interview with Anne-Claire and answer the questions.**

1 Where does Anne-Claire study? *(1)*
2 What does she study? *(2)*
3 a What job is she doing this year? *(1)*
  b What does she do at work? *(2)*
4 a When does school start and finish in France? *(2)*
  b When does her school in Scotland start and finish? *(2)*
5 What is *redoublement*? *(2)*
6 What does Anne-Claire want to do after her year in Scotland? *(3)*

Interview avec Anne-Claire Robert, 21 ans, assistante de français depuis cinq mois dans une école écossaise.

Q Bonjour, Anne-Claire. D'abord, qu'est-ce que tu fais exactement en Écosse?

R Eh bien, je suis étudiante d'anglais et d'espagnol à l'université de Clermont-Ferrand. Mais cette année, je travaille à Scotstown Academy comme assistante de français.

Q Quel est ton rôle?

R J'aide les profs et les élèves. Je travaille dans les classes de français.

Q Comment est-ce que tu trouves tes élèves?

R En général, les élèves sont très sympa. Ils disent qu'ils préfèrent le sport ou le dessin, mais ils essaient de parler français avec moi.

Q Quelles sont les différences entre l'école en France et l'école en Écosse?

R D'abord, les heures. En France, il est normal de commencer à huit heures et de finir à quatre ou même cinq heures. Mon école en Écosse commence plus tard, à neuf heures et quart, et finit à quatre heures moins le quart. Ce qui est aussi différent, c'est qu'il n'y a pas de redoublement en Écosse.

Q Tu peux expliquer le redoublement, s'il te plaît?

R À la fin de l'année scolaire, les professeurs regardent les notes de chaque élève. Si un élève n'a pas d'assez bonnes notes, il ne passe pas dans la classe supérieure. C'est-à-dire qu'il doit répéter l'année scolaire.

Q Et toi, qu'est-ce que tu vas faire après ton année en Écosse?

R Je vais rentrer à l'université pour continuer mes études, parce que je voudrais être prof d'anglais. J'ai déjà fait beaucoup de progrès en anglais.

LIRE 1b **Choose the right phrase to complete each sentence.**

1 Anne-Claire est ...
2 Comme matières elle étudie ...
3 Elle aide ...
4 Elle trouve que les heures du collège sont ...
5 Redoubler, c'est ...
6 Après cette année, Anne-Claire va ...
7 Elle voudrait être ...

a les profs et les élèves
b professeur d'anglais
c retourner en France
d assistante de français
e répéter l'année scolaire
f différentes
g l'anglais et l'espagnol

ÉCRIRE 2 **Write a reply to Zoë's letter. Answer all her questions.**

Nice, le 12 février

Salut!

Merci de ta lettre.

Qu'est-ce que tu aimes au collège, et pourquoi? Moi, je n'aime pas la musique parce que le prof est trop sérieux.

Qu'est-ce que tu vas faire au mois de septembre?

Réponds-moi vite.

Zoë

MODULE 2 CHEZ MOI

À toi! A

LIRE **1a** **Who …**

1 has a brother who likes football?
2 has a brother who takes things without asking?
3 has a sister who works very hard?
4 plays tennis with her brother?
5 has a brother who buys her things?
6 has a brother who is really annoying?

Vincent, 7 ans: *Je m'entends bien avec mon frère. Il a six ans et il est très sympa. Il aime jouer au foot, comme moi!*

Pierre, 9 ans: *Ma sœur est très intelligente. Elle travaille beaucoup. Moi, je préfère regarder la télé.*

Anne, 10 ans: *Paul, mon frère, est casse-pieds. Il prend mes CD sans me demander la permission. Mon autre frère, Jérôme, est très sympa. Nous jouons au tennis ensemble.*

Hélène, 13 ans: *Mon frère a 21 ans et il est très cool. Je l'aime bien. Il m'achète des magazines et des bonbons.*

LIRE **1b** **Whose brother/sister is it in the pictures?**

Vincent: *Ma sœur a les cheveux noirs et longs. Elle porte des lunettes.*

Karima: *Ma sœur a les cheveux longs et blonds. Elle a les yeux bleus.*

Hélène: *Mon frère a les cheveux noirs et les yeux marron.*

Anne: *Mon petit frère a les cheveux roux et il porte des lunettes. Il est amusant!*

Pierre: *Ma sœur a des cheveux noirs et courts. Elle est très bavarde!*

ECRIRE **2** **Copy and complete the questionnaire for one male and one female member of your family.**

Il s'appelle ....
C'est mon ....
Il a les cheveux ....
Il est ....
Il aime ....
Il déteste ....

Elle s'appelle ....
C'est ma ....
Elle a les cheveux ....
Elle est ....
Elle aime ....
Elle déteste ....

C'est mon père/frère/cousin.
Il est gentil/casse-pieds/amusant.
C'est ma mère/sœur/cousine.
Elle est gentille/casse-pieds/amusante.
Il/Elle a les cheveux bruns/noirs/blonds.
Il/Elle aime le football/la télé/le basket.
Il/Elle déteste les maths/les souris/les carottes.

À toi! B

LIRE 1 **Follow the instructions below and use the tables to find out the day you were born.**

Example: Your date of birth is the 17th of June, 1985:

1985/June = 6
6 + 17 = 23
23 = Monday.

★ Dans le Tableau 1, trouvez l'année et le mois où vous êtes né(e). Notez le chiffre qui se trouve à l'intersection. Puis additionnez ce chiffre à celui du jour de naissance.

★ Dans le Tableau 2, trouvez le jour de la semaine qui correspond à ce chiffre.

Tableau 1

	J	F	M	A	M	J	J	A	S	O	N	D
1985	1	4	5	1	3	6	1	4	0	2	5	0
1986	3	6	6	2	4	0	2	5	1	3	6	1
1987	4	0	0	3	5	1	3	6	2	4	0	2
1988	5	1	1	4	6	2	4	0	3	5	1	3
1989	6	2	3	6	1	4	6	2	5	0	3	5

Tableau 2

lundi	2	9	16	23	30	37
mardi	3	10	17	24	31	
mercredi	4	11	18	25	32	
jeudi	5	12	19	26	33	
vendredi	6	13	20	27	34	
samedi	7	14	21	28	35	
dimanche	1	8	15	22	29	36

LIRE 2 **Find the description for the day you were born. Write a short summary in English.**

You do not have to understand the whole text to get its meaning. Look for key words and check them in the dictionary.

Les mystères de ta date de naissance

LUNDI
Tu es né(e) sous l'influence de la Lune. Tu es secret(ète) et sensible et tu possèdes un réel pouvoir de séduction.

MARDI
Tu es né(e) sous l'influence de la planète Mars. Tu aimes te disputer et te battre! Tu es sportif(ive) et gagner est très important pour toi.

MERCREDI
Mercure est ta planète. Tu es très aimable et tu aimes beaucoup voyager. Tu as horreur de la routine!

JEUDI
Ta planète? Jupiter. Tu aimes être le chef. Ton énergie est contagieuse. Tu es généreux(euse), positif(ive) et plein(e) de vie. Tu t'entends bien avec tout le monde.

VENDREDI
Tu es né(e) sous l'influence de la planète Venus, déesse de l'amour. Tu aimes l'amour, le plaisir et les belles choses. Ta gentillesse, ta générosité, ton charme et ton intelligence t'apportent beaucoup d'amis.

SAMEDI
Ta planète est Saturne. Tu es travailleur(euse) et tu adores aider les autres. Mais attention: il n'y a pas seulement le travail qui est important!

DIMANCHE
Tu es né(e) sous l'influence du Soleil, la planète de l'action. Tu adores être le centre d'attention. Tu sais ce que tu aimes et tu préfères des amis énergiques comme toi. Tu possèdes un excellent jugement.

ÉCRIRE 3 **Write a short description of yourself (approximately 25 words), like those in 2. Ask your partner to guess which day you were born.**

Je suis	sportif(ive). travailleur(euse). généreux(euse).	J'aime	mes amis. l'école. les vacances.
J'aime	gagner. parler avec mes amis. lire.	Je n'aime pas	faire mes devoirs. le sport. voyager.

MODULE 3 TEMPS LIBRE

À toi! A

LIRE 1 **Ice hockey is Canada's national sport. Look at the pictures and the price list. How much is each item of equipment?**

Example: 1 *$60*

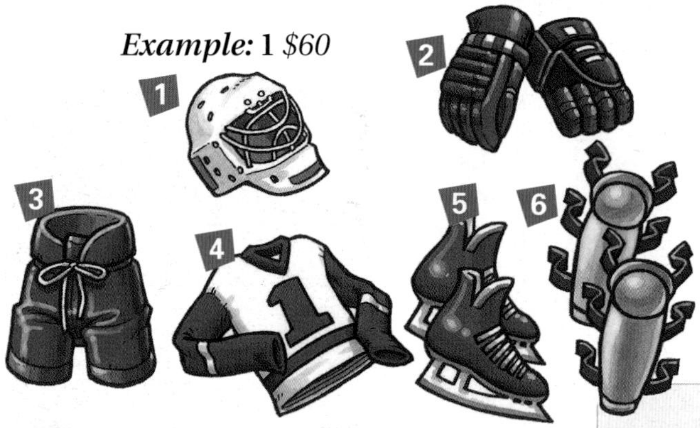

Équipement pour le hockey sur glace

1 paire de patins	$229
1 stick	$30
1 paire de jambières	$50
1 paire d'épaulettes	$45
1 paire de protège-coudes	$40
1 paire de gants	$40
1 casque	$60
1 maillot de hockey	$50
1 pantalon de hockey	$109
TOTAL	$653

LIRE 2 **Look at the identity card and answer the questions.**

1 Where was Patrick Roy born? *(1)*
2 What position does he play? *(1)*
3 Which teams has he played for? *(2)*
4 Give one of his nicknames. *(1)*
5 What is his favourite food? *(1)*
6 What is his favourite leisure activity? *(1)*

Carte d'identité

Nom: Roy
Prénom: Patrick
Né: le 5 octobre 1965, Sainte-Foy, Québec
Taille: 1,83 mètres
Poids: 87 kilos
Position: gardien de but
Numéro: 33
Équipes: Canadiens de Montréal, Avalanche du Colorado
Surnoms: Saint Patrick, Goose
Repas préféré: le steak
Passe-temps préféré en été: le golf

ÉCRIRE 3a **Complete the questionnaire with your own likes and dislikes.**

ÉCRIRE 3b **Add some more headings to the questionnaire then fill them in.**

Example: *Couleur: bleu*

	☺	☹
Sport	....	....
Activité	....	....
Sorte de musique	....	....

le rugby	regarder la télé	la musique pop
le tennis	jouer à l'ordinateur	le jazz
la natation	lire	la musique folklorique

À toi! B

Le hockey sur glace

Le sport national du Canada, et le sport le plus populaire, c'est le hockey sur glace.

Au Canada, beaucoup d'enfants apprennent à patiner à l'âge de quatre ou cinq ans. Il faut avoir beaucoup d'équipement – c'est un sport très cher.

Le hockey sur glace est un sport très passionnant. Un jeu consiste en trois périodes de 20 minutes, mais le match dure presque trois heures parce qu'il y a beaucoup de pauses. C'est extrêmement rapide mais aussi violent, et il y a souvent des bagarres pendant les matchs professionnels.

Dans une équipe de hockey sur glace, il y a 20 joueurs mais seulement 6 joueurs sont sur la glace en même temps. L'entraîneur remplace les joueurs continuellement pendant le jeu.

Les Canadiens de Montréal sont peut-être l'équipe la plus célèbre du Canada. Habillés en bleu, blanc et rouge, ils ont gagné la Coupe Stanley, le prix le plus prestigieux, 24 fois.

bagarres *fights*

LIRE 1 Read the text carefully and answer the questions which follow in English.

1 At what age do children begin to learn to skate in Canada? *(1)*
2 Why is it an expensive sport? *(1)*
3 How long does a typical match last? *(1)*
4 How many players are in a team? *(1)*
5 During a match how many players are on the ice at any one time? *(1)*
6 What is said about *Les Canadiens de Montréal*? *(1)*
7 What colours do they wear? *(3)*
8 How many times have they won the Stanley Cup? *(1)*

ÉCRIRE 2 Reply to Isabelle's e-mail. Try to answer all her questions.

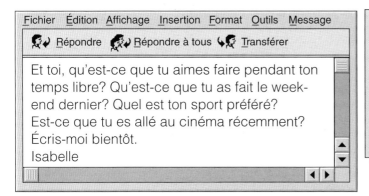

Fichier Édition Affichage Insertion Format Outils Message
Répondre Répondre à tous Transférer

Et toi, qu'est-ce que tu aimes faire pendant ton temps libre? Qu'est-ce que tu as fait le week-end dernier? Quel est ton sport préféré? Est-ce que tu es allé au cinéma récemment?
Écris-moi bientôt.
Isabelle

Pendant mon temps libre, j'aime …
Le week-end dernier, je suis allé(e) … et j'ai …
Mon sport préféré est …
Je suis allé(e) au cinéma pour voir …
Non, je ne suis pas allé(e) au cinéma récemment

Module 4 – Au boulot

À toi! A

Vous cherchez le travail de vos rêves?

Alors voilà un travail extraordinaire:

PROFESSEUR

Les avantages:
- il y a beaucoup de contact avec les jeunes
- c'est intéressant
- on a des bics rouges gratuits
- il y a 12 semaines de vacances
- il y a du travail dans chaque ville

LIRE 1 Find the French for these phrases in the job advert above.

1 contact with young people
2 free red pens
3 an extraordinary job
4 work in every town
5 the job of your dreams
6 12 weeks' holiday

LIRE 2a Find the speech bubble which means …

1 you get a smart uniform
2 you can work with animals
3 you get free red pens
4 you get a lot of free time
5 you can work outside
6 you have a lot of contact with the public

a *on a beaucoup de contact avec le public*
b *on a beaucoup de temps libre*
c *on a des bics rouges gratuits*
d *on peut travailler dehors*
e *on peut travailler avec des animaux*
f *on a un uniforme chic*

LIRE 2b Find the best speech bubble in 2a to describe each job.

1 agent de police
2 assistant dans un abattoir
3 éboueur
4 professeur
5 vendeur de journaux
6 chômeur

éboueur	*refuse collector*
chômeur	*unemployed person*

ÉCRIRE 3 Write an advert, like the one in 1, trying to convince people to do an unpopular job.

À toi! B

Vacances Sous Toile

Camp sportif pour les jeunes de 8 à 16 ans cherche:

de jeunes personnes adeptes au sport
pour assister aux moniteurs de
tennis, natation et volley
pendant juillet et août

Veuillez écrire avec détails d'expérience précédente et CV à:
M. Jules Bertrand
Vacances Sous Toile
36790 Sarrautes
France

sous toile	*under canvas*

34 rue de la Victoire
53100 Nancy
le 12 mars

M. Jules Bertrand
Vacances Sous Toile
36790 Sarrautes
France

Monsieur,

Je vous écris à propos de l'annonce que j'ai vue dans le journal. Je voudrais poser ma candidature pour le poste de moniteur auxiliaire. Je m'appelle Luc Marcheur. J'ai 17 ans et je suis étudiant au Lycée Jean Jaurès à Nancy. Je prépare mon bac cette année. Je suis très sportif. J'adore le sport, surtout les jeux d'équipe comme le volley et le football. Je joue dans l'équipe de foot du lycée et je fais régulièrement de la natation.

J'ai déjà travaillé comme surveillant de piscine l'été dernier. J'aime beaucoup aider les autres à perfectionner les sports.

Je suis libre à partir du 1er juillet jusqu'à fin août. Veuillez trouver ci-joint mon CV.

Je vous prie d'agréer, Monsieur, l'expression de mes sentiments distingués.

Luc Marcheur

LIRE 1a Answer these questions in English.

1 Where did Luc see the job advert? *(1)*
2 What job is he applying for? *(1)*
3 What is the name of his school? *(1)*
4 What is he doing at school this year? *(1)*
5 Which sports does he like best? *(2)*
6 Which school team does he play in? *(1)*
7 What other sport does he do? *(1)*
8 What work experience has he had? *(1)*
9 When can he work? *(2)*

LIRE 1b Find the French in the letter for these phrases.

1 I'm writing to you about the advert.
2 I'm studying for my Highers. (*bac*)
3 I love sport.
4 … especially team games.
5 I go swimming regularly.
6 I have already worked as a ...
7 Please find enclosed …
8 Yours sincerely …

ÉCRIRE 2 Write a letter applying for one of the jobs in this advert. Use the phrases in red type in the letter above to help you and fill in your own details. You should mention:

- why you are writing
- your personal details
- the sort of music you like best
- any relevant work experience
- when you could start and finish work

Aimez-vous la musique?

Étudiants, si vous cherchez un job pour les vacances, adressez-vous au

MONDE de la Musique

111, boulevard Legros
31000 TOULOUSE
tel 05-48-78-96-02

Nous cherchons:
- **des vendeurs de CD**
- **des vendeurs de livres**

MODULE 5 MA VILLE

À toi! A

Qu'est-ce qu'il y a à voir en France?

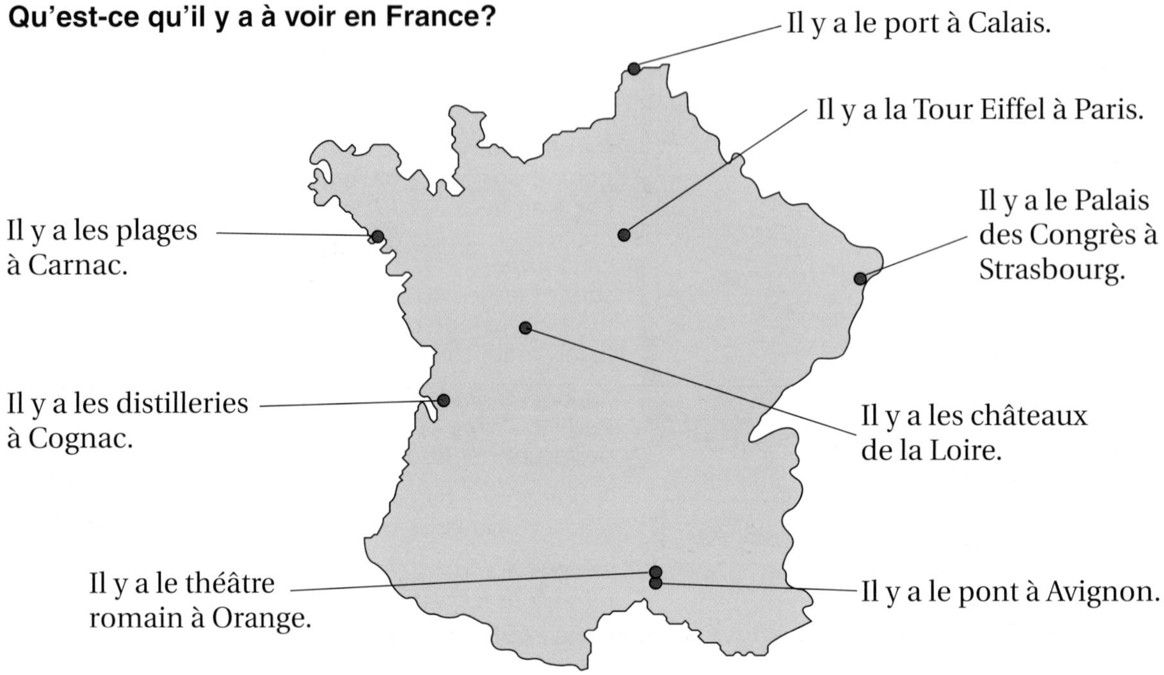
Il y a le port à Calais.
Il y a la Tour Eiffel à Paris.
Il y a le Palais des Congrès à Strasbourg.
Il y a les plages à Carnac.
Il y a les distilleries à Cognac.
Il y a les châteaux de la Loire.
Il y a le théâtre romain à Orange.
Il y a le pont à Avignon.

a

b

c

d

e

f

g

h

LIRE **1a** **Which picture shows which place?**

Example: **a** *Strasbourg*

LIRE **1b** **True ✓ or false ✗?**

1 Paris est dans le sud.
2 Avignon est dans le sud-est.
3 Orange est dans le centre.
4 Strasbourg est dans l'est.
5 Calais est dans le nord.
6 Cognac est dans le nord-ouest.

ÉCRIRE **2** **Copy and complete this summary with the words below.**

La France est un très beau pays. Chaque région offre quelque chose de **a** ______. À **b** ______, il y a bien sûr la Tour Eiffel et la cathédrale de Notre-Dame. À Avignon, il y a le **c** ______ historique et à Orange il y a un **d** ______ romain ou il y a des spectacles. Calais est un **e** ______ important pour le tourisme en France, et il y de très belles **f** ______ à Carnac, en Bretagne. À Cognac, il y a des **g** ______ célèbres, et dans la vallée de la Loire il y a beaucoup de beaux **h** ______.

pont
port
différent
Paris
châteaux
théâtre
plages
distilleries

MODULE 5 MA VILLE

À toi! B

Romain

Nathalie

Moi, j'habite à Paris. Les magasins, le métro, le loyer, tout ça coûte très cher: nous devons habiter un petit appartement dans un HLM. Je voudrais habiter à la campagne. De préférence, je voudrais déménager à la montagne. Comme ça, je pourrais faire du ski en hiver et faire des randonnées en été. C'est moins cher à la campagne. On pourrait avoir une maison beaucoup plus grande avec un jardin. Dans un petit village, c'est plus beau et plus calme.

Moi, je voudrais habiter une grande ville. C'est plus intéressant qu'à la campagne. Il y a beaucoup de choses à faire. À Royan, par exemple, il y a des cinémas, des cafés, des magasins, et il y a aussi des boîtes de nuit. Ici à St-Georges, il n'y a rien, surtout pas pour les jeunes. Je voudrais avoir plus de possibilités pour sortir et pour m'amuser. En ville, ça bouge!

ça bouge! *there's always something happening!*

LIRE 1a Why don't these people like it where they live at the moment? (in blue).

LIRE 1b Where would these people prefer to live? (in green)

LIRE 1c Why would they like to live in these places? (in red)

ÉCRIRE 2 Imagine you could live somewhere else. Where would it be and why would you want to move? Write a paragraph like Romain's and Nathalie's. Include the following information, using the word boxes to help you.

- why you don't like where you live at the moment:

C'est	dangereux. bruyant. pollué. ennuyeux. nul. cher.	C'est trop	loin de la ville. isolé. sale. violent.
		Il n'y a pas de	cinéma. piscine.

- where you would prefer to live:

Je voudrais habiter	une grande ville un petit village	au bord de la mer. à la campagne. à Glasgow. en Espagne. aux États-Unis.

- why you would like to move:

C'est **plus** tranquille à la campagne **qu'**en ville.
Il fait **plus** chaud en Floride **qu'**en Écosse.
C'est **plus** intéressant dans une grande ville **que** dans un petit village.

Remember, if you want to say ***more*** *of anything (shops, cinemas, etc.), use* **plus de**:
Il y a **plus de** choses à faire en ville **qu'**à la campagne.

À toi! A

LIRE 1 **Look at the signs and answer the questions.**

1 What does this sign on the door of a shop tell you?
2 When is this shop open?
3 What will you find if you follow this sign?
4 What bargain does this sign tell you about?
5 What does this sign on a shop door say?
6 What do you get for €0,90?
7 What does this notice say?
8 What costs €68,60?
9 What does it say on the label of this jumper?
10 What does this sign on a shop door say?

ÉCRIRE 2 **What can you buy in these shops? Copy and complete the grid in French.**

Use the glossary and your dictionary to look up words if you need to.

Magasin	On peut y acheter	
	1	2
Pharmacie	*aspirine*	*sirop*
Boulangerie		
Magasin de vêtements		
Boucherie		
Poste		
Magasin de musique		
Épicerie		

À toi! B

LIRE 1 **Your little sister is interested in this offer. Answer her questions.**

1 What can I keep in the mini rucksack? *(4)*
2 What is it made of, and what colours does it come in? *(4)*
3 How many vouchers from Méli-mélo do I need? *(1)*
4 What else do I need to send? *(2)*
5 When does the offer expire? *(1)*

OFFRE SPÉCIALE!

... avec les céréales Méli-mélo

MINI SAC À DOS

Dans ce sac à dos, tu peux garder toutes tes petites affaires: ton argent de poche, tes billets de bus, ta carte d'identité, même ton mouchoir ...

Tout petit et en plastique, il existe en trois couleurs: rose foncé, bleu marine, ou noir.

Nom: ....

Adresse: ....

....

....

Méli-mélo 1

Si tu veux t'acheter ce super mini-cadeau, il faut collectionner 3 bons des paquets de Méli-mélo. Envoie-les avec un chèque de €6,40, et 3 timbres à €4,60, à Méli-mélo, 134 avenue Foch, 75340 Paris. N'oublie pas d'attacher ton nom et ton adresse.

Offre valable jusqu'au 31 décembre.

ÉCRIRE 2 **Write a reply to Jean-Christophe. Try to answer all his questions**

Ma visite à (*Glasgow*) était (*super/géniale/ ...*)
J'ai acheté (*des CD/des vêtements/ ...*)
Il y a beaucoup/Il n'y a pas beaucoup de magasins à ...
Je préfère les magasins de (*vêtements/chaussures/ ...*)
Ce week-end, je vais (*aller en boîte/jouer au foot/ ...*)

Béziers, le 2 mars

Salut!

Merci de ta lettre.

C'était comment, ta visite à Glasgow? Qu'est-ce que tu as acheté?

Est-ce qu'il y a beaucoup de magasins dans ta ville? Quelle sorte de magasin est-ce que tu préfères?

Ce week-end, je vais faire mes devoirs. Qu'est-ce que tu vas faire ce week-end?

Amitiés,

Jean-Christophe

MODULE 7 EN VACANCES

À toi! A

LIRE **1a** **Find the French for the following in the signs.**

1 The TV room ...
2 Are you going out?
3 We do not accept …
4 on the ground floor
5 in the car park
6 credit cards
7 If you need a toothbrush
8 Please leave your key …
9 Ask at reception …
10 next to reception

a *Vous sortez? Prière de laisser votre clé à la réception.*

b *Le petit déjeuner est servi de 6h30 à 10h.*

c *La salle de télévision se trouve au rez-de-chaussée, à côté de la réception.*

d *Garez-vous au parking de l'hôtel et pas dans la rue, s'il vous plaît.*

e **Nous n'acceptons pas les cartes de crédit.**

f Si vous avez besoin d'une brosse à dents ou de dentifrice, demandez à la réception.

LIRE **1b** **True ✓ or false ✗?**

1 The hotel takes credit cards.
2 You have to leave your key at reception if you go out.
3 Dinner is served from 6.30–10.00.
4 There is a hotel car-park.
5 You can get a toothbrush at reception.
6 The TV room is on the ground floor opposite the reception.

ÉCRIRE **1c** **Invent and write up 3/4 more hotel signs as above (they don't have to be serious!).**

Example:

Vous sortez? Prière de laisser votre argent à la réception.

À toi! B

Village de Vacances 'Le Blaireau'

À 25 km de Bordeaux dans la vallée de la Garonne.

Base nautique

(ouvert de 9h à 18h du 1er juillet au 31 août)

Baignade surveillée
Location: planche à voile, pédalo, canoë-kayak.

Loisirs

- Pêche sur plan d'eau
- Tir à l'arc
- VTT
- Jeu de boules
- Aire de jeu pour les enfants
- Zones de pique-niques

Hébergement

(ouvert toute l'année)

Les 50 chalets indépendants ont un coin-cuisine équipé, une salle de bains avec douche/W-C, et une terrasse privée équipée d'un salon de jardin.
4 personnes: séjour avec canapé, 2 chambres avec deux lits jumeaux.

Restaurant

(ouvert de 8h à 1h du matin, du 1er mai au 31 août)

Le Restaurant du ***Blaireau*** fait des spécialités au feu de bois (demi-lapin grillé, pizza). Dans la salle de restaurant ou sur la terrasse, vous pouvez aussi savourer nos coupes de glace.

Les réactions

- «C'était merveilleux!»
- «C'était vraiment intéressant!»
- «J'ai fait de la pêche et de la planche à voile.»
- «Il faisait beau et chaud pendant toute la semaine.»
- «Je suis rentré chez moi très content.»
- «Je vais revenir l'année prochaine!»

Accès

Accessible par l'A60, sorties 12 ou 13, ou par la gare SNCF.
Informations/Réservations:
tél: 05 77 43 43 21

LIRE 1a **Answer the following questions in English.**

1 Where is the Blaireau holiday village? *(2)*
2 What equipment for water sports can you hire? *(3)*
3 Which of these sports is not mentioned? *(1)*
   a mountain biking **b** pony trekking
   c fishing **d** archery
4 True or false? *(3)*
   a the chalets all have bathrooms with a shower and toilet
   b the chalets have 2 balconies
   c the chalets have dining rooms
5 What specialities does the restaurant serve? *(2)*
6 What dessert is mentioned? *(1)*
7 How can you travel to the camp? *(2)*

LIRE 1b **Find words in the text which mean the same as:**

1 un lac
2 natation
3 cyclisme
4 deux petits lits
5 manger

ÉCRIRE 2 **Write an e-mail to your pen-friend, Chloé, about a week spent at the holiday village above. Use the *Les Réactions* section in the brochure text to help you. Include the following information:**

- where you've been
- when you got back
- what you thought of the holiday camp
- what you did during the day
- the weather
- what you are going to do for the rest of the summer

À toi! A

Ça me fait rire

1
Sylvie: Quel est le plat préféré des extraterrestres?
Marc: Je ne sais pas.
Sylvie: Le spagh-E.T.

2
La sœur: As-tu vu mon hamster? Il a disparu!
Le frère: C'est bizarre! Il était là ce matin quand j'ai nettoyé sa cage avec l'aspirateur!

3
Jean se prépare à plonger dans la piscine.
'Attention!', crie le sauveteur. 'Il n'y a pas d'eau dans la piscine!'
'Ce n'est pas grave,' répond Jean. 'Je ne sais pas nager.'

4
Au magasin:
- Je peux vous aider, madame?
- Je cherche un mouchoir pour mon mari.
- Oui, quelle est la taille de son nez?

5
Au restaurant
- 'Avez-vous des cuisses de grenouille?' demande la cliente.
- 'Oui, madame', répond le serveur.
- 'Mon pauvre! Si vous portez toujours un pantalon, ça restera un secret!'

le sauveteur *lifeguard*

LIRE 1 Find the correct picture for each joke.

a
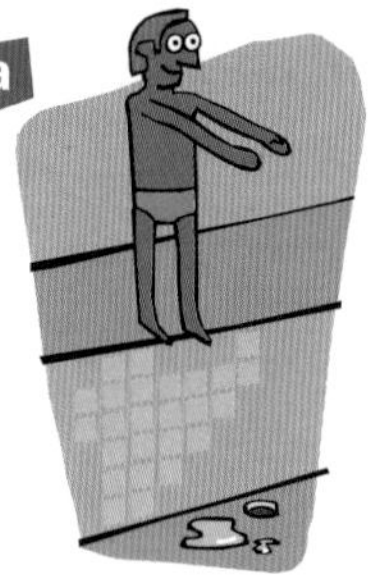
b

c

d

e

Use your dictionary to look up words if you need to.

ÉCRIRE 2 You are going to do work experience in an office in France. You will stay with the Rouffet family. In French, write a list of the presents you will need to take with you.

personne	cadeau
le/la patron(ne)	un livre
la/la secrétaire	
Mme Rouffet	
Paul Rouffet (12 ans)	
Anne Rouffet (4 ans)	

À toi! B

Lire 1a **Find the French in Marc's e-mail for these questions.**

1 What time are you going to arrive?
2 Is there anything you don't like eating?
3 Are there any good restaurants near you?
4 What kind of programmes do you like watching on TV?
5 Have you ever eaten in a French restaurant?

Fichier Édition Affichage Insertion Format Outils Message

Répondre Répondre à tous Transférer

Salut!
J'ai vraiment envie de te rencontrer .... Quelles sortes d'émissions est-ce que tu aimes regarder à la télé? Moi, j'adore les émissions de sport, surtout le catch. J'aime aussi les documentaires sur la nature et les animaux. Décris-moi ton émission préférée.
On va manger au restaurant un jour quand tu seras chez nous! Chouette! Il y a un très bon restaurant dans notre village. On va y aller. Tu as déjà mangé dans un restaurant français? Il y a de bons restaurants près de chez toi?
À quelle heure est-ce que tu vas arriver?
Est-ce qu'il y a des choses que tu n'aimes pas manger?
Moi, je déteste les betteraves!
À lundi prochain, et bon voyage!
Marc

le catch *wrestling*
les betteraves *beetroot*

Lire 1b **Answer the following questions.**

1 Which sport does Marc particularly like watching on TV? *(1)*
2 What kind of documentaries does he like? *(2)*
3 What does he tell you about the restaurant in his village? *(2)*
4 What does he not like eating? *(1)*
5 When is his pen-friend expected to arrive in France? *(1)*

Écrire 1c **Write a reply to Marc. Try to answer all his questions.**

J'aime regarder ...
Mon émission préférée est ...
Oui, j'ai déjà mangé dans un restaurant français à .../
Non, je n'ai jamais mangé dans un restaurant français.
Oui, il y a de bons restaurants à .../
Non, il n'y a pas de bons restaurants à ...
Je vais arriver à ...
Je n'aime pas manger ...

À toi! A

CUISINE BONNE SANTÉ

Pipérade Basquaise

Ingrédients *(pour 4 personnes)*

6 œufs
1 poivron vert
1 poivron rouge
2 oignons
3 tomates
2 gousses d'ail
2 cuillerées à soupe d'huile d'olive
Sel
Poivre
Un peu de persil haché

LIRE 1 Which ingredients do you need? Note the correct letters.

ECRIRE 2 Write out the list of ingredients for:

1 a fruit salad
2 shortbread

MODULE 9 EN BONNE FORME

À toi! B

Pipérade Basquaise

1 Couper les oignons, les poivrons, les tomates et l'ail en petits morceaux.
2 Faire chauffer l'huile d'olive dans une poêle.
3 Faire cuire les oignons, les poivrons et l'ail pendant 5 minutes.
4 Ajouter les tomates.
5 Faire mijoter pendant 25 minutes, à feu doux, en remuant de temps en temps.
6 Casser les œufs dans un bol avec le persil, et mélanger avec une fourchette.
7 Ajouter les œufs à la poêle, et faites cuire pendant 2 ou 3 minutes.
8 Ajouter du sel et du poivre.
9 Servir avec du pain et de la salade.

Bon appétit!

LIRE **1 Put these pictures in the correct order.**

a

b

c

d

e

f

g

h

i

ÉCRIRE **2 Reply to this article in French. Try to answer all the questions.**

Es-tu en forme? On veut savoir!
Envoie-nous tes réponses à ces questions:
- Qu'est-ce que tu prends au petit déjeuner?
- Tu fais du sport?
- Aimes-tu les fruits et les légumes?
- À quelle heure est-ce que tu te couches d'habitude?

Écris-nous vite; les meilleurs articles gagneront €25.

Au petit déjeuner, je prends …
Oui, je (*fais …/joue …*)/Non, je ne fais pas de sport.
Oui, j'aime les … /Non, je n'aime pas les fruits et les légumes.
Je me couche à …

À toi! A

MODULE 10 LE TRANSPORT

LIRE 1 Choose the right translation for each sign: *a* or *b*.

1

a Drinking water
b Do not drink the water

2

a Smoking is permitted
b No smoking

3

a Stamp your own ticket
b Show your ticket to a conductor

4

a Delays on the A2 motorway
b The A2 motorway is closed

5

a Free parking
b No parking

6
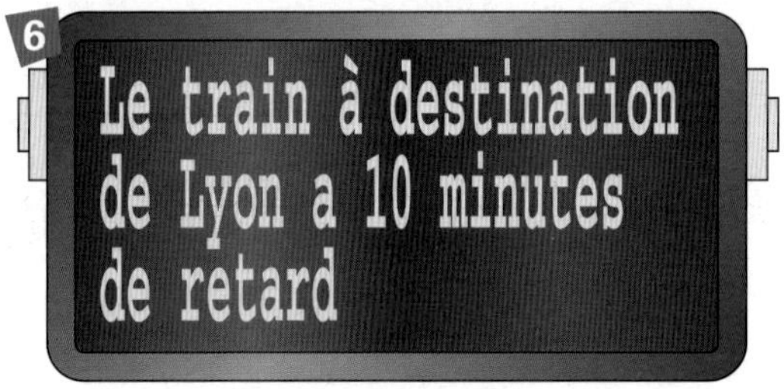

a The Lyon train is on time
b The Lyon train is late

7

a Ticket office closed
b Ticket office open

8

a It's cheaper to buy 10 tickets at a time
b It's cheaper to buy tickets here

9

a You can park your car here
b Only coaches can park here

ÉCRIRE 2 Write your own signs and illustrate them if possible.

Example: *Défense de manger*

MODULE 10 LE TRANSPORT

À toi! B

LIRE 1a **Put these instructions into the same order as Isobel's e-mail.**

Example: F, …

- **a** turn right
- **b** go straight on
- **c** take the second left
- **d** turn left
- **e** at the traffic lights
- **f** on leaving the town hall
- **g** on the right
- **h** after the bridge
- **i** on the corner

From: Isobel McIntyre
To: M. Martin
Subject: Visite à Inveco Écosse
Date: 15 mai

Monsieur,
Je vous écris pour vous souhaiter bon voyage pour la semaine prochaine et pour vous donner des directions.

Pour aller au bureau d'Inveco, en sortant de la mairie, tournez à gauche et continuez tout droit. Aux feux, tournez à droite. Après le pont, tournez à gauche. Ensuite, prenez la deuxième rue à gauche et le bureau est au coin, à droite.

Si vous avez des problèmes à nous trouver, n'hésitez pas à nous téléphoner (01534 738567).

À la semaine prochaine!

Isobel McIntyre

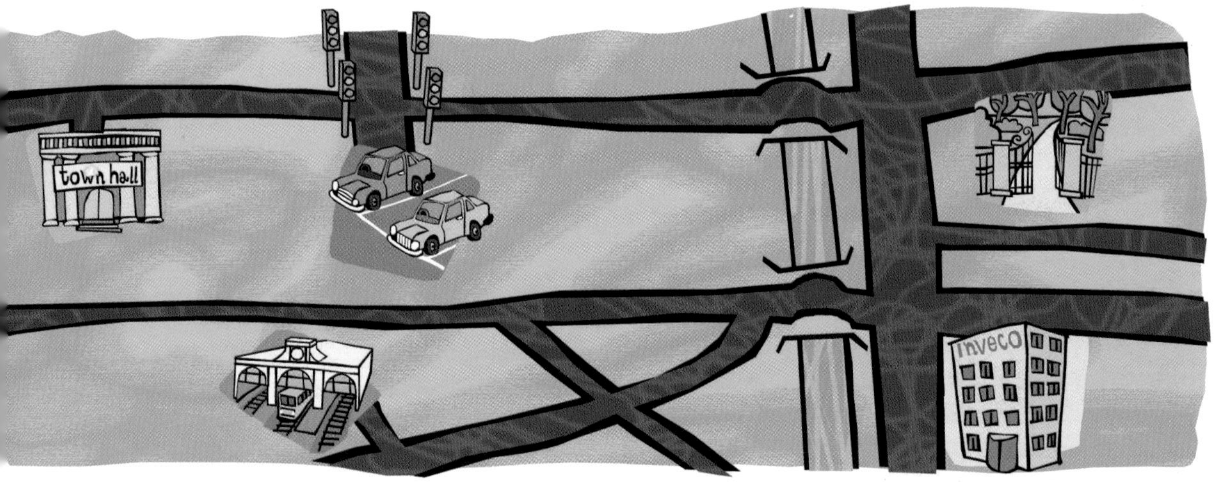

LIRE 1b **There are 3 mistakes in the directions Isobel has given M. Martin. Compare her directions with the map to find them, then write them out correctly.**

ÉCRIRE 1c **You are Isobel. You receive this memo about Mme Varrin, who will also be visiting Inveco. Using the map, write an e-mail to give her directions from the train station to the Inveco office.**

MEMO

To: Isobel McIntyre
From: David Gorran
Date: 25 May
Re: Directions

Mme Varrin is coming to the office on Tuesday. She says she's happy to walk here from the train station. Could you e-mail her directions (in French, obviously)?
Thanks!

Grammaire

1 Nouns

Nouns are naming words. They are used to name things (e.g. chien *dog*, crayon *pencil*) people (e.g. tante *aunt*) and places (e.g. musée *museum*).

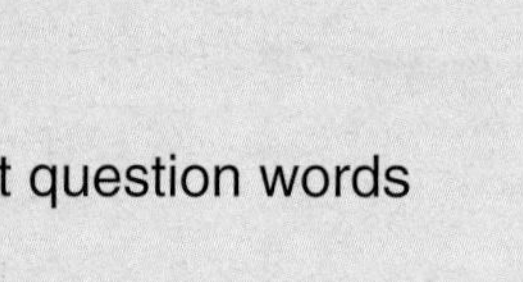

1.1 Gender

All French nouns are either **masculine** (m) or **feminine** (f).

Learning the gender of people is easy – men are masculine and women are feminine, e.g. le père (m), la mère (f).

But the gender of all other words must be learned by heart, e.g. la table (f), le stylo (m).

Entraînez-vous

Divide these words into two groups: masculine and feminine.

belle-sœur, frère, grand-mère, nièce, serveur, serveuse, table, stylo, rideau, concert, volley, veste, gomme, chat, chambre, avion, fromage, amie

1.2 Plurals

Plural means 'more than one'.

As in English, most French nouns add an **s** to show they are plural, e.g. des bonbon**s**, deux sœur**s**.

But nouns with the following endings are irregular and change like this.

Ending	*Singular*	*Plural*
-al	un cheval	des chevaux
-eu	le neveu	les neveux
-eau	un bateau	des bateaux

Entraînez-vous

Form the plural.

1 une chaussette des …
2 un cinéma des …
3 un cadeau des …
4 un cheval des …
5 un animal des …

2 Articles

The words **a**, **the** and **some** are known as articles. Articles come before nouns.

2.1 'The'

The three words for 'the' are: **le** (m), **la** (f), **les** (plural).

Masculine	*Feminine*	*Plural*
le l'	la l'	les

le vélo *the bike,* la voiture *the car,*
les trains *the trains*

Attention: Le and **la** shorten to **l'** before a vowel or a mute 'h':

l'autobus *the bus*

The words for 'the' are used

- to translate the word 'the':
  Le chat est dans le salon.
  The cat is in the sitting room.
- when talking about likes and dislikes:
  J'aime le foot et le tennis.
  I like football and tennis.
- when talking about something in general terms:
  Les professeurs sont intelligents.
  Teachers are intelligent.
- before the names of countries:
  La France est un beau pays.
  France is a beautiful country.

Notice that in French we use an article where we would often miss it out in English.

Entraînez-vous

Fill in the gaps with **le**, **la** or **les**.

1 Je n'aime pas … tennis.
2 … professeurs travaillent très dur.
3 Il est sur … table.
4 … Canada est un très beau pays.
5 Passe-moi … pain, s'il te plaît.

2.2 'A'

The word for 'a' or 'one' is either **un** (m) or **une** (f):

un vélo *a bike,* une voiture *a car*
Un monocycle a une roue.
A unicycle has one wheel.

Entraînez-vous

Translate these phrases using either **un** or **une**.

1 one brother
2 a dress
3 one shop
4 a station
5 a present

2.3 'Some'

The words for 'some' are **du** (m), **de la** (f), **des** (plural).

Masculine	*Feminine*	*Plural*
du de l'	de la de l'	des des

du coca *some cola*
de l'eau *some water*
de la salade *some salad*
des bananes *some bananas*

Attention: Use **de l'** before a vowel or a mute 'h'.

Notice that in English we can often leave 'some' out of the sentence, e.g. *I bought bread and ice cream.*

In French, however, you must always use **du**, **de la**, **de l'** or **des**, e.g.
J'ai acheté **du** pain et **de la** glace.

> ***Entraînez-vous***
>
> Choose the correct ending. Remember to check if the noun is masculine or feminine, singular or plural.
>
> 1 Passe-moi du … *pain/tomates.*
> 2 J'ai mangé de la … *haricots/tarte.*
> 3 Avez-vous des … *stylos/crayon?*
> 4 Est-ce qu'il y a du … *papier/cahiers?*
> 5 Je prends de l' … *café/eau minérale.*

3 Verbs

Verbs are doing words, e.g. jouer *to play*, aller *to go*, sentir *to feel.*

3.1 The infinitive

This is the verb in its unchanged form, as you would find it listed in the dictionary, e.g. regarder *to watch,* finir *to finish*, être *to be.* There are some instances where you can use the infinitive form as it is. However, most of the time, you need to change the infinitive to agree with the subject and to show the tense (see below).

You use the infinitive

- after the following expressions:
  Il faut … *it is necessary to, you have to …*
  e.g. Il faut manger. *You have to eat.*
  Il est interdit de … *It is forbidden to …*
  e.g. Il est interdit de fumer. *You are not allowed to smoke.*
- after these verbs:
  adorer *to adore*
  aimer *to like*
  détester *to hate*
  devoir *to have to*
  pouvoir *to be able to*
  préférer *to prefer*
  vouloir *to want to*
  aider à *to help to*
  apprendre à *to learn to*
  commencer à *to start to*
  continuer à *to continue to*
  encourager à *to encourage to*
  choisir de *to choose to*
  décider de *to decide to*
  essayer de *to try to*
  proposer de *to suggest*
  refuser de *to refuse to*

e.g. On peut aller à la pêche. *One can go fishing.*
J'aime nager. *I like swimming.*
Il a commencé à pleuvoir. *It started to rain.*

- after the word **pour** (*in order to*):
  Je fume pour avoir plus de confiance en moi. *I smoke in order to have more self-confidence.*

> ***Entraînez-vous***
>
> Copy the sentences and underline the infinitive. Then translate them into English.
>
> 1 Il faut attendre ici.
> 2 On peut visiter le château.
> 3 Je dois rester à la maison.
> 4 J'aime faire du sport tous les jours.
> 5 Je prépare les ingrédients pour faire une omelette.

3.2 The present tense

The present tense is used to talk about

- what is happening now
- what usually happens

e.g. je regarde *I watch* or *I **am** watch**ing.***

Regular verbs

The formation of regular verbs follows a pattern.

Take the ending off the infinitive (e.g. take away **-er**, **-ir**, or **-re**), and add the correct ending as shown:

***-er** verbs* (e.g. regard**er** *to watch*)

je regard**e**	nous regard**ons**
tu regard**es**	vous regard**ez**
il/elle/on regard**e**	ils/elles regard**ent**

-ir *verbs*
(e.g. fin**ir** *to finish*)

je fin**is**	nous fin**issons**
tu fin**is**	vous fin**issez**
il/elle/on fin**it**	ils/elles fin**issent**

-re *verbs*
(e.g. attend**re** *to wait*)

j'attend**s**	nous attend**ons**
tu attend**s**	vous attend**ez**
il/elle/on attend	ils/elles attend**ent**

Irregular verbs
These verbs have their own unique pattern, and must be learned by heart. See the verb tables on pages 179–180.

Entraînez-vous

Refer to the ***-er*** verb patterns above, then change these infinitives. Give two present tense meanings for each verb, e.g. je (ranger): je range (*I tidy, I am tidying*)

1 tu (habiter)
2 elle (regarder)
3 nous (décider)
4 vous (aimer)
5 elles (détester)

Depuis
The word **depuis** is used to say how long something has been happening:

Je regarde la télé depuis 50 minutes.
I have been watching TV for 50 minutes.

It is used with the present tense:

Je suis membre du club depuis trois ans.
I have been a member of the club for three years.

*Expressions with **avoir***
These expressions use the verb **avoir** in French where English uses **to be**:

avoir chaud *to be hot* avoir froid *to be cold*
avoir faim *to be hungry* avoir soif *to be thirsty*
avoir … ans *to be … years old*
avoir peur *to be afraid*
avoir mal *to have a pain*

e.g. j'ai faim *I am hungry*

3.3 The perfect tense

The perfect tense is used to talk about something which happened in the past:

j'ai regardé *I watched, I have watched* or *I did watch.*

Two parts are needed to form the perfect tense:

- the **present tense** of the verb **avoir** or **être**
- the **past participle** of the main verb

Avoir **verbs**
The vast majority of verbs form their perfect tense with **avoir**.

avoir (*present tense*)	
j'ai	nous avons
tu as	vous avez
il/elle/on a	ils/elles ont

Regular verbs
The **past participle** of regular verbs is formed in three different ways, as follows.

- **-er** verbs: take off **-er** and add **-é**,
  e.g. regard**é** *watched*
  j'ai regardé *I watched*
- **-ir** verbs: take off **-r**, e.g. fin**i** *finished*
  j'ai fini *I finished*
- **-re** verbs: take off **-re** and add **-u**,
  e.g. attend**u** *waited*
  j'ai attendu *I waited*

Irregular verbs
The past participles of irregular verbs need to be learned by heart.

j'ai **bu** *I* ***drank***
j'ai **connu** *I* ***knew***
j'ai **cru** *I* ***believed***
j'ai **eu** *I* ***had***
j'ai **lu** *I* ***read***
j'ai **su** *I* ***knew***
j'ai **vu** *I* ***saw***
j'ai **pu** *I* ***could***
j'ai **appris** *I* ***learned***
j'ai **compris** *I* ***understood***
j'ai **dû** *I* ***had to***
j'ai **voulu** *I* ***wanted***
j'ai **été** *I* ***was***
j'ai **fait** *I* ***made/did***
j'ai **pris** *I* ***took***
j'ai **mis** *I* ***put***
j'ai **conduit** *I* ***drove***
j'ai **écrit** *I* ***wrote***

Entraînez-vous

Write each verb in the perfect tense; then write what it means, e.g. Je + (regarder): J'ai regardé. *I watched, I have watched.*

1 Tu + (aider)
2 On + (boire)
3 Nous + (voir)
4 Vous + (faire)
5 Elle + (prendre)

Être verbs

Sixteen verbs form their perfect tense with **être**.

***être** (present tense)*

je suis	nous sommes
tu es	vous êtes
il/elle/on est	ils/elles sont

The perfect tense of **être** verbs is formed with the present tense of **être** + the **past participle** of the main verb:

je suis **allé(e)** *I went*
je suis **venu(e)** *I came*
je suis **monté(e)** *I went up*
je suis **descendu(e)** *I went down*
je suis **arrivé(e)** *I arrived*
je suis **né(e)** *I was born*
je suis **mort(e)** *I died*
je suis **entré(e)** *I entered*
je suis **sorti(e)** *I went out*
je suis **retourné(e)** *I went back*
je suis **parti(e)** *I left*
je suis **resté(e)** *I stayed*
je suis **tombé(e)** *I fell*
je suis **revenu(e)** *I came back*
je suis **rentré(e)** *I came home*
je suis **devenu(e)** *I became*

Reflexive verbs also use **être**:

Je me suis couché(e) à minuit.
I went to bed at midnight.

Attention: With **être** verbs, add **-e** to the past participle for feminine singular, add **-s** for plural, and add **-es** for feminine plural:

Elle est parti**e**. *She left.*
Marie et Laure sont sorti**es**.
Marie and Laure went out.

Entraînez-vous

Complete these perfect tense verbs with the right part of **être**. Then write what they mean, e.g. Elles … parties.
Elles sont parties. *They left, they have left.*

1 Vous … nés.
2 Elle … venue.
3 Ils … retournés.
4 Nous … montés.
5 Tu … arrivé.

3.4 The imperfect tense

The imperfect tense is used to

- describe what things were like in the past
- say what was happening at a given moment
- say what used to happen.

je regardais *I was watching* or
I used to watch

The following imperfect endings are added to the verb stem.

Imperfect endings

je	**-ais**	nous	**-ions**
tu	**-ais**	vous	**-iez**
il/elle/on	**-ait**	ils/elles	**-aient**

J'avais un chien. *I used to have a dog.*
Il faisait beau. *The weather was nice.*

Attention: For **être** (*to be*), the imperfect endings are added onto the stem, **ét-**.

J'étais triste. *I was sad.*
C'était chouette. *It was great.*

Entraînez-vous

What were the suspects doing when the murder was committed? Translate the alibis, e.g. Je passais l'aspirateur. *I was doing the hoovering.*

1 Je faisais mes devoirs.
2 Je jouais aux cartes avec des amis.
3 Je mangeais un hamburger au McDo.
4 Je me douchais.
5 J'étais au cinéma.

3.5 The near future tense

The near future tense is used to talk about what is *going to happen* in the future.

Je vais regarder. *I am going to watch.*

It is formed from

- the present tense of the verb **aller**
- the infinitive of the main verb.

aller *(present tense)*

je vais	nous allons
tu vas	vous allez
il/elle/on va	ils/elles vont

Je **vais aller** au cinéma.
I'm going to go to the cinema.
Elle **va avoir** un bébé.
She's going to have a baby.

Entraînez-vous

Write the verb in the near future tense, then complete the sentence so that it makes sense, e.g. Je (finir): Je vais finir mes devoirs.

1 Je (manger)
2 Tu (faire)
3 Il (aller)
4 Nous (sortir)
5 Vous (jouer)

3.6 The future tense

The future tense is used to talk about what *will happen* in the future:

je regarderai
I will watch

It is formed by adding the future tense ending onto the future stem.

Future endings

je	**-ai**	nous	**-ons**
tu	**-as**	vous	**-ez**
il/elle/on	**-a**	ils/elles	**-ont**

Future tense stems

Regular verbs:
For regular **-er** and **-ir** verbs the future tense stem is the same as the infinitive:

je **visiter**ai *I will visit*
tu **finir**as *you will finish*

For regular **-re** verbs, the future stem is formed by taking off the final **-e** of the infinitive:

j'**attendr**ai *I will wait*

Irregular verbs:
For irregular verbs, the future tense stems need to be learned by heart.

Verb	***Future tense stem***
aller	**ir-**
être	**ser-**
avoir	**aur-**
faire	**fer-**

nous **aur**ons *we will have*
je **fer**ai *I will do*

Notice there is always an 'r' before the ending in the future tense.

Entraînez-vous

Translate the fortune-teller's predictions.

1 Vous travaillerez en Afrique.
2 Vous achèterez une Ferrari.
3 Vous vous marierez à l'âge de 30 ans.
4 Vous aurez cinq enfants.
5 Vous ferez le tour du monde.

3.7 The conditional tense

The conditional tense is used to say what *would happen* in the future:

je regarderais *I would watch*

It is formed by adding imperfect endings (see the grid in 3.4 on p.170) to the future stem.

j'**attendrais** ***I would wait***

Elles **voudraient** rester à la maison.
They ***would like*** *to stay at home.*

J'**irais** en Amérique, si j'étais riche.
I ***would go*** *to America if I were rich.*

Entraînez-vous

What would you do if you won the Lottery? Complete each sentence.

1 J'achèterais …
2 Je visiterais …
3 J'habiterais …
4 J'irais …
5 J'aurais …

3.8 Reflexive verbs

These are normal verbs but, as well as having the usual pronouns *je*, *tu*, *il/elle/on*, *nous*, *vous*, *ils/elles*, they have an extra pronoun. The reflexive pronouns are **me**, **te**, **se**, **nous**, **vous**, **se**. A reflexive verb is written with **se** before the infinitive:

se coucher *to go to bed.*	
je **me** couche	nous **nous** couchons
tu **te** couches	vous **vous** couchez
il/elle/on **se** couche	ils/elles **se** couchent

In the perfect tense, reflexive verbs go with **être**, and the reflexive pronoun comes before the part of être:

Nous **nous** sommes bien amusés.
We enjoyed ourselves.

Entraînez-vous

Write out each verb in the present tense, then translate it into English, e.g.
je (se coucher): je me couche *I go to bed.*

1 tu (s'amuser)
2 il (se lever)
3 elle (s'appeler)
4 on (se laver)
5 ils (s'arrêter)

3.9 The imperative

The imperative form of the verb is used to tell somebody what to do. It is a command or instruction:

Regarde! Regardez! *Look!*

When speaking to people you would call **tu**, use the **tu** form of the verb, e.g. Attends! *Wait!* For **-er** verbs, take off the final **-s**, e.g. Regarde! *Look!*

When speaking to people you would call **vous**, use the **vous** form of the verb, e.g. Regardez! *Look!*

Reflexive verbs need an extra part:

Lève-**toi**! *Stand up!*
Levez-**vous**! *Stand up!*

3.10 The present participle

The present participle is like '-ing' endings in English. So, **en + present participle** means 'while doing something':

En regardant par la fenêtre, j'ai vu Alex.
***While** I was **looking** out of the window I saw Alex.*

Present participles are formed by adding **-ant** to the end of the verb stem.

4 Questions

4.1 Question words

Qui? *Who?*
Quand? *When?*
Où? *Where?*
Que? *What?*
Comment? *How?*
À quelle heure? *At what time?*
Combien? *How much? How many?*
Combien de temps? *How long?*
D'où? *From where?*
Pourquoi? *Why?*

Entraînez-vous

Choose the correct answer to each question:

1 Où habites-tu? *Paris./Trois ans.*
2 Quand est-ce qu'on part? *Le 21 juin./En train.*
3 Qui a fait ce gâteau? *Muriel./Des œufs.*
4 Comment voyages-tu? *À 4h14./En voiture.*
5 D'où vient-elle? *De Londres./En France.*

Question words are used in three different ways to form questions:

- you can put most of them at the end of the sentence and add a question mark (raise the tone of your voice if you are speaking):

  Il arrive **à quelle heure**?
  At what time does he arrive?
  Tu voyages **comment**?
  How are you travelling?

Attention: que and **pourquoi** cannot be used in this way.

- you can put the question word at the beginning with **est-ce que** just after it. If you are using **que** (what) remember to shorten it to **qu'** before a vowel:

  Qu'**est-ce que** tu fais?
  À quelle heure **est-ce qu'**il arrive?

- you can put the question word at the beginning, and change the order of the subject and verb:

  À quelle heure arrive-t-il?
  Comment voyages-tu?

Entraînez-vous

Find out the following from your pen-friend, using any of the above methods. Write down your questions.

1 what time he is arriving
2 when he is leaving
3 what he prefers eating
4 why he is going to Paris
5 how he is travelling there

4.2 Questions without question words

You can ask questions which don't use a question word by

- making the statement, raising the pitch of your voice and adding a question mark:

  Il est malade? *Is he ill?*
  Paris est la capitale de la France?
  Is Paris the capital of France?

- using the phrase **Est-ce que** at the start of the sentence, raising the pitch of your voice and adding a question mark:

  Est-ce qu'il est malade?
  Est-ce que Paris est la capitale de la France?

- changing the order of the subject and verb:

  Est-il malade?
  As-tu un animal?

Entraînez-vous

Write these questions to your pen-friend, using any of the above methods.

1 Do you like cheese?
2 Do you have a brother?
3 Do you watch 'Grandstand'?
4 Do you play basketball?
5 Have you visited London?

4.3 *Quel*

Quel means 'which/what' and comes before a noun. **Quel** changes like this:

	Masculine	***Feminine***
Singular	quel	quelle
Plural	quels	quelles

Quel est le jour? *What is the day?*
Quelle est la date? *What is the date?*
Quels sont tes passe-temps? *What are your hobbies?*
Quelles chaussures est-ce que tu préfères? *Which shoes do you prefer?*

Entraînez-vous

Choose **quel**, **quelle**, **quels** or **quelles**.

1 … fille?
2 … garçon?
3 … livres?
4 … dames?
5 … homme?

5 Negatives

5.1 *Ne … pas*

Ne … pas forms a sandwich round the main verb and means 'not':

Elle **ne** regarde **pas**. *She is not watching.*
Je **ne** voudrais **pas** aller en France.
I would not like to go to France.

Attention: Ne becomes **n'** before a vowel or a mute 'h':

Je **n'**ai **pas** d'animal. *I do not have a pet.*

In the perfect tense, **ne ... pas** forms a sandwich round the part of **avoir** or **être**.

Je **n'**ai **pas** visité l'Amérique.
I have not visited America.
Tu **n'**es **pas** sorti(e) hier soir?
Didn't you go out last night?

After '**pas**', **du**, **de la**, **un**, **une** and **des** become '**de**'.

Je n'ai pas **de** frères.
I haven't got any brothers.
Il n'y a pas **de** piscine.
There isn't a swimming pool.

Entraînez-vous

Make these sentences negative using **ne ... pas**.

1 Je vais à la plage.
2 J'ai un stylo.
3 J'ai bu du coca.
4 J'ai fait mes devoirs.
5 Je suis arrivé(e) à l'heure.

5.2 Other negatives

These work in the same way as **ne ... pas**.

ne ... jamais *never*
ne ... que *only*
ne ... plus *no longer*
ne ... rien *nothing*
ne ... ni ... ni *neither ... nor*
ne ... aucun *not a single, none at all*
Elle n'habite plus ici. *She doesn't live here any more.*
Je n'ai rien mangé. *I didn't eat anything.*

Entraînez-vous

Translate these sentences.

1 Je n'ai rien bu.
2 Il n'y a ni cinéma ni piscine dans la ville.
3 Je n'ai aucune idée.
4 Je n'ai que €10.
5 Je ne suis jamais allée en Belgique.

5.3 *Ne ... personne*

Ne ... personne means 'nobody':

Je **n'**aime **personne**.
I like nobody. / I do not like anybody.

Look out for sentences with **personne** at the start:

Personne n'est venu à la boum.
Nobody came to the party.
Qui est absent? **Personne**!
Who is absent? Nobody!

6 Adjectives

Adjectives are describing words, e.g. bleu *blue*, heureux *happy*, ennuyeux *boring*.

6.1 Regular adjectives

Adjectives add endings which *agree* with the gender and number of the noun(s) being described.

Add **-e** to a feminine noun: Ma chambre est grand**e**. *My bedroom is big.*

Add **-s** to a masculine plural noun: Mes livres sont intéressant**s**. *My books are interesting.*

Add **-es** to a feminine plural noun: Ses chaussures sont vert**es**. *His shoes are green.*

Entraînez-vous

Add an ending to the adjective if needed.

1 Ma chambre est (petit).
2 Mon frère est (intelligent).
3 Les magasins sont (fermé).
4 Mes sœurs sont (amusant).
5 Ma ville est (animé).

6.2 Irregular adjectives

1 Adjectives which already end in **-e** do not add an extra **-e**.

Elle est rouge. *It is red.*

2 Adjectives with one of these endings change as follows.

Ending (m)	*Change (f)*	*Example*
-eux/-eur	**-euse**	Il est heureux. Elle est heureuse.
-il/-el	**-ille/-elle**	Il est gentil. Elle est gentille.
-ien	**-ienne**	Il est italien. Elle est italienne.
-er	**-ère**	Il est cher. Elle est chère.
-aux	**-ausse**	Il est faux. Elle est fausse.
-f	**-ve**	Il est sportif. Elle est sportive.
-s	**-sse**	Il est gros. Elle est grosse.

3 These adjectives never change.

chic *smart*	sympa *nice*
extra *great*	cool *cool*
super *super*	marron *brown*

Entraînez-vous

Choose the right adjective.

1 Ma mère est (heureux/heureuse).
2 Mes frères sont (italiens/italiennes).
3 Les filles sont (actifs/actives).
4 Elle est (gentille/gentilles).
5 Ma sœur est (paresseux/paresseuse).

6.3 *Beau, nouveau, vieux*

These adjectives follow a special pattern.

Masculine singular	*Masculine plural*	*Feminine singular*	*Feminine plural*
beau	beaux	belle	belles
nouveau	nouveaux	nouvelle	nouvelles
vieux	vieux	vieille	vieilles

Attention: If the noun being described is masculine singular and begins with a vowel or mute 'h', use the form **bel**, **nouvel**, or **vieil**.

une **nouvelle** maison *a new house*
les **beaux** garçons *the handsome boys*
un **vieil** arbre *an old tree*

Entraînez-vous

Change the adjective if necessary.

1 la (nouveau) maison
2 les (vieux) livres
3 la (beau) fille
4 les (vieux) maisons
5 le (beau) homme

6.4 Position of adjectives

Most adjectives come after the noun:

une veste bleue *a blue jacket*
un livre allemand *a German book*

But these common adjectives come before the noun:

petit *small*	grand *big*
bon *good*	mauvais *bad*
nouveau *new*	vieux *old*
beau *nice*	ancien *former*
autre *other*	jeune *young*
joli *pretty*	gros *large*

Entraînez-vous

Put the adjective in the right place.

1 des filles (intelligentes)
2 un ballon (autre)
3 une rue (petite)
4 des maisons (énormes)
5 des chaussettes (vieilles)

6.5 Comparative and superlative

The following constructions are used with adjectives in French to compare things:

plus … (que) *more … (than)*
moins … (que) *less … (than)*
aussi … (que) *as … (as)*

Marie est **plus** grande **que** Sara.
Marie is taller than Sara.
Patrice est **aussi** petit **que** Simon.
Patrice is as little as Simon.

To say someone or something is 'the most …' (e.g. the most intelligent, the tallest, etc.) use the adjective with **le plus**, **la plus** or **les plus** in front of it:

Marie est **la plus** grande.
Marie is the tallest.
C'est le garçon **le plus** intelligent de la classe.
He's the most intelligent boy in the class.

Entraînez-vous

Translate these sentences.

1 Marie est moins grande que Paul.
2 Je suis plus cool que Paul.
3 Qui est le garçon le plus bête de la classe?
4 Parlez plus lentement, s'il vous plaît.
5 Elle est partie aussi vite que possible.

6.6 'This', 'these'

'This' and 'these' are demonstrative adjectives. They come before a noun, and like other adjectives, they agree with the noun. The words for 'this' are **ce** (m), **cet** (m), **cette** (f). The word for 'these' is **ces** (plural).

ce garçon *this boy*, cette femme *this woman*, ces gens *these people*

Masculine	Feminine	Plural
ce cet	cette	ces

Attention: Ce changes to **cet** before a vowel or a mute 'h'.

cet homme *this man*

Entraînez-vous

Fill in the gaps with **ce**, **cette**, **cet** or **ces**.

1 … chaussures sont belles.
2 Tu aimes … jean?
3 Je préfère … hôtel.
4 … stylo ne marche pas.
5 … église est magnifique.

6.7 Possessive adjectives

Possessive adjectives show who owns something. They come before the noun and agree with the noun (not the owner), e.g. sa sœur *his/her sister*, son frère *his/her brother*.

	Masculine	Feminine	Plural
my	mon	ma	mes
your (tu)	ton	ta	tes
his/her	son	sa	ses
our	notre	notre	nos
your (vous)	votre	votre	vos
their	leur	leur	leurs

Où est **mon** stylo? *Where's my pen?*
Elle adore **sa** chambre. *She loves her room.*
Il a perdu **ses** clefs. *He has lost his keys.*

Attention: Mon, **ton** or **son** is used before a feminine word starting with a vowel or 'h'.

C'est **mon** école. *That's my school.*

Entraînez-vous

Translate these phrases.

1 our father
2 your (*tu*) parents
3 his sister
4 her sister
5 your (*vous*) mother

7 Pronouns

Pronouns stand in place of a noun, e.g. 'it', 'her', 'we'.

7.1 Subject pronouns

Pronoun	Use
je *I*	when speaking about yourself (becomes **j'** before a vowel)
tu *you*	when speaking to a friend, family member, child, young person, animal
il *he/it*	instead of a male person, or masculine noun
elle *she/it*	instead of a female person, or feminine noun
on *one, we*	to speak about people in general
nous *we*	when speaking of yourself and others
vous *you*	when speaking to more than one person, a stranger, an adult you don't know well
ils *they*	for more than one male, masculine noun or a mixed group
elles *they*	for more than one female or feminine noun

Entraînez-vous

Would you use **tu** or **vous** to talk to these people?

1 a stranger in the street
2 your pen-pal's little sister
3 an adult you meet on a campsite
4 a teenager you meet on a campsite
5 a group of friends

7.2 Object pronouns

The object of the sentence is the person or thing having an action done *to it*, e.g. I read **the book** (**the book** is the object). An object pronoun stands in place of a noun which is the object of the sentence:

I like **Peter**. I like **him**.
Can you see **the plane**? Can you see **it**?
Look at **those shoes**! Look at **them**!

Masculine nouns	*Feminine nouns*	*Plural nouns*
le *him/it*	la *her/it*	les *them*

The pronoun usually comes before all parts of the verb.

Je **la** déteste. *I hate **her*** or *I hate **it**.*
Nous **l'**avons mangé. *We ate **it**.*
Je **les** ai laissés à la maison. *I left **them** at home.*

Attention:

- lui *to him/her*
- leur *to them*

Je lui ai dit de rester à la maison.
I told him to stay at home.
(i.e. *I said* to him *to stay at home*)

Elle leur donne des devoirs.
She gives them homework.
(i.e. *She gives homework* to them)

Entraînez-vous

Translate these questions and answers:

1 Où est le gâteau? Nous l'avons mangé.
2 Tu as tes devoirs? Non, je les ai laissés à la maison.
3 Tu as vu ce film? Oui, je l'ai vu.
4 Tu as parlé au professeur? Oui, je lui ai parlé.
5 Est-ce qu'ils ont de l'argent? Oui, je leur ai donné €30.

7.3 *Y*

Y means 'there'. It usually comes before all parts of the verb.

J'**y** suis allé(e) hier. *I went there yesterday.*
On **y** reste tout l'été. *We stay there all summer.*

7.4 *En*

En means some, any, of them. It usually comes before all parts of the verb.

Il y **en** a dix. *There are ten of them.*
Je n'**en** ai pas. *I haven't got any (of them).*

7.5 Pronouns after prepositions

After words like **avec** *with*, **chez** *at the house of*, you need to use:

moi *me*	elle *her*	eux *them (m)*
toi *you*	nous *us*	elles *them (f)*
lui *him*	vous *you*	

chez toi *at your house* avec lui *with him*

Entraînez-vous

Translate these phrases using the correct pronouns.

1 at my house
2 with her
3 with them (m)
4 at our house
5 with you

8 Prepositions

8.1 Prepositions

Prepositions tell you the position of something in relation to something else.

Le bureau est contre le mur.
The desk is against the wall.
Le lapin est au milieu de la pelouse.
The rabbit is in the middle of the lawn.

devant *in front of*
derrière *behind*
dans *in*
contre *against*
entre *between*
sur *on*
sous *under*
vers *towards*
chez *at the house of*
avec *with*
à côté de *next to*
au bout de *at the end of*
au fond de *at the back of*
au milieu de *in the middle of*
autour de *round*
de l'autre côté de *on the other side of*
en face de *opposite*

Entraînez-vous

Where did you see the criminal? Translate these phrases.

1 devant la poste
2 de l'autre côté de la rue Victor Hugo
3 en face du stade
4 dans l'autobus numéro 4
5 sous le pont

8.2 *À*

À means 'to' or 'at'. When **à** comes before **le**, you use **au**. When **à** comes before **les**, you use **aux**.

Je vais au cinéma. *I go to the cinema.*
Tournez à gauche aux feux. *Turn left at the lights.*

Entraînez-vous

Write out using **à, au** or **aux**.

1 à+ le cinéma
2 à+ la piscine
3 à+ les magasins
4 à+ les restaurants
5 à+ le marché

8.3 'To' or 'in' with names of places

- 'to' or 'in' + name of town = **à**
  Elle habite à Londres. *She lives in London.*
- 'to' or 'in' + names of region/country = **en**
  Il habite en Normandie, en France.
  He lives in Normandy, in France.
- 'to' or 'in' + name of masculine country = **au**
  Je vais au Portugal. *I'm going to Portugal.*

Entraînez-vous

Choose the right word for **to** or **in.**

1 Je vais … France.
2 Je passe mes vacances ... Portugal.
3 J'habite … Glasgow.
4 Tu vas … Espagne?
5 Nous habitons … Canada.

9 Numbers

9.1 Numbers

1	un/une	11	onze
2	deux	12	douze
3	trois	13	treize
4	quatre	14	quatorze
5	cinq	15	quinze
6	six	16	seize
7	sept	17	dix-sept
8	huit	18	dix-huit
9	neuf	19	dix-neuf
10	dix	20	vingt
21	vingt et un	80	quatre-vingts
22	vingt-deux	81	quatre-vingt-un
30	trente	82	quatre-vingt-deux
40	quarante	90	quatre-vingt-dix
50	cinquante	91	quatre-vingt-onze
60	soixante	92	quatre-vingt-douze
70	soixante-dix		
71	soixante et onze		
72	soixante-douze		
100	cent	101	cent un
200	deux cents	201	deux cent un
1000	mille		

9.2 'First', 'second', 'third'

1ère premier/première *first*
2ème deuxième *second*
3ème troisième *third*

10 Days, dates and times

10.1 Days

In French, days of the week start with a small letter.

lundi *Monday*
mardi *Tuesday*
mercredi *Wednesday*
jeudi *Thursday*
vendredi *Friday*
samedi *Saturday*
dimanche *Sunday*

Attention:

on Monday = lundi

Je vais à Paris lundi.
I'm going to Paris on Monday.

on Monday**s** = **le** lundi

every Monday = **tous les** lundi**s**.

Je vais à Paris le lundi.
I go to Paris on Mondays.

10.2 Dates

In French, months start with a small letter.

janvier *January*	juillet *July*
février *February*	août *August*
mars *March*	septembre *September*
avril *April*	octobre *October*
mai *May*	novembre *November*
juin *June*	décembre *December*

Attention:

on **the** 12**th** February = **le 12** février

On est parti le 2 mars.
We left on the 2nd of March.

10.3 Times

dix heures *10 o'clock*
dix heures et demie *half past ten*
dix heures et quart *quarter past ten*
dix heures moins le quart *quarter to ten*
dix heures cinq *five past ten*
dix heures moins cinq *five to ten*

à dix heures ***at*** *10 o'clock*
il **est** dix heures *it* ***is*** *10 o'clock*

11 Quantities

There are many ways to talk about *how much* there is of something. In French, they all end with the word **de** ('of'):

beaucoup de *a lot of*
trop de *too much*
assez de *enough*

beaucoup de voitures *a lot of cars*

250 grammes de (fromage)
250 grammes of (cheese)
un kilo de (poires) *a kilo of (pears)*
une boîte de (chocolates)
a tin/can/box of (chocolates)
une bouteille de (vin) *a bottle of (wine)*
un litre de (lait) *a litre of (milk)*
un paquet de (biscuits)
a packet of (biscuits)
un sac de (pommes de terre)
a bag of (potatoes)

Remember that if the item begins with a vowel, the **de** becomes **d'** e.g. une bouteille d'eau minérale.

Verb tables

Present tense of key irregular verbs:

avoir *to have*

j'ai	nous avons
tu as	vous avez
il/elle/on a	ils/elles ont

perfect tense: j'ai eu

être *to be*

je suis	nous sommes
tu es	vous êtes
il/elle/on est	ils/elles sont

perfect tense: j'ai été

aller *to go*

je vais	nous allons
tu vas	vous allez
il/elle/on va	ils/elles vont

perfect tense: je suis allé(e)

faire *to do, to make*

je fais	nous faisons
tu fais	vous faites
il/elle/on fait	ils/elles font

perfect tense: j'ai fait

Present tense of other irregular verbs:

apprendre *to learn (see **prendre**)*

boire *to drink*

je bois	nous buvons
tu bois	vous buvez
il/elle/on boit	ils/elles boivent

perfect tense: j'ai bu

comprendre *to understand (see **prendre**)*

conduire *to drive*

je conduis	nous conduisons
tu conduis	vous conduisez
il/elle/on conduit	ils/elles conduisent

perfect tense: j'ai conduit

connaître *to know (a person or place)*

je connais	nous connaissons
tu connais	vous connaissez
il/elle/on connaît	ils/elles connaissent

perfect tense: j'ai connu

croire *to believe*

je crois	nous croyons
tu crois	vous croyez
il/elle/on croit	ils/elles croient

perfect tense: j'ai cru

devoir *to have to*

je dois	nous devons
tu dois	vous devez
il/elle/on doit	ils/elles doivent

perfect tense: j'ai dû

dormir *to sleep*

je dors	nous dormons
tu dors	vous dormez
il/elle/on dort	ils/elles dorment

perfect tense: j'ai dormi

écrire *to write*

j'écris	nous écrivons
tu écris	vous écrivez
il/elle/on écrit	ils/elles écrivent

perfect tense: j'ai écrit

lire *to read*

je lis	nous lisons
tu lis	vous lisez
il/elle/on lit	ils/elles lisent

perfect tense: j'ai lu

mettre *to put*

je mets	nous mettons
tu mets	vous mettez
il/elle/on met	ils/elles mettent

perfect tense: j'ai mis

partir *to leave*

je pars	nous partons
tu pars	vous partez
il/elle/on part	ils/elles partent

perfect tense: je suis parti(e)

pouvoir *to be able to*

je peux	nous pouvons
tu peux	vous pouvez
il/elle/on peut	ils/elles peuvent

perfect tense: j'ai pu

prendre *to take*

je prends	nous prenons
tu prends	vous prenez
il/elle/on prend	ils/elles prennent

perfect tense: j'ai pris

revenir *to come back (see **venir**)*

savoir *to know*

je sais	nous savons
tu sais	vous savez
il/elle/on sait	ils/elles savent

perfect tense: j'ai su

sentir *to feel, smell*

je sens	nous sentons
tu sens	vous sentez
il/elle/on sent	ils/elles sentent

perfect tense: j'ai senti

venir *to come*

je viens	nous venons
tu viens	vous venez
il/elle/on vient	ils/elles viennent

perfect tense: je suis venu(e)

vouloir *to want*

je veux	nous voulons
tu veux	vous voulez
il/elle/on veut	ils/elles veulent

perfect tense: j'ai voulu

Vocabulaire anglais–français

A

	English	French
	A levels	*le bac*
	a.m.	*du matin*
	about	*environ*
	advertising	*la publicité*
	again	*encore une fois*
	against	*contre*
	airport	*l'aéroport (m)*
you are	allowed to …	*on a le droit de …*
	also	*aussi*
I	am	*je suis*
	and	*et*
to	answer the phone	*répondre au téléphone*
they	are	*ils/elles sont*
	art	*le dessin*
	at	*à*
	at my house	*chez moi*

B

	English	French
	baseball cap	*une casquette*
	bathroom	*la salle de bains*
to	be	*être*
	beach	*la plage*
(green)	beans	*les haricots (verts) (mpl)*
	beard	*une barbe*
	because	*parce que*
	bed	*un lit*
	bedroom	*une chambre*
	Belgium	*la Belgique*
the	best	*le/la meilleur(e)*
by	bike	*à vélo*
	bill	*l'addition (f)*
	birthday	*un anniversaire*
	black	*noir(e)*
	block of flats	*un immeuble*
	blonde	*blond(e)*
	blouse	*un chemisier*
	blue	*bleu(e)*
	bookshop	*la librairie*
	boring	*ennuyeux/euse*
	break	*la récré(ation)*
	brilliant!	*genial!*
	brochure	*une brochure*
	brother	*un frère*
	brown	*marron*
	brown hair	*les cheveux bruns (mpl)*
	bus	*un bus*
to	buy	*acheter*

C

	English	French
	café	*un café*
	cake	*un gâteau*
to go	camping	*faire du camping*
	campsite	*le camping*
	Canada	*le Canada*
	can I …	*est-ce que je peux …*
	canteen	*la cantine*
	carrot	*une carotte*
	cartoons	*les dessins animés (mpl)*
	castle	*le château*
	cat	*le chat*
	cereal	*les céréales (fpl)*
	chatty	*bavard(e)*
	cheese	*le fromage*
	chicken	*le poulet*
	chips	*les frites (fpl)*
	church	*une église*
	cinema	*le cinéma*
to	close	*fermer*
	coat	*le manteau*
to have a	cold	*être enrhumé(e)*
	compulsory	*obligatoire*
	computer	*l'ordinateur (m)*
	concert	*le concert*
to	continue	*continuer*
to	cost	*coûter*
in the/ to the	country	*à la campagne*
	crisps	*les chips (mpl)*
	crossroads	*le carrefour*
	curly	*bouclé(e)*
	cute	*mignon(ne)*
to go	cycling	*faire du vélo*

D

	English	French
	day	*le jour*
the	day after tomorrow	*après-demain*
to	deliver newspapers	*distribuer les journaux*
	difficult	*difficile*
	disco	*la disco*
	dog	*le chien*
I	don't like	*je n'aime pas*
	double bed	*un grand lit*
	drink	*une boisson*

E

	English	French
	early	*de bonne heure*
to	earn	*gagner*
	ears	*les oreilles*
	easy	*facile*
	egg	*un œuf*
	English	*l'anglais*
	every day	*tous les jours*
	excuse me	*excusez-moi*
	expensive	*cher/ère*
	eyes	*les yeux*

F

	English	French
	family	*la famille*
is it	far?	*c'est loin?*
	father	*le père*
	favourite	*préféré(e)*
	first floor	*le premier étage*
	fish	*un poisson*
to go	fishing	*aller à la pêche*
	fizzy	*gazeux/euse*
	flat	*un appartement*
	flu	*la grippe*
it's	foggy	*il y a du brouillard*
on	foot	*à pied*
	for	*pour*
it is	forbidden to …	*il est interdit de …*
	France	*la France*
	free	*gratuit(e)*
	free time	*le temps libre*
	French	*le français*
	friends	*les amis*
in	front of	*devant*
	funny	*marrant(e)*
in the	future	*à l'avenir*

G

	English	French
	game-show	*un jeu télévisé*
	garden	*le jardin*
	German	*l'allemand*
	Germany	*l'Allemagne*
I	get on well with	*je m'entends bien avec*
I	get up	*je me lève*
I	go/am going	*je vais*
he/she	goes/is going	*il/elle va*
	go up	*monter*
	good at	*fort(e) en*
	good-bye	*au revoir*
	gram	*une gramme*
	ground floor	*le rez-de-chaussée*

H

	English	French
	ham	*le jambon*
	happy	*content(e)*
	hard-working	*travailleur/euse*
he/she	has	*il/elle a*
	hate	*je déteste*
I	have	*j'ai*
	head	*la tête*
	health	*la santé*
	heart disease	*les maladies cardiaques (fpl)*
	hello	*bonjour*
	help	*aider*
	her	*son/sa/ses*
	his	*son/sa/ses*
	history	*l'histoire (f)*
	holiday job	*un job*
	homework	*les devoirs*
to	hoover	*passer l'aspirateur*
to go	horse-riding	*faire de l'équitation*
	hospital	*l'hôpital (m)*
it's	hot	*il fait chaud*
	hot chocolate	*un chocolat chaud*
	hour	*une heure*
	house	*la maison*
at my	house	*chez moi*
at your	house	*chez toi*
at X's	house	*chez X*
	how do I get to …?	*pour aller à …?*
	how long?	*combien de temps?*
	how much/many?	*combien?*

I

	English	French
	ice cream	*une glace*
	ice rink	*la patinoire*
	in	*dans/à/en*
	indoors	*à l'intérieur*
	inside	*dedans*
	interesting	*intéressant(e)*
	interview	*un interview*
he/she	is	*il/elle est*
it	is	*c'est*
	is there …?	*est-ce qu'il y a …?*
	it	*il/elle*
	Italy	*l'Italie*

J

	English	French
	jam	*la confiture*
	jeans	*le jean*
	journey	*le voyage*
(orange)	juice	*un jus (d'orange)*
	jumper	*un pullover*

K

	English	French
	keep fit	*garder la forme*
	kilogram	*un kilo*
	kind	*gentil/le*
	kitchen	*la cuisine*

L

	English	French
(foreign)	languages	*les langues étrangères (fpl)*

	English	French
to	last	durer
	last year	l'année dernière
to	lay the table	mettre la table
	lazy	paresseux/euse
to	leave	quitter/partir
	lesson	un cours
	lettuce	la salade
I	like	j'aime
to	live	habiter
	London	Londres
to	look like	ressembler à
	lost property	les objets trouvés
	lottery ticket	un billet de loterie
	luggage lockers	la consigne automatique
	lunch	le déjeuner
	M	
	main course	le plat principal
	make-up	le maquillage
to	make your bed	faire son lit
	map	une carte
	market	le marché
	maths	les maths
	meat	la viande
	medium-sized	moyen(ne)
	menu	la carte
(pocket)	money	l'argent (de poche) (m)
	month	le mois
	mother	la mère
	motorway	une autoroute
	museum	le musée
	mushroom	un champignon
	music	la musique
	N	
his/her	name is	il/elle s'appelle
do you	need …?	tu as besoin de …?
	next	prochain(e)
	next to	à coté de
	next year	l'année prochaine
	nice	sympa
	night	une nuit
	not bad	pas mal
	notebook	un cahier
	novel	un roman
	O	
	office	le bureau
	often	souvent
	OK	d'accord
	old	vieux/vieille
	old-fashioned	démodé(e)
	omelette	une omelette
	opposite	en face de
	outdoors	en plein air
	outside	dehors
	P	
	parking	le stationnement
	pasta	les pâtes
	pavement	le trottoir
	PE	le sport/l'EPS
	peas	les petits pois
	pedestrian zone	une zone piétonne
	pen	un stylo
	pencil	un crayon
	people	les gens
	per person	par personne
	pet	un animal
	pink	rose
to	play	jouer
	police station	le commissariat
	pollution	la pollution
	potato	une pomme de terre
	prescription	une ordonnance
	present	un cadeau
	public transport	les transports en commun
	R	
I	read	j'ai lu
	red hair	les cheveux roux
	reduction	une réduction
	return ticket	un aller-retour
	rice	le riz
	roundabout	le rond-point
	rubber	une gomme
	ruler	une règle
	S	
to	save money	mettre de l'argent de côté
	school	l'école
	science	les sciences
at/to the	seaside	au bord de la mer/à la mer
	sea view	une vue sur la mer
	secretary	un(e) sécretaire
to	see	voir
	selfish	égoïste
to	serve customers	servir les clients
to	share	partager
	shop	un magasin
	shopping centre	un centre commercial
	shy	timide
	sister	une sœur
to	sit an exam	passer un examen
	soap/TV series	le savon/un feuilleton
	sometimes	parfois, quelquefois
I have a	sore …	j'ai mal a …
	southwest	le sud-ouest
	Spain	l'Espagne
	Spanish	l'espagnol
	sports centre	le centre de sports
	stadium	le stade
to	start	commencer
	starter	un hors-d'œuvre
	stationery (department)	la papeterie
to	stay	rester
to	stay at home	rester à la maison
	straight on	tout droit
	strict	sévère
	student	un(e) étudiant(e)
	studies	les études
	stupid	bête
	subject	une matière
	summer holidays	les grandes vacances
it is	sunny	il fait soleil
to	surf the (inter)net	surfer sur l'internet
to	swim	nager
	swimming pool	la piscine
	swimsuit	un maillot de bain
	Switzerland	la Suisse
	T	
	table	une table
	teacher	le professeur
	technology	la technologie
	thank you	merci
	that	ça
	there is/are	il y a
	throat	la gorge
from	time to time	de temps en temps
	tired	fatigué(e)
	toast	le pain grillé
	today	aujourd'hui
	tomato	une tomate
	tomorrow	demain
	too (much)	trop (de)
	toothpaste	le dentifrice
	town	une ville
	town hall	l'hôtel de ville (m)
	town plan	le plan de la ville
	traffic	la circulation
	traffic jams	les embouteillages (mpl)
	trainers	les baskets (fpl)
	traveller's cheques	les chèques de voyage (fpl)
	trousers	un pantalon
	tuna(fish)	le thon
	turn	tourner
	twin beds	deux petits lits
	U	
I don't	understand	je ne comprends pas
	unemployed	au chômage
	United States	les États-Unis
	university	l'université (f)/la faculté
	unwell	malade
	upstairs	en haut
	usually	d'habitude
	useful	utile
	V	
	vegetables	les légumes (mpl)
	vegetarian	végétarien(enne)
	very	très
	vocational training	la formation professionnelle
	W	
	waiting room	la salle d'attente
to go	for a walk	faire une promenade
it	was	c'était
to do the	washing-up	faire la vaisselle
to	watch TV	regarder la télé
	weak at …	faible en …
	week	une semaine
he/she	weighs …	il/elle pèse …
I	went	je suis allé(e)
	what kind …?	quelle sorte …?
	what time …?	à quelle heure …?
	where is …?	où est …?
to go	windsurfing	faire de la planche à voile
it's	windy	il fait du vent
	with	avec
to	work	travailler
	work experience	un stage en entreprise
I	would like	je voudrais
	year	un an
	yellow	jaune
	yesterday	hier
	yoghurt	un yaourt
	youth hostel	une auberge de jeunesse

Vocabulaire français–anglais

A

à feu doux	*at a low heat*
à ... kilomètres de	*... kilometers from*
100 km à l'heure	*at 100 km an hour*
à ... km/m/minutes	*... km/m/minutes away*
à (lundi)!	*see you on (Monday)!*
abattu(e)	*slaughtered*
un abricot	*apricot*
accepter une chambre	*to take a room*
accompagner	*to accompany*
d' accord	*OK*
à acheter	*to buy*
un(e) acteur(actrice)	*an actor*
s' adapter	*to adapt yourself*
l' addition *(f)*	*the bill*
additionner	*to add*
admettre	*to admit*
adolescent(e)	*adolescent*
adorer	*to love*
l' adresse *(f)*	*the address*
un(e) adulte	*an adult*
l' aéroport *(m)*	*the airport*
les affaires *(fpl)*	*things*
une affiche	*a poster*
l'heure d'affluence	*the rush hour*
affreux(affreuse)	*awful*
l' âge *(m)*	*the age*
âgé(e) de ...	*... years old*
un agent de police	*a policeman/woman*
l' aggressivité	*aggression*
il s' agit de ...	*it is about ...*
agréable	*pleasant*
un(e) aide-cuisine	*a kitchen helper*
aider	*to help*
l' ail *(m)*	*garlic*
aimable	*friendly*
aimer	*to like*
j' aimerais mieux	*I would prefer*
je n' ai pas de ...	*I don't have any ...*
ainé(e)	*older*
avoir l' air	*to seem*
une aire de jeu	*a playground*
ajouter	*to add*
l' alcool *(m)*	*alcohol*
l' alimentation *(f)*	*food*
si on allait ...?	*how about going ...?*
l' Allemagne	*Germany*
l' allemand *(m)*	*German*
allemand(e)	*German*
aller	*to go*
un aller-retour	*return ticket*
un aller simple	*single ticket*
allô	*hello*
les Alpes	*the Alps*
une ambulance	*an ambulance*
américain(e)	*American*
l' Amérique *(f)*	*America*
un(e) ami(e)	*a friend*
amicalement	*with best wishes*
un film d' amour	*romantic film*
l' amour *(m)*	*love*
amusant(e)	*funny,fun*
s' amuser	*to have fun*
un an	*year*
un ananas	*a pineapple*
ancien(ne)	*ancient/former*
l' anglais *(m)*	*English*
en anglais	*in English*
l' Angleterre *(f)*	*England*
un animal marin	*a sea animal*
les animaux *(mpl)*	*animals, pets*
animé(e)	*busy*
une année	*a year*
un anniversaire *(m)*	*a birthday*
une annonce	*an advert*
l' annuaire téléphonique *(m)*	*the phone directory*
un anorak	*a jacket*
août	*August*
c'est ... à l' appareil *(m)*	*it's ... on the phone*
un appareil photo	*a camera*
un appartement	*a flat*
s' appeler	*to be called*
apporter	*to bring*
apprendre	*to learn*
un(e) apprenti(e)	*an apprentice*
un apprentissage	*an apprenticeship*
après	*then,after*
après-demain	*the day after tomorrow*
l' après-midi *(m)*	*the afternoon*
un arbre	*a tree*
l' argent de poche	*pocket money*
une armoire	*a wardrobe*
s' arrêter	*to stop*
l' arrivée *(f)*	*the arrival*
arriver	*to arrive*
arriver à la maison	*to get home*
l' art dramatique *(m)*	*drama*
les arts martiaux	*martial arts*
un ascenseur	*a lift*
passer l'aspirateur *(m)*	*to vacuum*
s' asseoir	*to sit down*
Asseyez-vous!	*Sit down!*
assez de	*enough*
une assiette	*a plate*
un(e) assistant(e)	*a (foreign language) assistant*
assister	*to help*
l' Atlantique	*Atlantic*
attendre	*to wait*
atterrir	*to touch down*
attirer	*to attract*
une auberge de jeunesse	*youth hostel*
aucun(e) ...	*no ...*
augmenter	*to increase*
aujourd'hui	*today*
aussi	*also*
un jeune garçon/une jeune fille au pair	*an au pair boy/girl*
une auto	*a car*
un autobus	*a bus*
automatique	*automatic*
en automne	*in autumn*
autour de	*around*
autoritaire	*bossy*
une autoroute	*a motorway*
autre	*other*
autres	*others*
auxiliaire	*assistant*
à l' avance	*in advance*
avant	*before*
un avantage	*an advantage*
avec	*with*
une avenue	*an avenue*
un avion	*a plane*
À mon avis	*In my opinion*
avoir	*to have*
avoir ... ans	*to be ... years old*
en avoir assez	*to have enough*
avril	*April*

B

jouer au baby-foot	*to play table football*
faire du baby-sitting	*to do babysitting*
le bac/baccalauréat	*A-Level equivalent*
les bagages *(mpl)*	*luggage*
une bagarre	*a fight*
une baguette	*French bread*
la baignade	*bathing*
se baigner	*to bathe*
un bal	*dance*
le balcon	*the balcony*
une baleine	*a whale*
un ballon	*a balloon, ball*
une banane	*a banana*
une bande dessinée	*comic strip/cartoon*
la banlieue	*the suburbs*
la banque	*the bank*
le bar	*the bar*
barbant(e)	*boring*
une barbe	*a beard*
en bas	*downstairs*
le basket	*basketball*
les baskets *(mpl)*	*trainers*
le bateau	*the boat*
se battre	*to fight*
bavard(e)	*chatty*
bavarder	*to chat*
il fait beau	*it is sunny*
beau(belle)	*beautiful*
beaucoup de	*a lot of*
un beau-père	*a stepfather*
la beauté	*beauty*
un bébé	*a baby*
belge	*Belgian*
la Belgique	*Belgium*
une belle-mère	*a stepmother*
avoir besoin de	*to need*
bête	*stupid*
le beurre	*butter*
la bibliothèque	*the library*
un bic	*biro*
bicolore	*two-coloured*
aller bien	*to be well*
bien payé(e)	*well paid*
bien sûr	*of course*
bienvenue!	*welcome!*
une bière	*a beer*
un bifteck	*a steak*
la bijouterie	*jewellery*
les bijoux *(mpl)*	*jewellery*
le billard	*billiards*
un billet	*a ticket*
un billet de €...	*€... note*
la biologie	*biology*
un biscuit	*a biscuit*
grosses bises	*lots of love*
bizarre	*strange*

blanc(he)	*white*
un blanc	*a blank*
se blesser	*to hurt oneself*
blessé(e)	*wounded*
bleu(e)	*blue*
bleu marine	*navy blue*
blond(e)	*blond*
bloquer	*to block*
un blouson	*a track-suit top*
le bœuf	*beef*
bof!	*well! (exclamation for when you are not too bothered about something)*
boire	*to drink*
le bois	*wood*
en bois	*wooden*
une boisson	*a drink*
une boîte	*a night-club/a tin*
une boîte aux lettres	*a letter box*
une bol	*a bowl*
bon(bonne)	*good*
un bon	*a voucher*
bon anniversaire!	*happy birthday!*
bon appétit!	*enjoy your food!*
bon séjour!	*have a good trip!*
bon voyage!	*have a good journey!*
bon week-end!	*have a good week-end!*
un bonbon	*a sweet*
bonne année!	*happy New Year!*
bonne chance!	*good luck!*
bonne fête!	*happy Saint's day!*
de bonne heure	*early*
bonne idée!	*good idea!*
bonne journée!	*have a good day!*
bonne nuit!	*good night!*
bonnes vacances!	*have a good holiday!*
bonsoir!	*good evening!*
au bord de la mer	*beside the sea*
Bordeaux	*Bordeaux*
border	*to border*
des bottes (*fpl*)	*boots*
la bouche	*the mouth*
un(e) boucher/ère	*a butcher*
bouclé(e)	*curly*
un(e) boulanger/ère	*a baker*
la boulangerie	*the bakery*
les boules	*bowls*
le boulevard	*the boulevard*
les petits boulots	*part-time jobs*
une boum	*a party*
une bourse	*a (money) prize*
une bouteille	*a bottle*
la boutique	*the shop*
un bowling	*a bowling alley*
le bras	*the arm*
la Bretagne	*Brittany*
une bretelle	*a strap*
britannique	*British*
une brochure	*a brochure*
se brosser les dents	*to brush your teeth*
une brosse à dents	*a toothbrush*
il y a du brouillard	*it's foggy*
le bruit	*noise*
brun(e)	*brown*
Bruxelles	*Brussels*
bruyant(e)	*noisy*
le buffet	*restaurant*
un bureau	*an office*
le bureau de renseignements	*the information office*
le bureau de tabac	*the tobacconist's*
le bus	*the bus*

C

Ça va?	*Are you OK?*
une cabine téléphonique	*a phone booth*
un cadeau	*a present*
cadet(te)	*younger*
un café	*a coffee*
un café-crème	*a coffee with hot milk*
un cahier	*an exercise book*
la caisse	*the cash desk*
un(e) caissier/ière	*a cashier*
Calais	*Calais*
calme	*quiet*
un(e) camarade	*a friend*
à la campagne	*in the country*
le camping	*the campsite*
faire du camping	*to go camping*
le Canada	*Canada*
un canapé	*a sofa*
le cancer	*cancer*
un canoë-kayak	*a canoe*
la cantine	*the canteen*
une capuche	*a hood*
le car	*the coach*
les Caraïbes	*the Caribbean*
une caravane	*a caravan*
un carnet	*a book of tickets*
une carotte	*a carrot*
le carrefour	*the crossroads*
une carte	*a card/menu/map*
une carte d'identité	*an ID card*
une carte postale	*a postcard*
jouer aux cartes	*to play cards*
en cas d'urgence	*in an emergency*
un casque	*a helmet*
une casquette	*a cap*
casse-pieds	*annoying*
casser	*to break*
la cathédrale	*the cathedral*
à cause de …	*because of*
causé(e) par …	*caused by …*
causer	*to chat*
la cave	*the cellar*
un CD	*a CD*
une ceinture	*a belt*
célèbre	*famous*
célibataire	*single*
une centaine	*a hundred*
dans le centre	*in the centre*
le centre commercial	*the shopping centre*
le centre de recyclage	*the recycling centre*
un centre sportif	*a sports centre*
le centre-ville	*the town centre*
les céréales (*fpl*)	*cereal*
une cerise	*a cherry*
c'est …	*it's …*
c'est-à-dire	*that is to say*
une chaîne hi-fi/stéréo	*a hi-fi/stereo system*
une chaise	*a chair*
chaque	*every*
la chambre	*the bedroom*
une chambre de libre	*a free room*
une femme de chambre	*chambermaid*
le champ	*the field*
un champignon	*a mushroom*
bonne chance!	*good luck!*
chanter	*to sing*
un(e) chanteur/euse	*singer*
un chapeau	*a hat*
la charcuterie	*pork butcher's*
chasser	*to chase*
un chat	*a cat*
le château	*the castle*
il fait chaud	*it is hot*
avoir chaud	*to be hot*
chauffer	*to heat*
un(e) chauffeur/euse	*a driver*
une chaussette	*a sock*
une chaussure	*a shoe*
le chef	*the boss*
le chemin de fer	*the railway*
une chemise	*a shirt*
un chèque de voyage	*a traveller's cheque*
cher(chère)	*expensive*
chercher	*to look for*
le cheval	*the horse*
faire du cheval	*to go horse-riding*
les cheveux (*mpl*)	*hair*
les cheveux bizarres	*weird hairstyles*
chez moi/toi/lui/elle	*at my/your/his/her house*
chic	*trendy*
un chien	*a dog*
une chiffre	*a figure*
la chimie	*chemistry*
chinois(e)	*Chinese*
les chips (*mpl*)	*crisps*
le chocolat	*chocolate*
un chocolat chaud	*a hot chocolate*
Vous avez choisi?	*Have you chosen?*
choisir	*to choose*
le choix	*the choice*
le chômage	*unemployment*
au chômage	*unemployed*
un(e) chômeur/euse	*an unemployed person*
une chose	*a thing*
un chou	*a cabbage*
chouette	*great*
un chou-fleur	*a cauliflower*
ci-joint	*attached (to a letter)*
ci-dessous	*above*
ci-dessus	*below*
une cigarette	*a cigarette*
aller au cinéma	*to go to the cinema*
la circulation	*traffic*
un cirque	*a circus*
une cité	*a housing estate*
un citron	*a lemon*
clair(e)	*light (colour)*
en classe	*in class*
la clé	*the key*
un(e) client(e)	*a client*
le club	*the club*
un Coca	*a Coke*
avoir mal au cœur (*m*)	*to feel sick*
le cœur	*the heart*

un(e) coiffeur/euse	*a hairdresser*
le coin	*the corner*
le collège /CES	*secondary school*
un(e) collègue	*a colleague*
colorié(e)	*coloured*
Combien de temps?	*How long?*
C'est combien?	*How much is it?*
un film comique	*a comedy*
commander	*to order*
comme ci, comme ça	*so-so*
commencer	*to start*
pour commencer	*to start with*
Comment dit-on ... ?	*How do you say...?*
le commerce	*business*
le commissariat	*the police station*
communiquer	*to communicate*
un compartiment	*a compartment*
complet (complète)	*full*
un complet	*a suit*
composez le numéro	*dial the number*
composter	*to punch (a ticket)*
Je ne comprends pas	*I don't understand*
les comprimés *(mpl)*	*tablets*
service (non) compris	*service (not) included*
Je n'ai pas compris	*I didn't understand*
un concert	*a concert*
un concours	*a competition*
conduire	*to drive*
la confiance	*confidence*
confirmer	*to confirm*
la confiserie	*confectioner's*
la confiture	*jam*
un jour de congé	*a day's holiday*
la consigne	*left luggage*
contenir	*to contain*
content(e)	*happy*
continuer	*to continue*
être contre	*to be against*
par contre	*on the other hand*
cool	*cool*
un(e) copain/copine	*a friend*
le corps	*the body*
C'est correct?	*Is that right?*
un(e) correspondant(e)	*a pen-friend*
sur la côte	*on the coast*
la Côte d'Azur	*the Riviera*
le côté	*the side*
d'un autre côté	*on the other side (of argument)*
à côté de	*next to*
en coton	*cotton*
se coucher	*to go to bed*
coucou!	*hi there!*
le coude	*the elbow*
une couleur	*a colour*
la Coupe du Monde	*the World Cup*
couper	*to cut*
la cour	*the playground*
courir	*to run*
le courrier	*the post*
le courrier électronique	*e-mail*
le cours	*the lesson*
avoir cours à ...	*to have lessons at ...*
faire les courses	*to do the shopping*
court(e)	*short*
un(e) cousin(e)	*a cousin*
le coussin	*the cushion*
un couteau	*a knife*
coûter	*to cost*
une cravate	*a tie*
un crayon	*a pencil*
créer	*to create*
la crème	*cream*
une crêpe	*crêpe, pancake*
critiquer	*to criticise*
un croissant	*a croissant*
un croque-monsieur	*cheese on toast with ham*
les crudités *(fpl)*	*raw vegetable salad*
une cuillère	*a spoon*
une cuillerée à soupe de ...	*a tablespoonful of ...*
en cuir	*leather*
cuire	*to cook*
faire la cuisine	*to do the cooking*
la cuisine	*the kitchen*
la cuisinière à gaz	*the gas cooker*
les cuisses de grenouille *(fpl)*	*frog's legs*
le cyclisme	*cycling*

D

d'accord	*alright*
d'abord	*first*
dangereux	*dangerous*
dans	*in*
la danse	*dancing*
danser	*to dance*
la date	*the date*
débarrasser la table	*to clear the table*
un débat	*a debate*
au début	*at the beginning*
décembre	*December*
les déchets *(mpl)*	*rubbish*
déchiffrer	*to decode*
décider	*to decide*
décrire	*to describe*
décrochez	*pick up the receiver*
dedans	*inside*
la déesse	*the goddess*
défense de ...	*you are not allowed to ...*
un défilé	*a parade*
dégoutant(e)	*disgusting*
un degré	*a degree*
se déguiser (en ...)	*to dress up (as ...)*
dehors	*outside*
le déjeuner	*lunch*
délicieux (délicieuse)	*delicious*
demain	*tomorrow*
demander	*to ask*
déménager	*to move (home)*
un demi-frère	*a half/step-brother*
un(e) demi-pensionnaire	*a day pupil*
une demi-sœur	*a half/step-sister*
démodé(e)	*old-fashioned*
les dents *(fpl)*	*teeth*
le dentifrice	*toothpaste*
un(e) dentiste	*a dentist*
le départ	*the departure*
dépenser	*to spend*
se déplacer	*to get about*
un dépliant	*a leaflet*
depuis	*since, for*
derrière	*behind*
un désastre	*a disaster*
descendre	*to go down*
la description physique	*physical description*
désirer	*to want*
Vous désirez?	*What would you like?*
désolé(e)	*sorry*
le dessert	*dessert*
le dessin	*art*
un dessin animé	*a cartoon*
le dessus	*the top*
détester	*to hate*
la deuxième classe	*second class*
devant	*in front of*
devenir	*to become*
devoir	*to have to*
les devoirs *(mpl)*	*homework*
un diable	*a devil*
le dieu	*the god*
difficile	*hard*
le dimanche	*Sunday*
le dîner	*supper*
dire	*to say*
les directions *(fpl)*	*directions*
la discipline	*discipline*
disparaître	*to disappear*
disponible	*available*
une dispute	*an argument*
les distractions *(fpl)*	*the attractions*
distribuer (les journaux)	*to deliver (newspapers)*
ça ne me dit rien	*that doesn't interest me*
divorcé(e)	*divorced*
un documentaire	*a documentary*
un doigt	*a finger*
le domaine	*the area*
domestique	*domestic*
le domicile	*home address*
Quel dommage!	*What a shame!*
donc	*so, therefore*
donnez-moi ...	*give me ...*
dormir	*to sleep*
le dos	*the back*
une douche	*a shower*
se doucher	*to have a shower*
Douvres	*Dover*
une douzaine	*a dozen*
la drogue	*drugs*
drogué(e)	*drugged, drug addict*
se droguer	*to take drugs*
on a le droit de ...	*... is allowed*
tout droit	*straight ahead*
à droite	*on the right*
drôle	*funny*
du ... au ...	*from ... until ...*
dur(e)	*hard*
durer	*to last*

E

une eau minérale	*a mineral water*
l' eau potable *(f)*	*drinking water*
un éboueur	*a refuse collector*
un échange	*an exchange*
les échecs	*chess*
une école	*a school*
écolo(gique)	*ecological*
faire des économies	*to save money*
économiser	*to save*
l' Écosse *(f)*	*Scotland*
écossais(e)	*Scottish*
écouter	*to listen to*
écrire	*to write*
Édimbourg	*Edinburgh*
l' éducation physique *(f)*	*sport*
efficace	*effective*
une église	*a church*
l' électricité *(f)*	*electricity*
l' électroménager *(m)*	*electrical appliances*
un jeu électronique	*video game*
un(e) élève *(m)*	*a pupil*
un embouteillage	*a traffic jam*
les émissions de télévision *(fpl)*	*TV programmes*
un emploi	*a job*
l' emploi du temps *(m)*	*the timetable*
un(e) employé(e)	*an employee*
employer	*to use*
emporter	*to carry away*
l' EMT	*technology*
… en français?	*… in French?*
en	*in*
Enchanté!	*Pleased to meet you!*
encore	*more*
encourager	*to encourage*
l' endroit *(m)*	*the place*
énerver	*to annoy*
les enfants *(mpl)*	*children*
ennuyeux	*boring*
enrégistrer	*to check in*
être enrhumé(e)	*to have a cold*
enseigner	*to teach*
ensemble	*together*
ensoleillé(e)	*sunny*
ensuite	*then*
s' entendre avec	*to get on with*
enterrer	*to bury*
entier (entière)	*whole*
entouré(e) de	*surrounded by*
l' entraînement *(m)*	*training*
s' entraîner	*to train*
un(e) entraîneur/euse	*a trainer*
une entrée	*entrance ticket, hall/entrance, starter*
avoir envie de	*to want to*
l' environnement	*the environment*
les environs	*the surroundings*
envoyer	*to send*
une épaulette	*a shoulder pad*
une épicerie	*the grocer's*
l' EPS/le sport	*PE/games*
équilibré(e)	*balanced*
une équipe	*a team*
équipé(e)	*equipped*
l' équitation *(f)*	*horse-riding*
un escalier	*a staircase*
l' Espagne *(f)*	*Spain*
l' espagnol *(m)*	*Spanish*
espagnol(e)	*Spanish*
espérer	*to hope*
essayer	*to try on (clothes)*
essayer de	*to try to*
l' essence (sans plomb)	*(unleaded) petrol*
dans l' est *(m)*	*in the east*
… n' est pas là	*… is not there*
l' estomac *(m)*	*the stomach*
l' estuaire *(m)*	*the estuary*
Et avec ça?	*Anything else?*
un étage	*a floor*
les États-Unis	*the United States*
en été	*in summer*
à l' étranger	*abroad*
être	*to be*
étroit(e)	*narrow*
les études *(fpl)*	*studies*
un(e) étudiant(e)	*student*
étudier	*to study*
l' Euro *(m)*	*the Euro*
évacuer	*to evacuate*
faire une excursion	*to go for an outing*
je m' excuse	*I'm sorry*
excusez-moi	*excuse me*
l' expérience	*experience*
une exposition	*an exhibition*
extra!	*great!*

F

la fabrication	*the manufacture*
la fac/faculté	*university*
en face de	*opposite*
fâché(e)	*angry*
facile	*easy*
facilement	*easily*
de toute façon	*in any case*
un(e) facteur	*postman/ postwoman*
être faible/fort en …	*to be bad/good at …*
avoir faim	*to be hungry*
faire	*to do*
faire un apprentissage	*to do an apprenticeship*
ça me fait rire!	*it makes me laugh!*
les faits *(mpl)*	*the facts*
la famille	*family*
une chambre de famille	*a family room*
fantastique	*fantastic*
fatigué(e)	*tired*
il faut …	*one/you must …*
un fauteuil	*an armchair*
faux(fausse)	*wrong*
une femme	*a woman, wife*
la fenêtre	*the window*
une ferme	*a farm*
fermé(e)	*closed*
fermer	*to close*
un(e) fermier/ière	*a farmer*
la fête	*a festival*
les fêtes *(fpl)*	*special days*
le feu	*the fire*
un feu d'artifice	*fireworks*
le feu rouge	*the red light*
un feuilleton	*a soap*
les feux	*traffic lights*
février	*February*
s'en ficher de	*not to care about*
une fille	*a daughter*
un film	*a film*
un fils	*a son*
la fin	*the end*
finir	*to end*
une fleur	*a flower*
le foie gras	*foie gras (preserved goose or duck liver)*
une fois	*a time, once*
foncé	*dark*
le football	*football*
la formation	*the team*
la formation professionnelle	*professional training*
être en forme	*to be healthy/fit*
formidable	*fantastic*
fort(e)	*strong*
le four à micro-ondes	*the microwave oven*
une fourchette	*a fork*
une fraise	*a strawberry*
une framboise	*a raspberry*
le français	*French*
français(e)	*French*
la France	*France*
francophone	*French-speaking*
fréquenter	*to attend*
un frère	*a brother*
le frigo	*the fridge*
les frites *(fpl)*	*chips*
il fait froid	*it is cold*
avoir froid	*to be cold*
le fromage	*cheese*
un fruit	*fruit*
les fruits de mer *(mpl)*	*seafood*
la fumée	*smoke*
fumer	*to smoke*
fumeur/ non-fumeur	*smoking/ non-smoking*
furieux(euse)	*furious*

G

gagner	*to earn, win*
un gant	*a glove*
un garage	*a garage*
un garçon	*a waiter*
garder	*to keep*
un(e) gardien(ne)	*a caretaker*
le gardien (de but)	*the goalkeeper*
à la gare	*at the station*
la gare routière	*the bus station*
garer	*to park*
gaspiller	*to waste*
un gâteau	*a cake*
à gauche	*on the left*
le gaz	*gas*
en général	*usually*
généreux/euse	*generous*
génial(e)	*wonderful*
le genou	*the knee*
les gens (malades) *(mpl)*	*(sick) people*
gentil(le)	*kind*
la gentillesse	*kindness*

la géographie	*geography*
un gîte	*a gite*
une glace	*an ice-cream*
une gomme	*a rubber*
la gorge	*the throat*
une gousse d'ail	*a clove of garlic*
le goût	*the taste*
le goûter	*snack*
Grâce à …	*Thanks to …*
le graffiti	*graffiti*
une gramme	*a gram*
un grand lit	*a double bed*
le grand magasin	*the department store*
grand(e)	*tall*
la Grande-Bretagne	*Great Britain*
les grandes vacances *(fpl)*	*summer holidays*
un(e) grand-père (-mere)	*a grandfather (-mother)*
un grand-parent	*a grandparent*
gras(se)	*fatty*
gratuit	*free of charge*
grave	*serious*
grec(que)	*Greek*
la Grèce	*Greece*
grièvement	*gravely, seriously*
la grippe	*the flu*
gris(e)	*grey*
gros(se)	*fat*
un groupe	*a group*
la guerre	*war*
le guichet	*the ticket office*
un gymnase	*a gymnasium*
la gymnastique	*gymnastics*

H

habillé(e)	*dressed*
les habitants *(mpl)*	*the inhabitants*
habiter	*to live*
d' habitude	*usually*
une habitude	*a habit*
s' habituer	*to get used to*
haché(e)	*chopped*
un hamburger	*a hamburger*
les haricots verts *(mpl)*	*green beans*
en haut	*upstairs, above*
l' hébergement	*accommodation*
un héros	*a hero*
hésiter	*to hesitate*
par heure	*per hour*
l' heure *(f)*	*time*
l' heure d'affluence	*rush hour*
l' heure du déjeuner	*lunchtime*
à quelle heure?	*at what time?*
à huit heures	*at 8 o'clock*
les heures d'ouverture	*opening times*
heureux/euse	*happy*
hier	*yesterday*
l' histoire *(f)*	*history*
historique	*historical*
en hiver	*in winter*
un HLM	*a council flat*
le hockey sur glace	*(ice) hockey*
hollandais(e)	*Dutch*
la Hollande *(f)*	*Holland*
un homme d'affaires	*a businessman*
un hôpital	*a hospital*
l' horaire *(f)*	*the timetable*
un film d'horreur	*a horror film*
l' hors-d'œuvre *(m)*	*starter*
Merci de votre hospitalité	*Thank you for your hospitality*
à l' hôtel	*at the hotel*
l' hôtel de ville *(m)*	*the town hall*
une hôtesse de l'air	*an air hostess*
l' huile *(f)*	*oil*
huit heures cinq	*five past eight*
huit heures et demie	*half past eight*
huit heures et quart	*quarter past eight*
huit heures moins cinq	*five to eight*
huit heures moins le quart	*quarter to eight*
une huître	*an oyster*
hurler	*to howl*
un hypermarché	*a hypermarket*

I

idiot(e)	*daft*
il n'y a pas de …	*there aren't any …*
il n'y a plus de	*there are no more*
il n'y en a pas	*we haven't got any*
il y a	*there is/are*
une île	*an island*
illuminé(e)	*floodlit*
immédiatement	*at once*
un immeuble	*a block of flats*
impatient(e)	*impatient*
un imperméable	*a raincoat*
impoli(e)	*rude*
important(e)	*large*
impressionnant(e)	*impressive*
une incendie	*a fire*
un inconvénient	*a disadvantage*
incroyable	*unbelievable*
industriel(le)	*industrial*
un(e) infirmier (infirmière)	*a nurse*
les informations *(fpl)*	*news*
l' informatique *(f)*	*IT*
un(e) ingénieur(e)	*an engineer*
les installations *(fpl)*	*installations*
intelligent(e)	*intelligent*
interdit(e)	*forbidden*
il est interdit de …	*… is forbidden*
intéressant(e)	*interesting*
à l' intérieur	*indoors*
un(e) interprète	*an interpreter*
introduisez (la télécarte/pièce)	*put in (the phonecard/coin)*
l' intrus *(m)*	*the odd one out*
les invitations *(fpl)*	*invitations*
les invités	*guests*
irlandais(e)	*Irish*
l' Irlande (du nord) *(f)*	*(Northern) Ireland*
isolé(e)	*isolated*
l' Italie *(f)*	*Italy*
italien(ne)	*Italian*

J

ne … jamais	*never …*
la jambe	*the leg*
une jambière	*a shinpad*
le jambon	*ham*
janvier	*January*
le jardin	*the garden*
le jardin public	*the public park*
un(e) jardinier/ière	*a gardener*
faire du jardinage	*to do the gardening*
jaune	*yellow*
un jean	*jeans*
jeter	*to throw away*
un jeu	*a game*
un jeu télévisé	*a game show*
un jeu vidéo	*a video game*
jeudi	*Thursday*
jeune	*young*
un(e) jeune	*a young person*
la jeunesse	*young people*
jouer aux jeux électroniques	*to play electronic games*
un job	*a temporary job*
un jogging	*track-suit bottom*
joindre	*to join, link*
joli(e)	*pretty*
jouer	*play*
un jouet	*a toy*
un joueur	*a player*
par jour	*per day*
un jour	*a day*
tous les jours	*every day*
un jour férié	*a public holiday*
un journal	*a news bulletin, newspaper*
la journée (scolaire)	*the (school) day*
tous les jours	*every day*
le 14 juillet	*Bastille day*
juillet	*July*
juin	*June*
une jupe	*a skirt*
le jus d'orange	*orange juice*
un jus de …	*a … juice*
jusqu'à	*until/up to*
juste	*correct*

K

un kilo	*a kilo*
un kayak	*a canoe*

L

là-bas	*over there*
la laboratoire	*the laboratory*
le lac	*the lake*
là-dedans	*inside*
en laine	*in wool*
laisser	*to leave*
le lait	*milk*
au lait *(m)*	*with milk*
une lampe	*a lamp*
une langue étrangère	*a foreign language*
un lapin	*a rabbit*
large	*big*
le lavabo	*the basin*
laver	*to wash*
le lave-vaisselle	*the dishwasher*
faire du lèche-vitrines	*to go window shopping*
la lecture	*reading*
léger (légère)	*light*
un légume	*a vegetable*
le lendemain	*the next day*
lent(e)	*slow*
lentement	*slowly*
une lettre	*a letter*
se lever	*to get up*

libre	*free*
une librairie	*a bookshop*
le lieu de (naissance)	*place of (birth)*
un lieu public	*a public place*
au lieu de	*instead of*
avoir lieu à	*it takes place in …*
les lieux *(mpl)*	*the premises*
une limonade	*a lemonade*
lire	*to read*
un lit	*a bed*
des lits *(mpl)* jumeaux	*twin beds*
faire le lit	*to make the bed*
aller au lit	*to go to bed*
un litre	*a litre*
un livre	*a book*
livrer	*to deliver*
se livrer à	*to be engaged in*
la livre sterling	*the pound sterling*
local	*local*
la location	*the rental*
le logement	*housing/ accommodation*
loger	*to stay*
loin de	*far from*
la Loire	*the Loire*
les loisirs	*leisure activities*
Londres	*London*
long(ue)	*long*
louer	*to rent*
le loyer	*the rent*
lundi	*Monday*
la lune	*the moon*
les lunettes *(fpl)*	*glasses*
lui	*him, her*
le lycée	*secondary school/ grammar school*
le lycée technique	*technical secondary school*
Lyon	*Lyons*

M

la machine à laver	*washing machine*
mâcher	*to chew*
un maçon	*a bricklayer*
un magasin	*a shop*
un magazine	*a magazine*
un magnétoscope	*a video recorder*
magnifique	*magnificent*
mai	*May*
un maillot de bain/ de hockey	*a swimsuit/ a hockey jersey*
la main	*the hand*
la mairie	*the town hall*
mais	*but*
à la maison	*at home*
une maison individuelle	*detached house*
une maison jumelée	*semi-detached house*
une maison mitoyenne	*terraced house*
la maison des jeunes	*the youth club*
le maître	*the master*
pas mal de …	*quite a lot of ..*
avoir mal à ...	*to have a … ache*
un(e) malade	*a sick person*
être malade	*to be ill*
une maladie (alimentaire)	*an illness (food-related)*
une maladie cardiaque	*a heart disease*
malheureux/euse	*unhappy*
mal payé(e)	*badly paid*
une maman	*a mother*
la Manche	*the English Channel*
manger	*to eat*
manquer (le train)	*to miss (the train)*
un manteau	*a coat*
un manque (d'exercice)	*a lack of (exercise)*
le maquillage	*make-up*
un marché	*a market*
mardi	*Tuesday*
un mari	*a husband*
un mariage	*a wedding*
marié(e)	*married*
se marier	*to marry*
le marketing	*marketing*
marrant(e)	*funny*
en avoir marre	*to be fed up*
marron	*brown*
mars	*March*
un match de foot	*a football match*
un matelas	*a mattress*
les maths *(fpl)*	*maths*
ma matière préférée *(f)*	*my favourite subject*
les matières grasses *(fpl)*	*fat content*
le matin	*the morning*
ce matin	*this morning*
mauvais(e)	*bad*
il fait mauvais	*it is bad weather*
méchant(e)	*naughty*
un(e) médecin	*doctor*
la Méditerranée	*the Mediterranean*
mélanger	*to mix*
être membre de …	*to be a member of …*
les membres de la famille *(mpl)*	*family members*
même	*same*
au même temps	*at the same time*
faire le ménage	*to do the housework*
ménager/ère	*household*
le menu à €100	*€100 menu*
mercredi	*Wednesday*
une mère	*a mother*
la mer	*the sea*
vous voulez laisser un message?	*do you want to leave a message?*
la messe	*Mass*
mesurer ... m	*to be … m tall*
la météo	*the weather report*
les métiers *(mpl)*	*jobs*
le métro	*the underground*
mettre la table	*to lay the table*
les meubles *(mpl)*	*furniture*
le Midi	*the South of France*
midi/minuit	*midday/midnight*
(aller) mieux	*(to be) better*
mignon/ne	*sweet, cute*
mijoter	*to simmer*
des milliers *(mpl)*	*thousands*
mince	*slim*
une minute	*a minute*
un miroir	*a mirror*
mixte	*mixed*
la mode	*fashion*
à la mode	*fashionable*
moderne	*modern*
moi	*me*
moins … que	*less … than*
un mois	*a month*
le monde	*the world*
tout le monde	*everyone*
un(e) moniteur/trice	*a (sports) instructor*
la monnaie	*change*
monotone	*monotonous*
Monsieur	*Sir*
à la montagne	*in the mountains*
monter	*to go up*
la moquette	*the carpet*
le morceau	*the piece*
une moto	*a motorbike*
un mouchoir	*a handkerchief*
mourir	*to die*
la moutarde	*mustard*
le mouton	*the sheep*
moyen(ne)	*average-sized*
le Moyen Âge	*the Middle Ages*
municipal(e)	*public*
le mur	*the wall*
le musée	*the museum*
écouter de la musique	*to listen to music*
un mystère	*a mystery*

N

nager	*to swim*
la naissance	*the birth*
la natation	*swimming*
les nationalités *(fpl)*	*nationalities*
né(e) le …	*born on …*
il neige	*it is snowing*
nettoyer	*to clean*
neuf (neuve)	*brand new*
le nez	*the nose*
Noël	*Christmas*
un nœud papillon	*a bow tie*
noir	*black*
le nom	*the name*
nombreux/euse	*numerous*
dans le nord	*in the north*
une note	*a grade*
la nourriture	*food*
nouveau (nouvelle)	*new*
novembre	*November*
un nuage	*a cloud*
une nuit	*a night*
la nuit	*at night*
par nuit	*per night*
nul(le)	*hopeless*
le numéro	*the number*

O

les objets trouvés *(mpl)*	*lost property*
obligatoire	*compulsory*
l' océan *(m)*	*the ocean*
octobre	*October*
un œil	*an eye*
un œuf	*an egg*
à l' office de tourisme	*at the tourist office*
une offre	*an offer*
offrir	*to offer, give*
un oignon	*an onion*
un oiseau	*a bird*
une omelette	*an omelette*
un oncle	*an uncle*

un(e) opérateur/trice	an operator
les opinions (fpl)	opinions
optimiste	optimistic
il y a de l'orage	it's stormy
orange	orange
un orange	an orange
un orchestre	an orchestra
un ordinateur	a computer
jouer avec l' ordinateur (m)	to play with the computer
une ordonnance	a prescription
une oreille	ear
Où?	Where?
c'est où, …?	where is …?
oublier	to forget
j'ai oublié	I have forgotten
dans l' ouest (m)	in the west
un ours (en peluche)	a (teddy) bear
ouvert(e)	open
ouvrir	to open

P

le pain (grillé)	bread (toast)
une paire de …	a pair of …
en paix	in peace
le panneau	the sign
un pantalon	trousers
un papa	a father
la papeterie	stationery (shop)
des papiers (mpl)	pieces of paper
Pâques	Easter
un paquet	a packet, parcel
par contre	however
par terre	on the ground
un parapluie	an umbrella
le parc	the park
un parc de loisirs	a leisure park
parce que	because
pardon	excuse me
les parents (mpl)	parents
paresseux/euse	lazy
parfois	occasionally
le parfum	the flavour
la parfumerie	the perfumery
Paris	Paris
le parking	the car park
parler	to speak
parmi	among
à part …	apart from …
C'est de la part de qui?	Who is speaking?
un partage de poste	a jobshare
partager	to share
partir	to leave
à partir de …	from …
partout	everywhere
ne … pas	not …
pas mal	not bad
pas mal de	quite a lot of
un passeport	a passport
passer	to spend, to pass time
passer l'aspirateur	to vacuum
passer le temps à	to spend one's time
passer un examen	to take an exam
les passe-temps (mpl)	hobbies
passionnant(e)	exciting
les pastilles (fpl)	pastilles
le pâté	pâté
les pâtes (fpl)	pasta
patient(e)	patient
le patin	the skate
patiner	to skate
une patinoire	an ice rink
la pâtisserie	the cake shop/ pastries, cakes
un(e) patron(ne)	a boss
la pause de midi	the lunch break
mal payé(e)	badly paid
payer	to pay
les pays (mpl)	countries
le pays de Galles	Wales
la peau	the skin
aller à la pêche	to go fishing
une pêche	a peach
avoir la pêche	to be on form
un pédalo	a pedal boat
la pelouse	the lawn
pendant	during, for
pénible	dreadful
la pension complète	full board
perdre	to lose
un père	a father
la perle	the pearl
la permission	permission
le persil	parsley
la personnalité	the personality
par personne	per person
le personnel	the staff
personnel(le)	personal
les personnes âgées (fpl)	elderly (people)
peser ... kilos	to weigh … kilos
pessimiste	pessimistic
le petit déjeuner	breakfast
un petit lit	a single bed
petit(e)	small
un(e) petit(e) ami(e)	boyfriend/girlfriend
des petits pois (mpl)	peas
le pétrole	oil
peu de	little
avoir peur	to be afraid
je peux avoir ...?	can I have ?
tu peux me prêter ...?	can you lend me …?
je peux parler à …?	can I speak to …?
la pharmacie	the chemist
la physique	physics
la pièce	the room/each one
une pièce de .. .. €	… € coin
à pied	by foot
le pied	the foot
les piercings (mpl)	body piercing
les pierres levées (fpl)	the standing stones
un piéton	a pedestrian
jouer au ping-pong	to play table tennis
le pion	the lunchtime supervisor
un pique-nique	a picnic
de pire en pire	worse and worse
une piscine	a swimming pool
une piste	a dance floor
une piste cyclable	a cycle lane
pittoresque	picturesque
une pizza	a pizza
un placard	a cupboard
la place	the square
aller à la plage	to go to the beach
avec plaisir	with pleasure
un plan d'eau	a stretch of water
un plan de la ville	a town plan
la planche à voile	wind-surfing
plat(e)	flat
le plat du jour	the dish of the day
le plat principal	the main course
en plein air	outdoors
il y a plein de	plenty of
plein(e) de vie	lively
il pleut	it is raining
sans plomb	unleaded
un plombier	a plumber
la plongée sous-marine	scuba diving
plonger	to dive
un(e) plongeur/euse	a washer-up
la pluie	rain
il n'y a plus de	there aren't any more
de plus en plus	more and more
plus … que	more … than
plus tard	later
plutôt	rather
pluvieux/euse	rainy
une poche	a pocket
une poêle	a pan
le poids	the weight
la pointure	the (shoe) size
une poire	a pear
le poisson	fish
le poivre	pepper
un poivron	a pepper
poli(e)	polite
la police	the police
un film policier	a detective film
pollué(e)	polluted
la pollution	pollution
une pomme	an apple
une pomme de terre	a potato
le pont	the bridge
populaire	popular
le porc	pork
un portable	mobile phone
le port	the port
un port de pêche	a fishing port
la porte	the door
porter	to wear
portugais(e)	Portugese
le Portugal	Portugal
poser un risque	to pose a risk
poser sa candidature	to apply (for a job)
posséder	to own
la poste	the post office
un poste	a job
un poster	a poster
un pot	a pot
potable	drinkable
le potage	the soup
sortir la poubelle	to take out the bin
un poulet rôti	a roast chicken
être pour	to be for
une chambre pour deux personnes	a double room

le pour et le contre	*pros and cons*
une chambre pour une personne	*a single room*
Pourquoi?	*Why?*
On pourrait …	*We could …*
pourtant	*however*
pousser	*to push*
Pouvez-vous lui donner …	*Can you give him …*
pouvoir	*to be able to*
le pouvoir	*the power*
pratique	*practical*
pratiquer	*to practise*
précédent(e)	*past, former*
de préférence	*preferably*
premier/ière	*first*
prendre	*to take*
prendre rendez-vous	*to arrange to meet someone*
le prénom	*the first name*
près d'ici	*close to here*
présenter	*to introduce*
presque	*almost*
prêter	*to lend*
prêt à …	*ready to …*
tu peux me prêter …?	*can you lend me …?*
les prévisions *(fpl)*	*the weather forecast*
prière de …	*kindly …*
au printemps *(m)*	*in spring*
les priorités *(fpl)*	*priorities*
privé	*private*
le prix	*the price, prize*
le prix fixe	*the fixed price*
prochain(e)	*next*
les produits laitiers	*dairy products*
les produits sucrés	*sweet foods*
un professeur	*a teacher*
profiter de	*to take advantage of*
une programme	*a programme*
des progrès *(mpl)*	*progress*
les projets d'avenir *(mpl)*	*future plans*
une promenade en bateau	*a boat trip*
faire des promenades	*to go for walks*
à propos de	*about*
propre	*clean, own*
le protège-coude	*the elbow-pad*
protéger	*to protect*
les provisions *(fpl)*	*groceries*
la publicité	*advertising*
puer	*to stink*
puis	*then*
un pull(over)	*a jumper*
punir	*to punish*
un pyjama	*pyjamas*
les Pyrénées	*the Pyrenees*
Q	
qu'est-ce que vous voulez?	*what do you want?*
le quai	*the platform*
les qualités *(fpl)*	*qualities*
quand?	*when?*
les quantités *(fpl)*	*quantities*
le quartier	*the district*
quel(quelle)	*which*
quel est le, numéro de …?	*what number is the …?*
à quelle heure est-ce que je peux …	*at what time can I …?*
quelque chose	*something*
quelquefois	*sometimes*
qui?	*who?*
quinze jours	*a fortnight*
quitter	*to leave*
ne quittez pas	*hold on*
c'est quoi exactement?	*what is it exactly?*
R	
raccrochez	*hang up*
écouter la radio	*to listen to the radio*
un ragoût	*a stew*
le raisin	*grapes*
faire une randonnée	*to go for a ramble*
ranger	*to tidy*
rapide	*fast*
rappeler	*to call back*
le rayon	*the shelf, department*
récemment	*recently*
recevoir	*to receive*
la récréation	*break-time*
le redoublement	*repeating a school year*
je reçois	*I receive*
une réduction	*a reduction*
réduit(e)	*reduced*
réel(le)	*real*
regarder la télé	*to watch TV*
la région	*the region*
une règle	*a ruler*
le règlement	*rules*
je regrette	*I'm sorry*
regulièrement	*regularly*
rejeter la faute sur	*to put the blame on*
remarquer	*to notice*
les remèdes *(mpl)*	*remedies*
remplacer	*to replace*
remplir	*to fill*
remuer	*to stir*
se rencontrer	*to meet*
renoncer à	*to give up*
la rentrée scolaire	*the start of the school year*
rentrer	*to go back*
les repas *(mpl)*	*meals*
répéter	*to repeat*
un répondeur téléphonique	*answering machine*
répondre	*to answer*
une réponse	*a reply*
en réponse à	*in reply to*
reposant(e)	*relaxing*
un requin	*a shark*
se reposer	*to rest*
les réservations *(fpl)*	*reservations*
réserver	*to reserve*
responsable de	*responsible for*
ressembler à	*to look like*
au restaurant *(m)*	*at the restaurant*
il me reste …	*I have … left*
rester	*to stay*
les résultats *(mpl)*	*the results*
être en retard	*to be late*
une retenue	*a detention*
retirez	*take away*
on se retrouve à quelle heure?	*what time shall we meet?*
une réunion	*a meeting*
réussir	*to succeed*
réutiliser	*to reuse*
un rêve	*a dream*
un réveil	*an alarm clock*
revenir	*to come back*
réviser	*to revise*
le rez-de-chaussée	*the ground floor*
le Rhône	*the Rhône*
les rideaux *(mpl)*	*the curtains*
ne … rien	*nothing*
il n'y a rien à faire	*there is nothing to do*
un risque	*a risk*
risquer	*to risk*
une rivière	*river*
le riz	*rice*
une robe	*a dress*
la musique rock	*rock music*
un roman	*a novel*
le rond-point	*the roundabout*
rose	*pink*
rouge	*red*
la route	*the road*
la routine	*the daily routine*
roux	*red (hair)*
la rue	*the road*
le rugby	*rugby*
S	
un sac	*a bag*
sage	*clever*
sain(e)	*healthy*
je ne sais pas	*I don't know*
les saisons *(fpl)*	*the seasons*
la salade	*lettuce*
un salaire	*a salary*
sale	*dirty*
la salle à manger	*the dining room*
la salle d'attente	*the waiting room*
la salle de bains	*the bathroom*
la salle de classe	*the classroom*
la salle de séjour	*the living room*
le salon	*the drawing/living room*
samedi	*Saturday*
un sandwich	*a sandwich*
sans	*without*
la santé	*health*
les sapeurs-pompiers *(mpl)*	*the fire brigade*
la sauce	*sauce*
une saucisse	*a sausage*
un saucisson	*a sausage (salami)*
sauf	*except*
sauver	*to save*
le savon	*soap*
savourer	*to enjoy, savour*
les sciences *(f)*	*science*
un film de science-fiction	*a sci-fi film*
un(e) scientifique	*a scientist*
scolaire	*school (adjective)*
une séance	*a performance*
la seconde	*fifth form*

le secourisme	*First Aid*
au secours!	*help!*
secret (secrète)	*secretive*
un(e) secrétaire	*a secretary*
un (BEP) sécretariat	*a secretarial (course)*
la sécurité	*safety*
en sécurité	*safe*
la Seine	*the Seine*
un séjour	*a stay*
le sel	*salt*
par semaine	*per week*
une semaine	*a week*
à la semaine prochaine!	*see you next week!*
un sens de l'humour	*a sense of humour*
sensible	*sensitive*
sentir mauvais	*to smell bad*
se sentir (en sécurité)	*to feel (safe)*
séparé(e)	*separated*
septembre	*September*
une série	*a series*
un(e) serveur/serveuse	*a waiter/waitress*
service (non) compris	*service (not) included*
une serviette	*a towel*
servir	*to serve*
seul(e)	*alone*
seulement	*only*
sévère	*stern*
le shopping	*shopping*
un short	*shorts*
si	*if*
si on allait …	*let's go …*
le siècle	*the century*
le sirop	*syrup*
être situé(e)	*to be situated*
faire du ski (nautique)	*to (water) ski*
sociable	*sociable*
une sœur	*a sister*
avoir soif	*to be thirsty*
ce soir *(m)*	*this evening*
la soirée	*the evening*
un soldat	*a soldier*
une solde	*a sale*
le soleil	*the sun*
il fait soleil	*it's sunny*
un sondage	*survey*
une sorte de	*a kind of*
sortes de ville	*types of town*
une sortie	*an exit*
la sortie de secours	*the emergency exit*
sortir	*to take out/to go out*
souffrir	*to suffer*
souhaiter	*to wish*
souligner	*to underline*
la soupe	*soup*
une souris	*a mouse*
sous	*under*
le sous-sol	*the basement*
sous-titré	*sub-titled*
des souvenirs *(mpl)*	*souvenirs*
souvent	*often*
les spaghettis	*spaghetti*
une spécialité	*a speciality*
un spectacle	*a show*
faire du sport	*to do sport*
sportif/ive	*sporty*
les sports d'hiver *(mpl)*	*winter sports*
le stade	*the stadium*
un stage en entreprise	*work experience*
une station balnéaire	*a seaside resort*
le stationnement	*parking*
un steward	*an air steward*
un stylo	*a pen*
sucer	*to suck*
le sucre	*sugar*
sucré(e)	*sweet*
dans le sud	*in the south*
ça ne me suffit pas	*that's not enough*
la Suisse	*Switzerland*
suisse	*Swiss*
suivre	*to follow*
super	*amazing*
le supermarché	*the supermarket*
sur	*on*
surgelé(e)	*frozen*
un surnom	*a nickname*
surtout	*above all, mostly*
surveiller	*to watch over*
le survêtement	*the tracksuit*
un sweat (shirt)	*a sweatshirt*
sympathique/sympa	*nice*
le syndicat d'initiative	*the tourist information office*

T

le tabac	*tobacco/the newsagent's*
une table	*a table*
le tableau	*the table*
une tablette (de chocolat)	*a bar (of chocolate)*
une tâche	*a task, chore*
la taille	*the size, height*
tant pis!	*too bad!*
une tante	*an aunt*
taper	*to type*
plus tard	*later*
une tasse	*a cup*
le taxi	*the taxi*
la technologie	*technology*
technique	*technical*
une télécarte	*a phone card*
le télé-journal	*TV news*
au téléphone *(m)*	*on the phone*
un (téléphone) portable	*a mobile (phone)*
la télévision	*the television*
la température	*the temperature*
le temps	*the weather, time*
de temps en temps	*from time to time*
à temps partiel	*part-time*
le tennis	*tennis*
une tente	*a tent*
tenter	*to try*
la terminale	*upper sixth form*
terminer	*to end*
un terrain	*a pitch*
par terre	*on the ground*
la tête	*the head*
la tétine	*the dummy/comforter*
un thé	*tea*
théâtral(e)	*theatrical*
un théâtre	*a theatre*
faire du théâtre	*to do drama*
un ticket	*a ticket*
un timbre	*a stamp*
timide	*shy*
le tir à l'arc	*archery*
tirer	*to pull*
toi	*you*
sous toile	*under canvas*
les toilettes *(fpl)*	*toilets*
une tomate	*a tomato*
attendez la tonalité	*wait for the tone*
le tourisme	*tourism*
touristique	*popular with tourists*
tourner	*to turn*
c'est tout	*that's all*
tout droit	*straight ahead*
tout le monde	*everybody*
tout près	*close by*
toutes les … minutes	*every … minutes*
le train	*the train*
en train de	*in the act of*
le trajet	*the journey*
tranquille	*peaceful*
les transports en commun *(mpl)*	*public transport*
le travail	*work*
travaillant	*working*
travailler comme/chez	*to work as/at*
travailleur/euse	*hard-working*
traverser	*to cross*
très	*very*
un trimestre	*a school term*
triste	*sad*
trop	*too*
trop de	*too much/too many*
le trottoir	*the pavement*
une trousse de secours	*a first-aid kit*
trouver	*to find*
se trouver	*to be situated*
un T-shirt	*a T-shirt*
un(e) tueur(tueuse)	*a killer*
typique	*typical*

U

l' uniforme scolaire *(f)*	*the school uniform*
unique	*only*
l' université/la faculté	*the university*
une usine	*a factory*
utile	*useful*
utiliser	*to use*

V

les vacanciers	*the holidaymakers*
la vache	*a cow*
la vache folle	*mad cow disease*
faire la vaisselle	*to do the washing-up*
le vandalisme	*vandalism*
la vanille	*vanilla*
des pommes à la vapeur	*boiled potatoes*
varié	*varied*
ça vaut le coup!	*it's worth it!*

une	vedette	*a star*
la	veille	*the night before*
	végétarien(ne)	*vegetarian*
faire du	vélo *(m)*	*to go cycling*
un(e)	vendeur/ vendeuse	*a sales assistant*
	vendez-vous ...?	*do you sell?*
	vendre	*to sell*
	vendredi	*Friday*
	venger	*to avenge*
	venir	*to come*
le	vent	*the wind*
il fait du	vent	*it is windy*
le	ventre	*the stomach*
un	verre	*a glass*
	vers	*at about, towards*
	version française	*French language version*
	version originale	*original version*
	vert(e)	*green*
une	veste	*a jacket*
les	vêtements *(mpl)*	*clothes*
un(e)	vétérinaire	*a vet*
	veuillez (écrire)	*please (write)*
que	veut dire ...?	*what does ... mean?*
je	veux bien	*I would love to*
la	viande	*meat*
	vide	*empty*
la	vie	*life*
	vietnamien(ne)	*Vietnamese*
	vieux(vieille)	*old*
	vilain(e)	*ugly*
le	village	*the village*
en	ville *(f)*	*in town*
le	vin	*the wine*
le	vinaigre	*the vinegar*
la	violence	*violence*
	violet(te)	*violet*
jouer du	violon	*to play the violin*
	visiter	*to visit*
la	vitamine	*the vitamin*
	vite	*quickly*
une	vitrine	*a shop window*
à toute	vitesse	*at full speed*
	vivant(e)	*alive*
	voilà	*there*
faire de la	voile	*sailing*
se	voir	*to see someone*
	voir un film	*to see a film*
la	voiture	*the car*
le	volant	*the steering-wheel*
jouer au	volley *(m)*	*to play volley ball*
	vomir	*to be sick*
je	voudrais parler à ...	*I would like to speak to ...*
	voulez-vous autre chose?	*would you like anything else?*
un	voyage (scolaire)	*a (school) trip*
	voyager	*to travel*
	vraiment	*really*
faire du	VTT	*to go mountain biking*
une	vue sur la mer	*a sea view*

W

les	W-C *(mpl)*	*WC*

Y

le	yaourt	*yogurt*
	y compris	*including*
les	yeux *(mpl)*	*eyes*

Z

	zippé(e)	*with a zip*
une	zone piétonne	*a pedestrian zone*